인간과 짐승

인간과 짐승

발행일	2024년 3월 4일

지은이	서병곤		
펴낸이	손형국		
펴낸곳	(주)북랩		
편집인	선일영	편집	김은수, 배진용, 김다빈, 김부경
디자인	이현수, 김민하, 임진형, 안유경, 최성경	제작	박기성, 구성우, 이창영, 배상진
마케팅	김회란, 박진관		
출판등록	2004. 12. 1(제2012-000051호)		
주소	서울특별시 금천구 가산디지털 1로 168, 우림라이온스밸리 B동 B113~115호, C동 B101호		
홈페이지	www.book.co.kr		
전화번호	(02)2026-5777	팩스	(02)3159-9637

ISBN	979-11-93716-43-4 03100(종이책)	979-11-7224-002-8 05100(전자책)

(주)북랩 성공출판의 파트너
북랩 홈페이지와 패밀리 사이트에서 다양한 출판 솔루션을 만나 보세요!
홈페이지 book.co.kr • **블로그** blog.naver.com/essaybook • **출판문의** book@book.co.kr

작가 연락처 문의 ▶ ask.book.co.kr
작가 연락처는 개인정보이므로 북랩에서 알려드릴 수 없습니다.

인간과 짐승

서병곤 지음

북랩

머리말

———————

    한 생명체로 태어난 인간은 동물의 집단 중 사람으로 태어났다. 사람으로 태어난 그는 출생하면서 '아기'라 불리게 된다. 아기로 태어난 사람은 성장 과정을 통해 어린아이가 되고, 10대와 20대를 거치는 과정에서 어린아이 혹은 청소년으로 불리게 된다. 이후 장성한 사람으로 성장하여 육체적 성장기가 멈추면 그를 육체적으로 성숙이 끝난 어른이라 한다. 어른으로서 공동체의 일원이 되면 사회인이라 하고, 공동체에 적응하지 못하면 사회에 적응하지 못하는 사람이라 한다. 이러한 육체적 성장 과정을 통해 공동체 일원에 속한 사람은 사회에 적응을 잘하면 **성숙한 어른**이라 불리는 **성인(成人)**이 된다. 반면에 공동체 일원으로 사회에 잘 적응하지 못하거나 미성숙한 자로 육체적 성장을 마친 어른은 **아이 같은 어른**이라 하여 **어른 아이**로 부르기도 한다. 어른 아이는 사람 간의 관계와 공동체 일원으로서의 살아가려는 가치관 등이 성숙하지 못한 미성숙한 상태로 자신의 삶을 지탱하게 된다.

    누군가 사람으로 태어나 공동체 일원으로 살아가게 된다면, 그를 사람 또는 인간이라 부르게 된다. 인간은 공동체의 일원으로서, 공동체 내의 주어진 일에 대해 스스로 찾아서 행하거나 아니면 자신에게 부여된 역할에 따라 맡겨진 일을 수행하는 사회적 존재가 된다. 사회적 존재로서의 인간은 공동체의 구조를 형성하는 일원이 되어 공동체 속의 조직에 참여하는 정치적 존재이기도 하지만, 초월적인 것에 대한 탐구 및 성찰하려는 종교적 존재이기도 하다. 모든 개체와 더불어 살아가는 인간은 현실이란 시·공간 속을 떠날 수 없는 다른 것들과의 관계적 삶을 진행하면서 다양한 상황과 맞닿은 상황적 존재이기도 하다. 인간은 각자의 다양한 상황에 따라 자신의 활동을 결정하려는 상황적 존재들로서, 각자가 처한 상황 속에서 최고의 선택이라 할 수 있는 바람직한 관계 설정을 해야 한다. 바람직한 관계 설정을 하기 위해서 인간은 자신이 갖는 판단 기준이 정확해야 한다. 자기의 판단 기준이 정확하게 되기 위해서는 기준이 되는 판단자 자신이 판단하는 기준이 정확해야 한다. 만일 판단자의 기준 척도가 잘못되어 있다면 그가 가져가야 할 판단 결과는 대체로 판단의 오류를 형성하게 된다. 그러므로 인간은 반드시 정확한 기준 척도로서 바람직한 결정을 하기 위해서는 판단자가 정견(正見)의 입장을 따라야 한다.

인간이 판단자로서 정견(正見)을 유지하기 위해서는 자신을 향해 언제나 자기를 바로 보아야 한다. 왜냐하면 기준 척도가 되는 판단자 자신이 자기를 바로 보지 못한다면 판단자로서 정견(正見)의 관점을 가지는 것은 불가능하게 되기 때문이다. 자신을 바로 보지 못하는 인간은 기준처가 바르지 않기 때문에 스스로 바르게 판단하기가 어려워지는 불가피한 상황에 부닥치게 된다. 이러한 결과는 자신의 판단이 상대 의견에 따라 흔들리고 좌우되는 나쁜 결과들을 초래하게 하는 실타래가 될 수 있다. 그리고 이러한 나쁜 결과를 가져오는 사람은 판단자로서 기준 척도를 바르게 지니지 못하는 자가 된다. 왜냐하면 판단자가 지닌 판단의 기준은 항시 자신에게 선택이란 칼이 주어질 때 스스로 잘못된 판단을 하게 되는 것은 무엇보다 자기의 기준점이 오류가 발생하게 되는 상황을 스스로 만들었기 때문이다.

이를 해결하기 위해 고대 그리스 아테네에서 소크라테스는 '너 자신을 알라.'고 주장하였으며, 부처가 되신 석가모니는 연기론에 입각한 인과론을 살폈으며, 팔정도의 하나인 정견(正見)을 지니기 위해서 조주선사는 '이 뭣고?'라는 질문을 통해 자신을 알고자 했으며, 공자는 인(仁)의 시작이 격물치지(格物致知)와 같은 궁리(窮理)적인 앎을 지극히 하여 천인합일의 상태로 자신을 형성하게 되면 인간 사회에 인(仁)을 실현하게 될 것이라고 했고, 노자는 태어난 적자가 적자의 백지 순수함을 지켜 나갈 때 무위자연(無爲自然)의 자기 본성을 알게 된다고 하였다. 고대로부터 중세와 근대 그리고 현대에 이르기까지 올바르고 바람직한 판단은 판단자 자신이 다른 무엇보다도 먼저 바로 서야 한다고 함으로써 자신의 기준 척도를 명확히 하고자 하였다.

현대에 들어서 대한민국의 조계종 성철스님은 "무엇이 너의 본래 면목이냐?"라는 질문을 하면서 "자기를 바로 봅시다."라는 대중 설법을 하시기도 했다. 이러한 자신에 대한 올바른 척도를 가지는 법과 자신에 관한 존재적 물음은 곧 '자기를 바로 보는 것'인 정견(正見)의 관점에서 출발하게 된다. 왜냐하면 자기를 바로 보았을 때 비로소 인간으로서의 한 존재가 자신이 처한 곳에서부터 만들어지는 정확한 상황에 대한 바람직한 상황인식을 통해 관계 설정을 하기 때문이다. 이러한 관계 설정은 존재 자신이 스스로 처한 상황을 정견(正見)의 관점에서 정확히 인식할 때만이 그 상황 속에서 발생한 문제들을 바람직하게 처리할 수 있는 것으로 유추될 수 있다.

사실상 인간의 모든 문제는 언제나 그 문제 속에 해결책이 내포되어 있었다. 하지만 인간들이 해결책의 실마리를 찾지 못하는 것은 자신의 주관적 편협성에 사로잡히거나 상황에 지나치게 매몰되어 스스로 집착 상태에 빠진 자신을 바로 보지 못했기 때문이다. 누구든 이러한 주관적 편협성과 집착 상태에 매몰된 현상에 빠진 자가 된다면 문제 해결을 위한 바른 판단으로 바람직한 관계를 모색하거나, 설정할 수 있는 판단력이 결핍되게 된다. 이러한 현상은 자신에게 닥친 문제에 대한 해결책을 모색할 수 없게 되거나 혹 모색하더라도 오류에 빠질 가능성이 더욱 크게 될 것이다.

필자는 자신이 처한 문제 해결의 실타래를 풀기 위해 소크라테스, 석가모니, 공자, 노자와 같은 선인들이 이야기를 살펴보았다. 이 네 사람의 선인들은 자기의 문제 해결을 위해서는 반드시 자기를 바로 보아야 하는 것으로 보고 있다. 이는 항상 자기를 바로 보고 깨어 있는 자신을 유지하기 위해서는 끊임없는 성찰 자세를 지니며 살아가는 자로서의 삶의 태도를 견지해야 한다고 보고 있다. 이러한 삶의 태도는 항상 자신이 무엇을 하고 있는가를 성찰하여 살피는 것으로 언제나 '깨어 있는 자'라 표현할 수 있는 것이다. 이렇게 '깨어 있는 자'만이 자신의 판단에 대해 객관적이고 보편적인 판단을 담보할 수 있게 된다.

　필자는 객관적인 시각으로 자신을 성찰하고, 상황을 객관적으로 살펴보기 위한 방법을 찾다가 주역 계사전에서 한 문장을 발견하였다. 그것은 다름 아닌 과거로부터 내려오던 주역(周易)의 계사전(繫辭傳)에 있는 철학적이며 실제적 이론으로 표현된 문장이었다. 주역(周易) 계사전(繫辭傳) 12장(章)에 기록된 '형이상자(形而上者) 위지도(謂之道) 형이하자(形而下者) 위지기(謂之器)'란 내용의 문장을 발견한 것이다. 이 문장이 갖는 의미를 철학적인 면으로 살펴보면, 도(道)는 리(理)로, 기(器)는 기(氣)로 표현된 이기론(理氣論)이나, 도(道)를 기(氣)의 본체(本體)로, 기(器)를 기(氣)의 응취(凝聚)의 현상으로 표현된 기론(氣論)으로 설명되고 있다.

　그러나 필자의 관점으로 '형이상자위지도(形而上者謂之道) 형이하자위지기(形而下者謂之器)'란 문장에서의 중심인 단어는 도(道)와 기(器)보다는 **형(形)**에 있다고 보았다. 중심 단어로 이 형(形)이 갖는 의미와 더불어 **이(而)의 의미를 관계적 의미**로 보아서 상(上)과 관련된 **관계의 의미**의 것과 하(下)와 관련된 **관계의 의미**의 것으로 살펴보았다. 그리고 이 문장에서 **형(形)**이 상(上)과 하(下)와 관련된 각각의 관계로 **도출된 결과**를 도(道)와 기(器)로 불리고 있음을 살필 수 있었다.

　필자는 주역(周易) 계사전(繫辭傳) 12장(章)의 '형이상자위지도(形而上者謂

之道) 형이하자위지기(形而下者謂之器)'란 전체적인 의미를 독자가 이해한다면 오늘날 현실의 가치 혼란을 바로 잡는 데 일조가 될 것이라고 믿는다. 필자의 풀이에 의한 형(形)의 의미는 '형상(形像: 모양을 본뜸)'을 지닌 것으로 보았다. 이러한 형(形)의 의미가 지니는 모든 형상(形像) 중 하나는 만물의 영장이라는 인간으로서의 사람과 다른 하나는 사람을 제외한 모든 만물로 구분하였다. 여기서 사람은 인식 주체로서 모든 것을 판단하는 자가 된다. 그러나 판단자로서 **인식 주체이자 공동체의 일원으로 바람직한 관계를 맺는 사람**이라면 이를 **인간**이라 부르고, 그렇지 않다면 **동물의 한 축으로 살아가는 인식 주체**의 **사람**일 뿐으로 해석할 수 있었다. 사람이 공동체의 일원으로 관계를 잘 맺는 사회 구성원이 되었을 때, 우리는 그를 공동체 일원으로 인간이라 부르고 공동체 사회에서 각자의 위치에 따른 혹은 역할에 따른 **정위(定位)된 자리**를 갖게 된다. 이렇게 정위된 자리를 예로 들어 보면 다음과 같은 표현으로 살펴볼 수 있을 것이다. '군군 신신 부부 자자(君君 臣臣 父父 子子)'로서 '임금은 임금**답게**, 신하는 신하**답게**, 아버지는 아버지**답게**, 자식은 자식**답게**'라는 공자의 정명(正名) 사상으로 설명할 수 있다. 그러므로 공자의 정명 사상은 공동체의 관계 속에서 나타나는 정위된 위치를 나타낸다고 볼 수 있다.

반면에 사람으로서 정위(定位)된 자리를 갖지 못하고 공동체와 무관한 혼자의 삶을 살아가는 자라면 공동체의 일원이 아닌 **자연인**이라 할 수 있으며, 이러한 사람은 자연인이면서 **도덕과 윤리에 바탕을 둔 신독(愼獨)의 삶을 추구**하면서 상대에게 해를 끼치지 않으며 살아가는 자이기에 이 사람의 삶의 방식은 **개인주의적 삶**을 살아가는 것이다. 그러나 자연인으로서 도덕과 윤리에 바탕을 두지 않고 신독(愼獨)의 삶을 추구하지 않는다면 그는 **일반적인 동물**과 다름없는 사람이라 할 수 있다.

그러므로 사람은 공동체의 일원으로 정위된 인간과 그렇지 못한 사람으로 구분된다고 할 수 있다. 그렇지만 사람으로서 개인주의적 삶을 사는 자와 동물적 삶을 사는 자도 있지만, 다른 한편, 타인 혹은 상대에게 고통을 주거나 훼손시키는 행위를 하는 자는 사람이 아닌 **짐승** 혹은 **악마**라 할 수 있을 것이다. 왜냐하면 동물은 단지 다른 동물들과 똑같은 상태의 삶을 진행하는 자이고, 짐승은 자신의 이익과 욕망에 지배되어 비윤리적인 상태로 상대에게 포악함을 일삼는 존재가 되기 때문이다. 일반적으로 성장한 포유류를 동물이라 하지만 이보다 못한 사람에 대해서 '**짐승보다 못한 사람**'이라 부르기도 한다. 짐승보다 못하다는 말은 겉은 사람이지만 짐승보다 못한 일들을 벌이는 사람들을 일컫는 것이다. 또한 짐승보다 더 한층 못된 존재로 사악한 행위로 많은 이들에게 큰 고통을 주는 자들은 정말 **짐승보다 못한 사람**으로 '**악마**'라 부르게 되는 것이다.

형(形)의 입장을 인식론적 입장에서 살펴보면, 인식 주체로서 인간(形)은 **인식 주체**이자 자신에게 직접적인 **자신이 인식 대상**이 되기도 하지만 **타인의 인식 대상**도 된다. 인식 주체로서 자신을 인식 대상으로 삼는 것을 '**자기를 바로 보자.**' 혹은 '**너 자신을 알라.**'는 의미이다. 그리고 인식 주체로서 타인을 혹은 다른 타자를 인식 대상으로 삼는 자들의 입장이 자기를 바로 보는 **정견(正見)의 입장**이라면 바람직한 판단을 내리겠지만, 그들의 주장이 정견(正見)의 입장에서 벗어나는 인식으로 인식 대상을 살펴보면 잘못 판단하는 일을 발생시킬 수 있다. 이러한 잘못 판단하는 오류를 줄여 바람직한 판단을 내리는 작업이 **자기를 바로 보는 것**인데, 이는 현재의 혼란한 가치관을 바로 잡게 되는 기틀이 될 것이다. 혼란한 가치관이 바로 잡히면 그 결과 더 바람직한 공동체를 형성하게 되는 미래 사회를 구현하게 될 것이다.

주역(周易) 계사전(繫辭傳) 12장(章)에 기록된 '형이상자위지도(形而上者謂之道) 형이하자위지기(形而下者謂之器)'에서 형(形)이라는 인식 주체가 상(上)과 하(下)의 두 곳을 이(而)라는 **내·외적 관계**를 통해 인식 주체가 사는 세계를 이해하게 된다. 인식 주체가 살아가는 세계는 **보이는 세계**와

보이지 않는 세계로 이루어져 있는데, 보이는 세계를 유형계(有形界)와 보이지 않는 세계를 무형계(無形界)로 구분하여 본다면 형이상(形而上)의 상(上)은 무형계(無形界)로 관찰되고, 형이하(形而下)의 하(下)는 유형계(有形界)로 관찰되게 된다. 따라서 상(上)은 보이지 않는 무형계의 속성으로 종교적 영역으로 귀속될 수 있으며, 철학적인 근원적 요소(하느님, 절대자, 천(天))로서 언급될 수 있는 것이다. 반면에 하(下)는 보이는 오감의 세계로 인간계와 자연계, 즉 생태계 전체를 말하는 것이 된다.

형(形)은 인식 주체로 존재의 세계를 무형계와 유형계로 구분한다. 형(形)이 속한 세계를 이원적으로 구분한 세계로 보고 있지만 두 세계가 완전히 분리된 것은 아니다. 이 두 세계의 내적 속성은 서로 유기적 관계로 관통되어 있고, 관통된 두 세계를 존재론적 시각으로 살펴보면 보이지 않는 무형계와 보이는 유형계로 둘로 생각하자는 것이다. 이렇게 나눠진 세계에서 **형이상**은 철학적·종교적으로 완전하고 절대적이며 선함 그 자체이기에 이치에 합당한 것이 된다. 이러한 것을 도(道)라 하였다. 반면에 **형이하**는 사회계와 자연계에 드러난 현상으로, 유형계에서 존재하는 것들이 행하여지는 모든 것이 된다. 이러한 유형계에서 존재하는 것들이 행하여지는 모든 것을 기(器)라 하여 조리(條理)로서 이치에 합당하기도 하고 부조리(不條理)로서 합당하지 않을 수도 있다. 유형계에서 기(器)로 불리는 것들이 이치에 합당하면 이치에 합당한 그것이 이치에 합당하다는 의미의 조리(條理)라 하고, 이치에 합당하지 않는 것을 부조리(不條理)라고 한다. 인식 주체자가 이치에 **합당한 조리(條理)**를 매사에 바르고 정확하게 실천한다면 모든 것이 이치에 맞는 것이고, 그렇지 않고 간헐적으로 이치에 맞게 되면 그것은 **우연적 조리(偶然的 條理)**가 되는 것이다. 반면에 **이치가 맞지 않고 합당하지 않는 것은 부조리(不條理)**가 되는 것이다. 그러므로 **도(道)**를 '이치 혹은 도리, **조리**, 사리'라 하고 이를 따르는 것을 **순리**라 부르게 된다. **기(器)**는 **조리, 우연적 조리, 부조**

리로 구분하여 부를 수 있는 것이다. 맹자는 이치에 따른 조리를 밝아 나가는 것을 **천형(踐形)**이라 표현하였는데, 이는 인식 주체자가 도(道)를 따르는 것을 말하는 것이자 도리, 조리, 사리를 실천하는 것이다. 도를 따르고 이치를 실천하는 인식 주체는 행위자 개인의 삶의 완성을 구현해 나가는 것이기에 **개체완성(個體完成)**이라 부를 수 있다. 이 개체완성을 **개체성**이라 부르는데, 불교적 표현으로 소승불교의 성자인 아라한의 경지라 할 수 있다. 반면에 개체 완성자로서 타자들과의 바람직한 관계를 맺는 전체적인 조화를 이룬다면 그는 **전체적인 완전성(完全成)**을 획득한 자로 **전체성**으로 표현하고, 성인(聖人) 혹은 군자(君子), 부처(대승불교의 성자) 등으로 부르게 되는 것이다. 이를 달리 표현하면 **전체성**은 '**자기를 바로 보고 타자(상대)와의 관계를 바람직하게 설정하는 자**'가 된다.

우리가 지향해야 하는 성인(聖人)의 의미는 절대적이거나 전혀 도달하기 불가능한 것은 아니다. 왜냐하면 인간은 선천적으로 성인(聖人)이라 할 수 있기 때문이다. 그러나 공동체의 일원으로 살아가면서 타자들과의 바람직한 관계 설정의 길목에서 사적 이익을 추구하게 되면서 성인의 길에서 틀어지게 되는 것이다. 추구하는 사적 이익이 의(義)에 바탕을 둔 이익이 된다면 바람직한 관계에 따른 이익을 추구하는 게 되어 성인의 길에서 벗어나지 않게 된다. 그러나 많은 인간이 추구하는 사적 이익들은 의(義)에 바탕을 두지 않고 자기**만**의, 혹은 우리**만**의 이익을 챙기는 이기적 과정에서 성인의 길을 벗어나 이기주의적인 삶을 살게 되는 것이다. 이러한 이기주의적 삶이 개인의 바른 성품을 좀먹고 있으며, 공동체에 나쁜 작용을 일으키면서 성인의 길에서 멀어지게 하는 것일 뿐이다. 그러나 사람은 개인에 따라 성인을 지향하는 길에서 다소의 시간과 어려움이 따를 뿐, 성인으로 자신을 변화시키는 데 있어서 특별한 능력이나 할 수 없는 선천적인 것을 요구되는 것이 아니라, 각자에게 주어진 본래의 가치를 따르는 모습을 지닌다면 달성하게 될 수 있는 것이다. 주어진 본래의 모습을 따르는 인간이 성인(聖人)인데, 이는 각자가 태어날 때 갖춰진 그대로의 자신의 본래 모습을 지키는 것이다. 이와 같은 이유에서 모든 인간은 태어날 때 갖춰진 그대로의 자신의 본래 모습이 이미 성인(聖人)의 씨앗인데, 대부분 자신이 잘못하여 성인(聖人)의 길에서 이탈하여 벗어나는 것이다. 성인의 길에서 이탈된 인간이 성찰을 통해 자신의 본래 모습을 찾아가려는 존재는 이탈된 길을 바로잡으려는 '**과정적 존재**'가 된다. 성인이 아닌 모든 인간이 성인을 지향하는 과정적 존재라는 것은 자신의 본래 길에서 이탈된 인간들이 자신의 실수를 만회하려고 하는 부끄러운 현실의 모습들이다. 이것은 마치 자기 물건을 잃어버리고서 되찾는 작업의 일환인 것과 같은 것이다. **성인**이 갖는 진정한 의미는 **자기를 바로 보고 자신이 처한 상황 속에서 타자들과의 바람직한 설정으로 인하여 자리이타(自利利他)의 삶을 행하고, 그로 인해 공동체의 자연스럽고 조화로운 현재의 삶을 만들며 미래를 완성해 가는 공동체의 일원일** 뿐이다. 그러므로 공동체의 일원으로서 성인(聖人)은 **보통 사람**인 것이다. 따라서 성인(聖人)이란 **평범한 범인**으로서 자신의 본래 모습에서 이탈하지 않고 그대로 자신의 성향을 지닌 채 살아가는 **참된 보통 사람**이라 할 수 있다.

현재를 살아가는 인간이 지금의 공동체 속에서 살아갈 때 정법(正法)이 아닌 불법(不法)을 범하며 살아가고 있는 자가 많다. 이러한 것은 불법을 범하는 자신에게 불이익이 주어지지 않을 때, 불법을 범하는 자들은 자신의 행위를 정당화하게 된다. 이는 불법자들이 자신에게 불이익이 없으므로 불이익이 있음을 모르면서 살 만하다고 느끼며 살아가고 있는 것들은, 실생활에서 불이익이 무시되는 관례 혹은 관습에 젖어서 살기 때문이다. 이것은 마치 오염되어 있는 어항 속에서 오염된 물을 헤엄치며 살아가는 물고기처럼 바람직하지 않은 공동체에서 자기 삶에 큰 부담이 없다면 공동체에서 사는 행위는 오염된 물도 괜찮다는 물고기의 삶과 다름없는 것이 된다.

　한 인간이 현존재로서 자신의 본래 모습으로 살아가는 삶의 태도를 이어오는 성인(聖人)의 삶을 살기 위해서는 현재의 인습과 관례로 통용되었던 바람직하지 않은 관습에 젖어 있는 자기 모습을 성찰하여 인습과 관례로 오염된 기존의 틀에서 벗어나야 한다. 그러기 위해서는 '첫째, **자기를 바로 보자**. 둘째, **정견(正見)을 가지자**. 셋째, **바람직한 관계 설정자가 되자**.'라는 내용을 실천해야 할 것이다. 이러한 세 가지 사항에 대한 실천을 통한 적절한 관계 유지는 결국 애기애타(愛己愛他)를 바탕으로 자리이타(自利利他)의 삶을 이끌게 될 것이다.

　지금까지 형(形)을 중심으로 내용을 살펴보았다. 이 책 전체를 각부별로 살펴보면, 1부와 2부 그리고 3부에 관한 글이 머리글인데, 대부분은 주역에 관한 내용이다. 그리고 4부와 5부는 주역의 내용을 현실에 적용하여 작성해 본 글이며, 6부는 개인적인 이야기 글을 넣은 것이다.

목차

4부   공동체 속의 짐승들 ▬▬▬▬

6부 나의 이야기

1부

인간과 짐승

1.
도(道)란 무엇인가?

　경성대학교 하영삼 교수는 "도(道)는 머리 수(首)와 쉬엄쉬엄 갈 착(辶)으로 구성되어 있다. 이때 쉬엄쉬엄 갈 착(辶)은 辵으로도 쓰인다. 사거리(行·행)에 발(止·지)이 놓여 '길 가는 모습'을 형상화했다고 한다. 道(길 도)의 首(머리 수)는 사슴의 머리를 그렸는데, 매년 자라나 떨어지는 사슴의 뿔은 순환의 상징이다. 그래서 道는 그런 **순환의 운행**(착), 즉 **자연의 준엄한 법칙**을 말했고 그것은 **인간이 따라야 할 '길**'이었다"[1] 라고 도(道)란 글자의 의미를 풀이하고 있다.

　그러나 필자는, 도(道)는 정수리(首)와 발바닥(辶)에 이르는 것을 정수리로 상(上)과 발바닥인 하(下)로 연결 지어 주는 통로인 깨달은 자의 **몸 자체인 것**으로 생각한다. 여기서 몸은 도체(道體)가 되는 것이다. 도체(道體)로서 이러한 **몸 자체**를 형(形)으로 표현하여 나타낸 문장으로는 주역(周易) 계사전(繫辭傳) 12(장)章에 기록된 '**형이상자(形而上者) 위지도(謂之道) 형이하자(形而下者) 위지기(謂之器)**'라 할 수 있다. 또한 깨달은 자의 모습으로 지칭된 **형(形)의 사례**를 다음의 대표적인 사례로 찾아볼 수 있다. 하나는 석가모니인 싯다르타가 어머니인 마야부인이 출산 시 태어나면서 주위에 보여 주었다는 행위로 살펴볼 수 있다. 싯다르타는 태어났을 때, 그가 오른쪽 손가락은 하늘을 향하고, 왼쪽 손가락은 땅을 향하는 동작으로 표현한 것이다. 이것은 **천상 천하 유아 독존(天上 天下 唯我**

---

1)　동아일보 2009.10.08.[한자 뿌리 읽기] 〈259〉 착(쉬엄쉬엄 갈 착)

獨尊)의 **의미**로 살필 수 있는 의미이다. 두 번째는 라파엘로의 '아테네 학당' 그림에서 보여 준 플라톤과 아리스토텔레스의 허공을 가리키는 손가락과 땅을 가리키는 손바닥의 지향점이다. 이때의 형(形)은 플라톤과 아리스토텔레스이지만, 그들 모두의 그림 속의 행위가 상(上)과 하(下)를 손가락과 손바닥의 형상으로 보여 준 형(形)의 지향점 사례이다.

그러므로 **도(道)란 깨달은 자의 모습인 형(形)이 중심이 되어 상(上)과 하(下)를 연결 짓는 몸체**이다. 몸체로서 깨달음을 체득한 자를 깨달은 자(覺人)라 하며, 깨달음을 얻은 이를 도인(道人)이라 하는 것이다. 도인이 된 자는 천상과 천하를 소통하여 천지인이 합일되는 소통의 일체감을 이룬다. 천지인이 합일되는 소통의 일체감, 이것이 곧 동학의 사상이자 지금의 천도교의 중심 사상이 되어 있는 인내천(人乃天)사상과 연결된다. 인내천(人乃天)사상은 '사람이 곧 하늘이다.'라는 것으로, **형(形)의 본질적 가치**를 말해 주는 것이다. 이러한 '사람이 곧 하늘이다.'라는 인내천사상은 고조선이 설립된 후 나타난 단군왕검의 경천애인(敬天愛人) 사상과 맞닿아 있으며, 이 사상을 지구상에 널리 확장하려는 정신이 바로 홍익인간(弘益人間)의 정신인 것이다.

이와 같은 의미에서 도(道)란 의미를 정리하면 다음 세 가지로 볼 수 있다.

첫째, 대표적인 형(形)으로서 상(上)과 하(下)를 **연결 짓는 몸체**이고,

둘째, 형(形)으로서 상(上)과 하(下)와 소통하는 **소통처**이며,

셋째, 형(形)으로서 상(上)과 하(下)에 소통의 이치를 펼치는 **주체자**인 것이다.

주체자로서 도인은 이치를 직접적으로 따르는 사람이자 이치를 따르게 가르치는 사람이기도 하다. 이러한 사람의 사례로는 석가모니, 예수, 공자, 소크라테스와 같은 사람들이지만 이들 이외에도 지구상에는 많은 도인이 존재했었고, 또 지금도 존재하고 있다.

따라서 **도(道)**란 **이치를 펼치는 주체자**이기에 주체자 자체가 이치가 되어 도리(道理)를 행해야 한다. 이러한 주체자를 우리는 이치를 따르는 자이자, 이치를 밟는 자(踐形)라 하며, 정도(正道)를 실위지기행(實爲知己行)하는 진리의 화신으로서 **순리자(順理者)**로 부르게 된다.

주역(周易) 계사전(繫辭傳) 12장(章)에 기록된 '형이상자위지도(形而上者謂之道) 형이하자위지기(形而下者謂之器)'에서 상(上)은 보이지 않는 무형계(無形界)를 말하는 것이고, 하(下)는 유형계(有形界)를 말한다. '형이상자위지도(形而上者謂之道)'에서 **상(上)**인 **무형계(無形界)**는 **도(道)의 본체**가 된다. 본체란 **이치의 근원처**이고, 이치의 근원처는 **참된 이치의 세계**이니 **진리(眞理)**가 된다. '형이하자위지기(形而下者謂之器)'에서 **하(下)**인 **유형계(有形界)**는 **이치가 실현되는 곳**이자 **이치가 현현한 곳**이니 진리가 드러난 세계인 것이다. 따라서 **무형계(無形界)**와 **유형계(有形界)**는 본질적으로 진리에 대한 **일치된 속성**을 지닌 것이다. 그러나 무형계와 달리 유형계는 생명체들이 살기 위해서 먹이 사슬에 따라 생존한다. 이들은 생존하기 위해 먹는 것만으로, 즉 배고픔을 해결하는 것만으로 끝나지 않고 **과욕을** 행하게 되는 **이익의 욕망**을 추구하여 유형계의 자연스러운 질서를 해치게 된다. 이러한 **과욕의 이익을 추구하는 행위**가 유형계를 갈등과 다툼을 발생시켜 공동체가 무질서의 혼란에 빠지게 된다. 과욕을 부리는 이들은 자기**만**을, 혹은 집단**만**을 위한 과도한 이익의 욕망으로 인해 우선시되어야 하는 자연스러운 형(形)의 모습인 **형(形)의 본질적인 상태**를 지키지 못하게 된다. 이처럼 본질적인 상태를 지키지 못하는 원인을 '**욕심**' 혹은 '**과욕**'이라 하며, 이 욕심과 과욕이 직접적으로 드러난 유형계에서는 이익으로 인한 갈등과 다툼, 분쟁, 전쟁 그리고 생태계를 파괴하는 원인으로 작동하게 된다. 이러한 갈등이 드러난 유형계는 주체자로서의 도(道)와 본질적인 도(道)의 질서에 어긋나는 것이기에 정도(正道)로서의 이치를 따르는 것이 아닌 **부조리(不條理)한 유형계의 세상**을 만들어 가게 된다. 우리는 사람으로 태어나 **유형계에 만들어진 무질서**에 대한 것을 **문제**라고 느끼면서도 스스로 문제 해결을 위한 적극적인 의지가 부족한 모습을 자주 드러낸다. 이렇기 때문에 사람들은 유형계의 무질서를 해결하기 위해서 자기 대신 문제를 해결해 줄 사람, 즉 우리를 구원할 구원자를 기다린다는 핑계를 대곤 한다. 이러한 핑계로 인해 많은 사람이 무질서한 유형계에서 자신들의 부조리한 문제를 스스로 해결하지 않고 있는 것이다. 이와 같은 대표적인 사례의 구원자로는 대한민국에서는 정감록의 정도령, 불교의 미륵불, 기독교의 재림예수 등과 같은 사람이 있다.

지금까지 살펴본 도의 의미를 요약하면 다음과 같다. **도(道)**란, 첫째, 도의 **본체인 진리**이며, 둘째, 도의 주체자인 **인간 본연의 모습을 지켜나가는 자**라고 표현할 수 있다. 또한 **도의 현현은 인간의 이기가 드러나지 않은 세상**이 된다. 그러나 본래의 유형계에서 사람들이 과도한 이익을 추구하는 욕망으로 인해 본연의 모습을 오염되게 한다. 유형계의 오염은 공동체를 부조화와 무질서로 인한 갈등과 다툼, 분쟁 그리고 전쟁을 일삼고 있는 세계를 만들게 된다. 이러한 세계에서 과도한 이익을 추구하는 욕망은 이익의 탐욕으로 인한 갈등의 극대화는 욕망을 추구하는 현실을 더욱 무질서하게 만들어 가게 한다. 그러나 우리는 도의 주체자로서 이러한 현실에서의 무질서로 인한 부조화를 조화롭게 만들어 가야 한다. 왜냐하면 조화로움을 추구하는 것이 본래 우리들의 모습이기 때문이다. 그러므로 부조화의 무질서를 질서로 만들기 위해 사람들에게 깨달음과 지속적인 성찰을 통해 도(道)를 실천해야 함을 강조해야 한다. 그러므로 도의 실천을 강조하는 것은 무형계의 본질적 속성이 유형계로 드러나게 된 도가 현현된 세계(경천애인, 홍익인간)에서 공동체의 일원이 되어 살아가게 하려는 것이다. 도가 현현된 세계에서의 삶이란, 깨달은 자나 성찰하는 자가 무형계의 속성에서 비롯된 유형계의 이치에 입각한 순리를 따르는 것이다. 유형계에서 순리에 따르는 조화와 질서는 무형계의 속성이 유형계에서 만물들이 바람직한 관계를 맺으며 살아가도록 주문하는 것이다. 이러한 순리에 따르는 모습이 모든 사람에게도 똑같이 적용되는 것이 바람직한 사람으로서 인간이 되는 길이자 바람직한 공동체를 구현하는 것이라 할 수 있다.

2.
도(道)가 드러난 세계

도의 세계는 보이지 않는 무형계와 보이는 유형계로 구분되고 있는 이 원화된 상태의 세계이다. 이원화된 세계에 대하여 건축물을 통해 보여 주는 곳이 경주 불국사에 있다. 경주 불국사에 가면 백운교와 청운교가 있다. 이곳은 불국사 대웅전으로 들어가는 자하문과 연결된 돌계단 다리이다. 돌계단 다리인 백운교와 청운교를 오르면 무형계인 불국세계의 관문에 해당하는 자하문이 있는데, 이는 부처님이 사는 나라로 가기 위해서는 물을 건너고 또 구름 위를 지나가야 한다는 것을 상징한 것이다. 즉, 경주 불국사의 백운교와 청운교 그리고 무지개다리(홍예: 虹霓)는 불국세계인 부처님이 사는 곳으로 건너갈 수 있도록 만들어 놓은 대표적인 상징적 장치로 볼 수 있다. 이 상징적 장치는 부처의 세계를 일반인의 세계와 이어 준다는 의미로서 청운교는 무형의 세계를 들어가는 것을 나타내는 것이고, 백운교는 유형의 세계에서 깨달음을 얻어서 오르는 과정으로, 계단의 수를 나타내는 것이다. 그리고 백운교를 지나 청운교를 건널 때 반원형의 무지개다리(홍예: 虹霓)를 지나야 한다. 반원형의 무지개다리(虹霓)를 건너는 것은 인간이 진정한 도의 세계로 들어가는 과정을 고려하여 만든 다리이다. 이 반원형의 무지개다리(虹霓)는 유형계인 세속에서 사람이 도를 깨닫고 덕을 베푸는 도덕적 인간이 되어서 무형계로 들어가는 중간 단계인 것이다. 이 무지개다리를 지나 마침내 무형의 세계인 청운교를 올라 자하문을 통해 부처님 세계에 달하는 것으로 표현된 것이다. 이러한 구분은 종교학자인 엘리아데에의 성(聖)과 속(俗)

의 표현과 함께 살펴보면 다음과 같다. 청운교는 사람이 인간이 되어 부처님의 세계인 무형계인 성(聖)의 세계로 들어가는 것이고, 백운교는 일반인이 살아가는 유형계인 속(俗)의 세계에서 도를 깨닫는 과정을 거쳐 인간이 되어 가는 과정을 표현한 것이다. 그러므로 백운교는 세속의 삶에서 자기 성찰을 통한 심우도의 깨달음의 과정을 표현한 것이 되고, 반원형의 무지개다리(虹霓)는 깨달음에 도달한 돈오의 상태를 표현한 것이며, 청운교는 돈오를 하여 점수라는 보림을 거쳐 불국세계인 부처님 세계로 들어가는 과정을 표현한 것이 청운교라 할 수 있다. 부처님 세계인 무형계는 도의 본체이기에 진리이자 가장 큰 이치의 세계이며, 완전한 질서와 조화 그리고 완전하고 절대적 선함으로 구축된 세계이다. 그리고 유형계는 도의 세계인 무형계로부터 드러난 무형계의 속성을 지닌 도의 현현인 진리를 보여 주는 세계이다. 도의 현현으로 유형계가 드러났을 때는 유형계에서도 무질서가 아닌 질서, 부조화가 아닌 조화, 불안함이 아닌 평온하고 평정한 상태의 세계였을 것이다. 왜냐하면 무형계의 속성과 유형계의 속성은 모두가 같은 속성인 진리의 바탕이 되기 때문이다. 그러므로 무형계와 유형계의 관계는 내적으로 유기적인 통일이 되어 있는 관계적 속성을 지닌 것으로, 하나의 세계에 두 개의 양태로 존재하는 것이 된다. 그러나 유형계에서 질서가 무질서로 변화되고, 조화가 부조화로 변화되면서 평온하고 평정한 상태가 불안한 상태로 만들어지게 된 것은 사람이 살아가는 세상에서 사람이 만들어 가고 있는 이익에 의로움이 깃들지 않게 되자 과도한 욕심과 욕망을 내게 되면서 스스로 자제하지 못한 결과로 인한 것이다. 이러한 것은 사람들이 자기만을 위한 이익에 대한 파이를 절제하지 못하고 더욱더 크게 만들어 가는 과욕의 이기심에서 비롯된 것이다.

유형계에서 탄생한 모든 생명체 중 자칭 만물의 영장이라는 인간은 사람으로서 동물의 한 종류이자 사람으로 지칭되고 있는 존재적 대명사

인간과 짐승

이다. 이러한 생명체로서 사람이 공동체의 일원으로서 공동체에 속한 일원이 되었을 때 동물로서의 사람이 아닌 진정한 의미의 깨달은 자로서 타인과의 바람직한 관계를 맺고자 하는 관계적 사람으로 그를 **인간**으로 부르게 된다. 이 인간의 의미는 "사람이면 다 사람이냐! 사람다워야 사람이지."라는 문장으로 설명될 수 있다. 그러므로 인간이라는 것은 '사람답다.'라는 것으로 사람에게 본래 주어진 무형계의 속성을 유형계에서 드러내는 것을 표현한 단어이다. 이러한 표현은 도가 드러난 세계는 원칙적으로 사람답게 사는 사람들이 함께 생활하는 공동체가 되어야 맞다는 것을 보여 준다. 그러나 현실적으로 사람으로서 사람답게 사는 사람이 있는 반면에 그렇지 못한 겉모습만 사람인 인면수심(人面獸心)의 사람도 있다. 우리는 그렇지 못한 사람, 즉 겉모습만 사람인 사람을 동물, 짐승, 악마라 부르게 된다. 여기서 **동물**이란 **사람답다가 사라진 사람의 모습**인데, 이는 일반 동물들이 행하는 것과 같은 것을 행하는 자를 말한다. **짐승**이란, 일반 동물들과 같은 삶을 살되 상대를 훼손하며, 괴롭히며, 공동체에서 **자신의 이익만을** 챙겨 나가는 이들을 말하는 것이며, **악마**란 측은지심이나 수오지심 등의 4단(四端)의 마음이 전혀 없는 자가 다수의 상대를 훼손 및 죽음으로 내모는 존재라 할 수 있다. 이제 사람으로 태어나 사람으로서 자기 본래 모습을 지키며 바람직한 관계를 맺도록 진화한 이들을 인간이라 하는데, 오히려 퇴화하는 이들을 짐승, 악마로 부르는 괴물들과 함께 어울려 사는 세상에서 사람과 인간, 사람과 동물, 사람과 짐승 등의 상관관계를 알아보도록 한다.

1) 사람과 인간

'사람'은 약 350만 년 전 내지는 300만 년 전 남아프리카에서부터 존재하기 시작했다고 하나, 그 정확한 시작을 알 수 없는 시간과 공간 속에서 탄생하였다고 한다. 그 후 무수한 먹이 사슬로 인해 생명을 유지하면서 사람들이 지구상에 생존하며 살아가게 되는 시대를 맞이한다. 생존하는 사람들은 성이 다른 수컷과 암컷이 생존을 위한 먹이활동을 하면서 자손을 이어 오는 번식 활동을 통해 끊임없이 종족을 만들어 왔다. 번식을 통해 생성된 생명은 동물로서 사람이라 칭하였고, 이런 사람이 사람다운 사람이 되었을 때 비로소 참사람의 역할을 할 수 있다고 보았다. 참사람으로서 사람다운 사람이 공동체의 일원이 되어 함께 생활하게 되어 공동체에 조화와 질서가 유지될 때, 그 사람을 동물적 사람에서 사람답게 사는 참사람으로서 공동체 일원으로 진화되어 살아가는 '인간'이 된다. 이 문장에서 번식하여 태어난 사람은 동물이고, '사람답게'의 사람은 참사람으로 도를 깨달은 사람이며, 이러한 사람이 공동체의 일원으로 조화와 질서를 유지하게 되었을 때 인간이라 불리는 자가 된다. 그래서 인간은 깨달은 자가 바람직한 관계를 맺을 줄 아는 자라 말할 수 있다. 그러므로 '사람답게'의 '사람'의 의미와 '인간'으로서의 의미는 다소 다른 부분이 있는 것이다. 왜냐하면 사람이란 사람다움을 지킬 때 사람이 '사람답게'의 역할을 잘 수행할 때이다. 그리고 사람답게 사는 사람을 참사람으로 **공동체의 일원**으로 **더불어 살아갈 줄 아는 자**를 '인간'이라 부르게 된다. 이러한 인간은 타자와의 관계를 바람직한 관계로 잘 설정할 수 있는 '바람직한 관계 설정자'가 되었을 때 비로소 공동체에서 더불어 바람직한 삶을 살아가는 일원이 되는 것이다.

　같은 의미로 사람과 인간은 사람이라고 인간이 되는 것이 아니지만, 인간이라면 사람다움을 유지하고 있는 사람이 되는 것이다. 왜냐하면 사람이란, '사람으로서 사람답다.'라는 것은 참사람으로서 '도의 주체자'까지 되었다는 것이지만, 타자와의 바람직한 관계까지 확장시키지 못한 것이다. 이는 참사람이란 **도의 실현**이자 개인주의로 표현될 수 있는 것이다. 그러나 인간은 자신이 알고 있는 도를 타자(상대)에게 바람직한 관계를 설정하여 적용하는 자로 **덕을 실현**하는 자가 된다. 이는 **인간**이란, **도덕을 실천하는 자**라 불리고 각자 정위된 자리에서 **이치에 따라 사는 자**로 순리자 혹은 **윤리적 실천자**로 불리는 것이다. 윤리적 실천자인 인간인 이들은 자리이타(自利利他)를 실천하는 자이자 도산 안창호의 애기애타(愛己愛他)를 실천하는 것이며 단군의 경천애인(敬天愛人)을 실천하고 홍익인간(弘益人間) 정신을 고양한 것이라 할 수 있다.

결론적으로 **'사람'**이 '사람답게'가 되면 참사람으로 타자에게 해를 주지 않는 개인의 삶을 사는 것으로, '자기를 바로 봅시다.'의 **도를 실천한 자**일 뿐이고, **인간**이라면 인간인 그가 사람에게는 애기애타와 경천애인을 바탕으로 홍익인간을 실천하고, 자연과는 자리이타의 관점으로 자연과 인간이 더불어 살아갈 수 있는 조화를 추구하는 방법을 찾는 **덕을 실현하는 자**라 할 수 있다. 반면에 사람으로서 사람답지 못한 사람은 동물 이하의 부류로 볼 수 있는 것이다. 이와 같은 동물 이하의 부류로는 첫째 동물과 같은 존재이고, 더 심하다면 둘째 짐승이나, 셋째 악마라 불릴 수 있게 된다.

2) 사람과 동물

'사람'이라면 사람다워야 한다. 즉, '사람답게' 살 때 참사람으로 사람대접을 받게 되는 것이다. 이러한 사람들 가운데 타자와의 바람직한 관계를 맺는 자를 인간이라 하였다. 따라서 사람에 해당하는 자는 사람답게 사는 자이지만, 그가 공동체의 일원으로 '바람직한 관계 설정을 하는 자'가 된다면 이때야 비로소 인간이라 불리게 되는 것이다. 반면에 사람으로 태어나 '사람답게'라는 말에 어울리지 않으면 사람으로 태어났으되 그는 동물 이하의 한 부류로 인정되는 자라 할 수 있다. 사람으로 태어나 사람이 아닌 '동물'이라 함은 '사람다움을 실천하지 못한 자'이니, 그런 사람은 긍정적 측면으로 본다면 동물로서 사람을 지향하는 과정적 존재로 표현할 수 있다. 그러나 동물로 불릴 수 있는 사람이 사람다움을 추구하는 과정적 존재로서 자신의 위치를 정하여 역할에 따른 사람다움을 추구하지 않는다면 그 사람은 동물이라기보다 더 부정적 의미인 짐승이나 악마가 될 가능성이 큰 것이다. 사람이 아닌 '동물로 인식되는 사람'은 단지 모든 '포유류가 하는 행위를 그냥 함께 할 줄 아는 자일 뿐', 사람으로서의 변화를 추구할 생각이 전혀 없는 자들이다. 그러므로 사람이 사는 사회는 인간과 사람과 동물들이 어울리며 살아가는 복잡한 공동체를 구성하게 된다. 이러한 공동체에서 **인간과 사람은 도덕과 윤리를 바탕으로 살아가려 하지만, 동물은 도덕과 윤리가 무시되는 최소한의 생존을 위한 자기 욕구에 따라 생활하려는 자**들이 된다. 그러므로 사람으로 태어났으되 사람이 동물이라 함은 이들이 주로 관심 있어 하는 것들은 물욕과 성욕에 집중될 뿐이 된다.

3) 사람과 짐승 그리고 악마

지금까지 인간과 사람 그리고 동물에 대해 알아봤다. 이제는 사람이 짐승이 되고 악마가 되는 것을 알아보자. 사람은 동물로 태어나서 타자와 바람직한 관계를 설정하는 자로서의 인간과 자기의 삶에 충실한 도의 주체자인 개인들로 사람으로서 사람답게만 살려는 자들이라 하였다.

반면에 짐승은 사람으로 태어나 사람답게 살지도 않고, 도의 주체자로서 자신의 삶을 가꾸지도 않으며, 타자와의 관계는 더욱더 어긋나가게 하거나 어긋나게 하는 경향이 있는 자들이다. **짐승**은 사람과 인간의 모든 관계에 있어서 비정상적이며, 더욱더 어긋나게 만들어 가곤 한다. 그러므로 짐승으로서 생활은 사람으로서 생활이 비정상적으로 어긋나게 하거나 어긋나게 된다는 것은 스스로 자기 자신을 훼손하는 작업을 하거나 자신이 타인과의 관계를 직접적으로 훼손하는 작업을 하는 자들이 된다.

악마는 짐승보다 더 비정상적인 자이다. 그는 이미 자기 스스로가 짐승보다 더 많이 훼손된 상태인 자이다. 특히 이러한 자들은 내면의 상태가 많이 망가져서 맹자의 4단 중 측은지심이나 수오지심이 전혀 없는 자가 된다. 그렇기 때문에 악마는 자신의 이익을 위하여 어떠한 무도한 짓도 행할 수 있는 자들이라 할 수 있다. 무도한 짓이란? 생명을 우습게 여겨 자신의 이익을 위해 폭행과 살인 등의 잔인한 짓들의 행위들을 말하는 것이다. 그러기 때문에 악마는 무도한 짓을 쉬이 행할 가능성이 높은 자들이며, 자신의 행위 결과에 대해 어떠한 부끄러움도 모르는 인면수심(人面獸心)으로 무장된 철면피(鐵面皮)들이다. 이러한 악마의 대표적인 사례를 역사 속에서 살펴보면, 첫째는 2차 대전시 600만의 유대인을 가스실로 보낸 아돌프 히틀러와 이탈리아의 무솔리니 그리고 일본의 전쟁광들 둘째는 국민의 25%를 살해한 캄보디아의 폴 보트 등의 독재 정권, 셋째는 이라크의 사담 후세인 등의 독재를 일삼는 정권들은 대부분 자신만의 이익을 위해 사람이 아닌 짐승보다 못한 악마가 된 자라 할 수 있다. 그렇다면 우리나라에서는 누구라 할 수 있을까?

4) 성인(聖人)이란?

성인(聖人)이란, 사람으로서 동물과 짐승과 악마가 아닌 자로서, 기본적으로 '사람다움'을 행하는 자를 근본으로 하는 자이다. 앞서 사람다움을 행하면서 '타자와의 관계를 바람직하게 설정할 수 있는 자'를 인간이라 하였다. 이러한 인간으로서 스스로가 도의 주체자가 되어 이치를 실천하는 자이자 맹자의 천형(踐形)[2]을 밟으며 참된 이치에 따른 도리(道理)와 조리(條理) 그리고 사리(事理)를 유형계에 드러내는 사람이 인간이 된다. 이러한 인간을 성인(聖人)이라 부르는 것이다.

이처럼 참된 이치(眞理)를 따르며 도리(道理)와 조리(條理) 그리고 사리(事理)를 실천하는 사람으로서 순리(順理)에 어긋나지 않는 이들을 성인이라 하는데, 성인의 대표적인 사람으로는 4대 성인이라 불리는 공자, 예수, 석가모니, 소크라테스 같은 분이라 할 수 있다. 이들의 삶은 '인간이 반드시 행하여야 할 바를 하였던 것'이자 **참된 이치(眞理)**를 추구하는 이들이며, 사람으로 태어난 자들에게 참된 이치를 가르쳤던 인간이다. 이를 우리는 성인(聖人)이라 부르는 것이다.

필자는 누구든 사람으로 태어나면 4대 성인이 하는 것을 누구나 실천할 수 있다고 생각한다. 왜냐하면 우리가 사람으로서 인간의 반열에 이르렀다면 누구나 4대 성인처럼 모두 행할 수 있기 때문이다. 그렇다면 이들 4인을 성인(聖人)이라 불리는 것은, 매우 특이한 것이 아니다. 왜냐하면 누구나 인간이라면 4대 성인과 같이 할 수 있는 존재이기 때문이다. 다만 사람으로 태어나 이익에 눈이 멀어 참된 이치가 아닌 바람직한 관계 설정을 하는 행위의 범주에서 벗어나는 이기적인 선택적 오류를 취하기 때문에 성인(聖人)의 용어를 적용하지 못하게 되는 것이다. 따라서 욕심이나 과욕에 의한 이익에 흔들리지 않은 의(義)에 따른 바른 선택만을 취할 수 있다면, 모든 인간은 누구나 **사람답게 사는 도(道)**와 **바람직한 관계의 덕(德)**을 실천하고 이행할 수 있게 된다. 이처럼 도와 덕을 깨닫고 베푸는 **도덕적 실천을 이행하는 사람**을 **성인(聖人)**이라 하는 것이

---

2) 천형(踐形)

인간과 짐승

다. 그러므로 사람으로 태어나 인간으로서 도덕을 실천하고 이행하는 것은 보통 사람이라면 당연히 해야 할 역할이 된다. 그러나 어느 인간이든 보통 사람이 할 수 있는 것인데도 불구하고 성인이 하는 것을 하지 못한다고 생각하는 것은 이익에 대한 과도한 욕심과 욕망에 따라 자신들이 지켜야 할 참다운 이치의 경계를 지키지 못하기 때문이다. 이러한 잘못은 이익에 대한 선택이 잘못된 것이 아니라, 엄밀히 말하면 이익이 의(義)에 합당하지 못한 이익을 추구하는 결정에서 비롯된 것이다. 이러한 잘못된 결정을 따르는 자는 **도를 깨달은 사람**과 **덕을 베푸는 인간**과 **도덕을 따르는 성인** 그리고 **본래의 참된 이치를 따르는 사람**에서 이탈하게 된다.

따라서 성인이란 참다운 이치의 경계를 지닌 사람인데, 이러한 사람은 욕심과 욕망을 따르지 않는, 본래 누구나 할 수 있는 것이기에 **보통 사람**이라 할 수 있다. 이러한 보통 사람을 정확히 부른다면 바로 **인간**이 되는 것이다. 그러나 보통 사람이 되지 못하는 이들은 보통 사람을 지향하는 과정적 존재일 뿐이다. '**과정적 존재**'라 명명한 것은 사람으로서 성인(聖人)을 목표로 하는 **동물적 사람**이나 **인간이 안 된 깨달은 사람**에게 적용할 수 있는 단어가 된다.

결론적으로 **성인(聖人)**은 **인간**으로 정의할 수 있게 되기에 모든 인간에게 적용될 수 있는 **보통 사람**이 된다. 그러므로 보통 사람은 성인으로 표현될 수 있는 인간의 다른 언어표현이며, 누구나 다가갈 수 있는 실제적인 목표가 되는 것이다.

인간이란 **사람다운 사람으로서 공동체의 일원이 된 자**를 말한다. 인간은 그가 자신과의 관계와 타자와의 관계 그리고 사회 경제의 이익에 따른 상대와의 관계적인 인간의 모습을 '인간관'으로 규정할 수 있다. 이러한 인간관으로는 다음과 같은 세 분야로 구분하여 살펴볼 수 있을 것이다.

첫째, 자신과의 관계인 **자성론(自省論)**.

둘째, 타자와의 관계인 **인성론(人性論)**.

셋째, 사회의 경제적인 이익과 관계된 **경제론(經濟論)**.

세 분야에 대한 것을 아래에서 구체적으로 살펴보기로 한다.

1) 자성론

• 자성(自省)의 의미

자성(自省)이란 **어떤 한 사람이 자신에 대한 성찰을 통해 바람직한 자기 입장을 견지할 힘을 가지게 하는 것**이다. 이에 따른 자성의 전 과정을 살펴보기로 한다. 자성(自省)을 풀이하면 '자기가 자신을 성찰해 보는 것'이다. **성찰(省察)**이라는 의미엔 여러 가지가 있다. 증자의 일일삼성(一日三省)과 같은 **반성의 의미**, 불교의 '자기를 바로 보자.'라는 '이 뭣고?'의 **나를 찾자는 의미**, 공자의 극기복례(克己復禮)로 자신의 사욕을 이겨 혹은 자기를 바로 보아 **예를 회복하자(이치를 따르자)는 의미**, 소크라테스의 '너 자신을 알라.'의 **무지를 깨우치라는 의미** 등이 있다.

　이러한 자성의 성찰 목적은 정견(正見)을 유지하여 바른 판단의 근거가 되는 힘을 가지기 위하는 데 있다. 어떤 것을 보고 듣고 경험적으로 판단할 때, 판단자는 판단의 기준이 되는 정견의 관점이 필요한데, 정견의 관점을 유지하기 위해서는 자성의 '성찰자'가 바른 견해(正見)를 가져야 한다. 바른 견해(正見)에 대한 철학적 입장은 경험론자들은 '경험에 근거한다.'라고 하였고, 합리주의자들은 '이성에 근거한다.'라고 하였으나, 바른 견해를 가지기 위해서는 기준처가 되는 자신을 반드시 살펴본 후, 판단자의 판단 기준처가 갖는 기준점이 정확히 정조준되어 있어야 한다. 판단자가 잘못된 판단을 하지 않고 바람직한 판단을 구하기 위한 정확한 기준점을 찾기 위해서는 기준이 되는 자신에 대해 '자기를 바로 보는 것'이 매우 중요하다. 왜냐하면 자기를 바로 보았을 때 비로소 자신의 무지함을 알 수 있게 되기 때문이다. 자신의 무지를 안다는 것은 지혜로움이 발현되는 조건이다. 지혜가 발현되어 지혜로움을 획득하게 되면 획득된 지혜로움이 판단자에게 정견의 판단을 구하도록 하는 도구가 된다. 이와 같은 사례는 소크라테스의 말에서 살펴볼 수 있다. 소크라테스에 의하면 '너 자신을 알라.'라는 글의 의미로 각자가 무지를 깨우치길 바랐다. 그는 자신이 함께 살던 동시대의 사람들에게 **자신을 알아 가는 것이 무지를 타파하는 것**이고, 이러한 무지의 타파는 **지혜롭게 되는 길**임을 가르쳤다. 이것은 사람들에게 자신에 대한 끊임없는 성찰을 통해 자신의 무지함을 깨도록 해야 한다는 것을 가르친 것이다. 이처럼 소크라테스는, 누구든 지혜로움을 얻기 위해서는 반드시 자성하는 것이 필요하며, 자성하는 성찰이 곧 자기를 바로 보는 것이자 너 자신을 알라의 사례를 보여 주는 것이다.

• 자성하는 방법

자성하는 방법으로는 동서양이 요구하는 것이 모두 같은 것으로 보인다. 그들이 요구하는 자성의 의미는 **넓은 의미로는 '자기를 아는 것'**이며, **좁은 의미로는 '무지의 타파'**였으며, **궁극적으로는 '천(天)과 신(神) 혹은 영혼에 대한 궁금증의 해소'**였던 것 같다.

먼저, **넓은 의미의 '자기를 아는 것'**에 대해 살펴보면, '자기를 아는 것'이란? 아마도 '나는 누군(누구인)가?'와 '이 뭣고!'라는 질의에 대한 해답이다. 이는 나에 대한 궁금증에서 출발한 것이다. 이 궁금증에 대한 접근에서 비롯된 것이 본래의 나를 알아 가 자신의 궁금증을 해소하는 차원이 자기를 아는 것 아닌가? 자기를 아는 방법으로 불교에서 지눌은 돈오점수(頓悟漸修)를 말하는데, 불현듯 자심(自心)을 깨닫는 것이 돈오(頓悟)이고, 깨달은 후 자심(自心)을 닦는 것이 점수(漸修)라 하였다. 돈오의 방법으로 조계종은 신라말 고려 초의 도의국사를 종조로 삼고, 고려의 보조국사 지눌을 중천으로 하고, 태고국사 보우를 중흥조로 여기는 선불교의 간화선을 돈오를 하기 위한 수행의 중심으로 삼고 있다. 이들은 수행할 때 화두라는 것을 '든다.'라고 하는데, 그 중 대표적인 화두가 '이 뭣고!'라는 것이다. '이 뭣고!'는 고려시대 혜심국사가 당시 내려오던 선가의 화두를 총정리한 「선문염송」에 1,700여 개의 화두(공안) 간화선 중 대표적인 무자(無字)화두이다. 수행을 통해 돈오와 점수를 완성되게 하면 수행한 자가 자신이 부처임을 깨닫게 된다는 것이다. 그러나 불교에서는 모든 사람이 본래 부처인데, 부처임을 잊고 있었기에 수행을 통해 **자신의 본래 면목**을 깨닫게 된다면 자신이 **본래 부처**임을 알게 된다고 주장한다. 서양에서 이러한 수행은 아니지만, 결론을 비슷하게 유추한 사상가가 있다. 그는 바로 소크라테스와 플라톤이다. 고대 그리스 철학자인 플라톤은 이데아론에서 실제를 보기 위해서는 동굴 속에 묶여 있는 자신이 묶인 쇠사슬을 스스로 끊어야 참된 실상을 볼 수 있다고 기록하고 있다. 그에 의하면 우리가 살고 있는 곳이 그림자의 세계인데, 이 그림자 세상을 벗어나기 위해서는 이데아의 실상을 보는 것이 중요하다고 했다. 실상을 보는 것, 그것을 불교에서는 깨달음이라 표현하였고, 돈오라고 말한 것이다. 소크라테스의 제자인 플라톤은 자신이 이데아라 말한 세계를 그림자가 아닌 실상의 세계라 표현하였다. 이 실상의 세계를 이데아 세계라 하면서 이데아 세계를 보지 못한 자는 그림자 속의 삶을 살고 있어서 참된 실재를 보지 못한다고 했다. 플라톤이란 제자를 둔 소크라테스는 그리스 아테네의 청년들에게 자기 **본래의 맑은 영혼**을 잘 보존하라 가르치면서 영혼이 오염되지 않기 위해서는 무지 타파인 '너 자신을 알라.'고 강조했다. 소크라테스는 영혼이 타락하지 않고 맑은 영혼을 유지하게 되면 아마도 플라톤의 이데아 세계를 경험하게 된다고 생각하여 아테네 청년들에게 너 자신을 알고 무지를 타파하는 행위를 하도록 설(說)하다가 그를 이해하지 못하는 자들에 의해 죽음을 맞게 된다.

이제 **좁은 의미인 '무지의 타파'**에 대해 알아보자. '무지를 타파한다.'는 것은 '너 자신을 알라.'와 같다. 소크라테스는 '무지를 타파'하는 것이 '지혜로워지는 것'이고, 지혜로워지려면 맑은 영혼을 유지해야 한다고 가르쳤다. 그에게 있어서 지혜로움은 무지에서 벗어나는 것이고, 맑은 영혼을 오염시키지 않게 한다면 자신의 무지함을 알게 되어 거짓 없는 솔직한 자신을 대면할 수 있다고 보았다.

무지(無知)란 사전적 의미로 '무엇을 모르거나, 또는 **깨닫고 있지 못함**'을 뜻하는 것이다. 무지에서의 자성의 의미는, 첫째, 자신을 성찰하라는 것이지만, 둘째, 자신이 알고 있지 못한 사실에 대해 함구하라는 의미도 있는 것이다. 왜냐하면 잘 알지 못하면서 아는 척을 한다는 것은 자신을 속이고, 상대를 속이며, 공동체를 속이는 거짓을 일삼는 행위이기 때문이다. 그래서 무지의 또 다른 표현은 거짓의 시발점이자 공동체를 불신으로 만드는 단초(端初)가 되기도 한다. 그럼에도 불구하고 무지한 자들은 일상생활 속에서 자신이 모르는 것을 아는 척해야 한다고 말하는 이도 있다. 그들은 왜 아는 척을 하라고 할까? 그 이유는, 첫째, 자신의 이익을 위해서이다. 무지함은 모른다는 것이다. 그런데 아는 척을 하는 것이라면, 속이는 것이 된다. 그러나 무지함을 안다는 것은 솔직한 자신을 발견하는 일이다. 이때 '알지 못하다는 것'은 '설명할 수 없는 것'이기도 하지만, '이해가 안 가'는 의미이기도 하다. 설명할 수도 없고 이해할 수도 없다면 이것은 누군가 사람으로서 자신이 처한 상황에 대해 왜 이렇게 되었는가를 정확하게 알지 못하는 것과 같다. 따라서 무지는 '아는 게 없다.'라는 사실인 데에 비해 '너 자신을 알라.'는 자신에 관한 것을 확실하게 알지 못하는 것을 알아 가는 힘을 발휘하라는 적극적인 역설이기도 하다. 또한 자기 처신에 대하여 보다 다양한 상황에서의 관계적 의미와 환경적 조건을 살펴서 자신이 할 바를 찾아서 하라는 것이기도 하다. 무지를 알아 간다는 것은 결국 스스로 무지를 타파하라는 격렬한 외침이기도 하지만 자신의 반성을 꾸준히 진행해 보라는 지속적인 성찰의 의미도 가진다.

마지막은 궁극적으로 '천(天)과 신(神) 혹은 영혼(靈魂)에 대한 궁금증의 해소'였던 것 같다. 천(天)은 동양의 유교에서는 공자의 사상에 보이듯이 절대적이고 완전한 것으로 여겨지고 맹자에 이르러 선의 본원으로 보기도 하지만, 순자는 천·지·인(天·地·人) 중 자연적·기계적 천(天)인 하늘의 개념으로 보기도 한다. 공자와 맹자의 관점으로 볼 때 천(天)은 절대적으로 선(善)한 것으로, 완전한 선(善)이 만물을 만든 것이다. 맹자는 이러한 선(善)이 사람에게 본성(本性)으로 주어져 사람이 본성을 따르는 것이 천(天)에서 주어진 선(善)함을 추구하는 것이라 하여 성선설(性善說)을 취한다. 또한 사람은 천인합일(天人合一)이 이루어져야 천명(天命)을 알게 되고, 이러한 천명을 따르는 삶이 소명 의식에 적합한 삶을 살게 되는 것이다. 그리고 천인합일(天人合一)을 통해 하늘(天)의 이치를 알게 될 때 '깨달았다.' 하며 도통(道通)이 되었다고 표현한다. 그러므로 유교에 있어서 공자와 맹자의 천(天)의 개념은 만물을 창조하는 근원이라고 할 수 있다. 따라서 창조된 만물에는 천(天)의 이치가 내재하는데, 이것을 사람에게 있어서 성품(性品)이라 하고, 만물에 있어서는 이치(理致)라 부르며, 각각의 이치를 따르는 것을 사람에게는 도리(道理)라 하고, 만물에 있어서는 조리(條理)라 하며, 일에 있어서는 사리(事理)라 한다.

이제 신(神)의 개념에 대해 알아보자. 절대자로서 신은 완전한 선이며 절대자이고, 성스러운 존재이자 만물의 창시자이다. 따라서 이 세상은 신이 창조한 것이며, 사람은 이 세상의 만물 중 하나이기에 신에 의해 창조된 자이다. 창조자가 만든 모든 것에는 신의 성령이 깃들어 있어서 신의 뜻에 의지해 살아가는 것이 만물이 존재하는 이유이다. 그러므로 성령에 따라 그 존재의 삶도 결정되는 것이다. 따라서 모든 존재는 신의 의지에 따라 살아가는 것이 된다. 사람이 한 존재로서 신의 의지에 따라 살아가는 삶이 인간으로서 성인(聖人), 즉 당연히 해야 할 바를 실천하는 사람이기에 보통 사람이 되는 것이다. 반면에 인간은 신과의 만남을 위해서는 반드시 성령에 따른 삶을 살아가야 한다. 왜냐하면 인간이 신과 만나는 가장 빠른 방법이 신의 의지에 따라 자신의 삶을 구현하는 것이 될 때이고, 이때 비로소 신과의 접촉이 일어난다고 보기 때문이다. 기독교의 감리교에서는 존 웨슬리에 의하면 이것을 회심이라 표현하기도 한다. 회심으로 신과 접촉하는 사람은 절대적이며, 완전한 자인 신이 모든 만물에 작용 원인으로 작동된다고 생각한다. 그러므로 사람은 자신에게 내재한 성령에 임하여 신의 작용에 따른 신의 의지에 부합하도록 스스로 지속적인 성찰을 해야 하는 것이다. 이러한 것이 사람이 신을 향한 신에 대한 믿음이자 신앙이 된다. 신앙인으로 믿음을 지닌 사람은 마침내 신의 의지에 따라 내재화한 성령에 대해 지속적인 자신을 성찰하는 삶을 지향해야 한다. 이것이 곧 신과 소통하고자 하는 사람의 태도이거나 소통하는 자로서의 자신을 바로 알아 가게 하는 방법이다. 따라서 사람은 신과의 접촉이나 깨달음으로 인해 소통의 통로를 체험하게 되어 신과 자신의 만남을 가져오게 된다. 사람은 본래 신의 성령이 임하여진 존재이기에 신의 의지가 숨겨진 성령에 따른 지속적인 성찰의 모습이 신에 대한 경배이자 자기를 바로 알아 가는 길이라 할 수 있다. 왜냐하면 신을 알아 가는 것이 자기를 알아 가는 길이 되기 때문이다.

　사람에게 혹은 만물에게 **영혼(靈魂)은 무엇일까? 마지막으로 영혼(靈魂)에 대한 것을 알아보자. 영혼(靈魂)**[3]은 영(靈: 신령 령/영)과 혼(魂: 넋 혼)이 합쳐진 단어이다. 불교에서는 '인간의 모든 정신적 활동의 **본원이 되는 실체**'로 여긴다. 일반적으로는 '육체에 깃들어 **마음**의 작용을 맡고 생명을 부여한다고 여겨지는 **비물질적인 실체**'로 보고 있다. 영혼이 정신과 마음의 활동이라면, 영혼은 육체에 깃든 것이다. 영혼에 의해 육체가 활동하기에 자동차를 운전하는 운전자가 영혼이 되는 것이고, 이 영혼에 대한 궁금증 해소가 자기를 알아 가는 길이 된다. 운전자가 운전의 규칙에 따라 운전하는 것이 신의 의지이지만, 운전자의 운전 습관에 따라 운전하는 것은 신의 의지가 아니다. 신의 의지를 따르는 것은 맑은 영혼을 유지하는 것이고, 맑은 영혼에 따른 육체의 활동은 신의 의지에 부합하도록 행위를 하는 것인데, 이것이 곧 소크라테스에 의하면 너 자신을 알게 되는 것이다. 그러므로 **영혼**은 신을 대신하여 육체를 운영하는 자가 된다. "맑은 영혼을 지녔다."는 것은 공동체의 일원의 존재자로서 신의 의지를 따르는 것으로 **질서와 조화**를 우선하게 되지만, 타락하고 **오염된 영혼**이라면 공동체의 질서와 조화를 깨 버리는 악순환이 진행된다. 그러므로 영혼이란 주체자이자 신의 대속물이고, 신의 의지의

---

[3]　lear,"词语"灵魂"的解释 汉典 zdic.net".《www.zdic.net》. 2019년 5월 2일에 보존된 문서. 2017년 7월 12일에 확인함.

실천자가 된다. 이러한 영혼은 신과 연관이 지어지며, 맑은 영혼을 유지한다는 것은 무지의 타파이며, 무지가 타파된 사람은 자기를 바로 보게되는 것이다. 결국 앞서 설한 '자기를 아는 자'는 '무지를 타파하는 자'이고, '신과 소통하는 자'이며, '맑은 영혼을 유지하는 자'인 것이고 또한 이네 가지는 신의 의지를 따른 것이 된다. 이들 모두가 진리 혹은 참된 이치를 따르는 조리가 행해지는 것이며, 신의 의지에 입각한 일관된 속성을 지닌 자들이 된다. 그렇지만 이 방법 이외의 자성법도 존재할 수 있다는 것을 언제나 생각해 두어야 한다.

2) 인성론

인성(人性)이란 '사람의 성품'이다. 성품(性品)이란 사람의 성질과 됨됨이(品格)이고, 성질(性質)이란 사람 마음의 본바탕이고, 품격(品格)이란 사람된 바탕과 타고난 성품을 말한다. 그렇다면 인성의 성(性)이란 사람으로태어나서 가지고 있는 마음(忄=心)이 겉으로 발현(生)되는 것을 표현한 것이다. 결론적으로 **인성(人性)**이란, 사람으로 혼자 있을 때가 아닌 공동체일원으로 살아가면서 **공동체에 드러내는 개인의 마음 상태**가 된다. 공동체에 나타난 개인의 마음 상태는 다양할 수 있지만, 기본적인 상태는 관계를 바람직한 설정을 맺는 것이라 할 수 있다. 바람직한 관계 설정을 맺는 것을 '덕(德)스러움'이라 하며, 덕스러운 자가 타인과 상대와의 바람직한 관계 설정을 잘 맺으며 살아가는 것을 '덕(德)을 쌓는다.'라고 표현하는것이다. 이러한 덕을 쌓는 사람을 도덕(道德)적인 사람이라 말하게 되는것이며, 공동체에서 나타나는 도덕적인 사람을 도덕적 인간이라 표현하게 된다. 이러한 도덕적인 인간을 지금까지 성인(聖人)이라 불렀다. 성인으로서 도덕적 인간은 그들만이 할 수 있는 것이 아니라, 사람으로 태어난 자라면 누구든 타인 혹은 상대와의 관계를 기본적으로 바람직하게 만들려 할 것이다. 왜냐하면 그것이 사람의 기본이 되기 때문이다. 따라서 도덕적 인간이란 사람으로서의 기본적인 역할을 실천하는 자이고, 기본에 충실한 삶을 사는 자를 보통 인간이라 말할 수 있다. 이 같은 결과에 따르면 도덕적 인간이란, 사람의 기본을 실천하는 사람이자 보통 사람인데, 우리는 이러한 사람을 지금껏 성인(聖人)이라 부른 것이다.

성인(聖人)이란 보통 사람으로서 기본에 충실한 삶을 살아가는 자로, 공자에 의하면 극기복례(克己復禮)[4]를 실천하는 자이자 충서(忠恕)[5]를 따르는 자가 되고, 또한 맹자에 의하면 천형(踐形)을 이룬 성품으로 기본적인 도덕을 실천하는 자로 표현된다. 공자는 이것을 **인(仁)**의 실천이라 하였다.

예수는 **하나님의 사랑**을 기독교의 가장 핵심적인 가르침으로 삼았으며, 하나님과 인간의 관계에서 필수적 요소(롬 13:8-10)라고 하였다. 성경이 가르치는 사랑은 한 마디로 예수 그리스도가 십자가상에서 보여 주신 **신적(神的)인 사랑**이며, 자기를 돌보지 않고 이웃을 위해 자기 목숨까지도 버릴 수 있는 **아가페[6]적인 사랑**(요일 4:10)이다. 따라서 모든 사랑은 그 근원을 하나님께 두어야 하며, 하나님의 사랑에서부터 출발해야 한다. 이 사랑에 근거하여 성도는 이웃을 섬겨야 하며(갈 5:13), 거짓 **없는 사랑**을 해야 하고(롬 12:9), **행함과 진실함으로 사랑**해야 한다(요일 3:18).[7] 고 말한다. 이는 맹자의 천형(踐形)을 표현한 것이 아닌가? 맹자에 의하면 하늘의 이치를 밟아 나가는 것, 그것을 기독교에서의 사랑이라 단어

---

4) 극기복례(克己復禮)
5) 충서(忠恕)
6) 아가페 : 그리스도가 말한 사랑의 하느님의 인류에 대한 무조건·일방적인 절대적인 사랑을 가리키는 말이다. 같은 그리스어인 '에로스'가 대상의 가치를 추구하는 이른바 자기 본위의 사랑을 의미하는 데 비하여, 대상 그 자체를 사랑하는 타인 본위의 그리스도교적 사랑을 나타내는 말로서 신약성서의 《마태오의 복음서》《루가의 복음서》《고린토인에게 보내는 편지》 등에서 사용된 그리스어amor(사랑),caritas(자애) 등의 단어이다. (두산백과 두피디아, 두산백과)
7) (라이프성경사전, 2006. 8. 15., 가스펠서브)

인간과 짐승

로 표현된 것이라 볼 수 있을 것이다.

불교에서 자비(慈悲)의 '자(慈)'는 최고의 우정(사랑)을 의미하며, 특정인에 대한 것이 아니라 모든 사람에게 **평등한 우정(사랑)**을 갖는 것이다. 또 '비(悲)'의 원래 의미는 '탄식한다'는 뜻으로, 중생의 괴로움에 대한 깊은 **이해·동정·연민의 정**을 나타내는 말이다. **광대한 자비**를 '**대자대비(大慈大悲)**'라고 하는데, 이는 석가모니의 자비를 나타내는 데 흔히 사용된다. 석가모니의 자비는 중생의 괴로움을 자신의 괴로움으로 삼는다. 이러한 것을 '**동체대비(同體大悲)**'라고 하며, 그 이상이 없는 최상의 것이기 때문에 '**무개대비(無蓋大悲)**'라고도 한다. 또한 《열반경(涅槃經)》,《대지도론(大智度論)》 등에 따르면 자비에는 중생을 대상으로 일으키는 **중생연(衆生緣)의 자비**, 모든 존재를 대상으로 하여 일으키는 **법연(法緣)의 자비**, 대상이 없이 일으키는 **무연(無緣)의 자비**라는 3연(緣)의 자비가 있다. 그 중 **무연자비**가 **평등·절대의 공(空)의 입장**에 선 것이므로 최상의 것이다.[8] 이는 중생과 모든 존재의 대상 그리고 평등·절대의 공(空)의 입장을 자비란 단어로 내적 소통이 이뤄지는 것을 보여 주는 것이다. 그리고 이러한 내적 소통은 마치 이치에 대한 도리, 조리, 사리로 대상에 따른 순리를 보여 주는 것이고, 이를 맹자에 의하면 천형(踐形)이라 하는 것이다.

유교의 인(仁)은 천(天)의 절대적인 성품을 **공동체에서 실현**하는 것이고, **기독교의 사랑**은 하나님 절대자의 사랑을 **공동체에 나타나게** 하는 것이고, **불교의 자비**는 절대적 공이 **현실에 드러난 형태**가 자비(慈悲)라는 것이다. 인(仁)과 사랑 그리고 자비(慈悲)는 모두 **같은 속성**에서 비롯되는 각기 다른 문화에서 발생한 언어의 표현이다. 각기 다른 언어의 표현으로 보여 주는 단어가 외형이 다르다고 같은 속성이 아니라는 것은 인과 사랑과 자비에 대해 정확히 알지 못한 것이라 할 수 있다. 고대 그

---

8) 자비[慈悲] (두산백과 두피디아, 두산백과)

리스 아테네에서 사랑은 "인간의 근원적인 감정으로 인류에게 보편적이며, 인격적인 교제, 또는 인격 이외의 가치와의 교제를 가능하게 하는 힘."이라 하였으나, 역사적·지리적으로 또 교제 형태에 따라 사랑에 대한 여러 양상을 취한다. 플라톤에 의하면 사랑을 육체적인 사랑(Eros), 도덕적인 사랑(Philia), 정신적(신앙적)인 사랑(Stergethron), 무조건적인 사랑(Agape)으로 구분하였고, 아리스토텔레스에 의하면 사랑을 육체적인 사랑, 정서적인 사랑, 철학적인 사랑으로 구분하였다. 이는 문화의 다양성에 따라 표현 방식과 표현에 대한 단어가 각기 다른 언어로 표현되는 것을 보여 주는 사례인 것이다.

반면에 르네상스에서의 사랑은 또다시 인간 구가(謳歌)[9]의 원동력으로 보았으나, 이것은 사랑의 세속화를 의미하는 것처럼 보여 주기도 하였다. 그러나 시간이 지남에 따라 현대는 그 경향을 사랑의 본래적인 의미로 차차 강조된다. 강조된 이러한 사랑은 인간의 **근원적인 감정**이라는 데서 **힌두교에서의 카마, 유교에서의 인(仁), 불교에서의 자비, 기독교에서의 사랑** 등으로 모든 문화권에서 보인다.[10]

도산 안창호는 한민족이 을사오적에 의해 '1905. 11. 17. 을사늑약(외교권 일본에 넘겨준 조약), 1907. 7. 12. 기유각서(사법권과 감옥 사무를 넘김), 1907. 7. 24. 정미7조약(군대해산), 1909. 7. 6. 한일병탄(내각에서 확정), 1910. 8. 22. 한일병합조약 조인(경술국치, 구권피탈), 1920. 8. 29. 한일합병조약 발효.'되게 하여, 일본에 의해 국토를 침탈당하여 국권이 없어진 일제 35년의 치하에 혹독하게 시달리던 삶을 살면서 지금의 혹독한 삶의 결과가 기득권자들의 **거짓에서 비롯**되었다고 느꼈다. 도산 안창호는 **거짓**이 현실의 잘못된 모든 탐욕의 시발점임을 깨닫고, "**거짓을 말하지**

---

9)   여러 사람이 입을 모아 칭송하여 노래함.
10) 사랑[love] (두산백과 두피디아, 두산백과)

말라!"고 강조하였다. 그는 어떤 상황이 도래하여도 그것이 죽음에 임하는 순간이 되더라도 "거짓을 말하면 안 된다."라고 민족에게 가르침을 설하였다. 왜냐하면 거짓이란 유교에서는 천(天)의 속성을 따르지 않는 것이고, 기독교에서는 하나님의 사랑을 따르는 것이 아니며, 불교에서는 자비에 어긋나는 행위이기 때문이다. 도산 안창호가 말하길, 거짓이 없을 때 행위는 나에게 솔직해지는 것이다. 나에게 솔직하다는 것은 상대에게 자신의 솔직함을 드러내는 것이다. 도산 안창호는 솔직함으로 인해 공동체가 신뢰를 형성하게 된다고 보았다. 공동체에 신뢰가 형성되어 믿을 수 있는 사회가 되면 공동체는 애기애타(愛己愛他)[11]와 자리이타(自利利他)를 행할 수 있다고 가르쳤다. 애기애타(愛己愛他)와 자리이타(自利利他)의 정신은 자기를 사랑하고 타인을 사랑하는 정신으로 공동체가 지향해야 할 지향점이다. 이 지향점의 끝에는 사람들이 실천해서 이루는 유교의 대동사회, 도교의 소국과민, 불교의 불국정토, 기독교의 천국이 존재한다. 그러므로 애기애타(愛己愛他)와 자리이타(自利利他)의 정신은 필연적인 실천의 결과물을 낳는 핵심 요소가 된다. 도산 안창호는 **모든 종교의 이상향**을 이 세상에서 실천할 수 있다고 믿은 것으로 보인다. 왜냐하면 애기애타(愛己愛他)의 정신은 고조선의 단군왕검이 선언(闡明, 주창)한 "널리 인간을 이롭게 하라."는 **홍익인간(弘益人間)**[12]정신의 바탕이 되는 것으로 알 수 있기 때문이다. 홍익인간(弘益人間)에서 (益)이란, '이롭게 한다.'는 것인데 무슨 뜻일까? 아마도 자리이타(自利利他)의 이(利)를 나타내는 것이 된다. 이러한 이(利)의 의미는, 자리이타(自利利他)에 의하면, 이(利)가 의(義)에 부합이 된다는 의미이다. 도산이 말하는 **'거짓 없는 삶'**이란 "하늘을 우러러 사람들에게 한 점의 부끄러움이 없도록 하는 것."이

---

11) 자기를 사랑하고 남을 사랑함.
12) 홍익인간(弘益人間)

니 **경천(敬天) 하면서 홍익인간(弘益人間)의 애인(愛人)을 말하는 것으로, 지행합일(知行合一)의 실천**이다.

인성론의 결론은 사람들이 거짓 없는 삶을 살아가면서 공동체에 신뢰가 굳건해질 때 애기애타(愛己愛他)의 삶이 이루어질 수 있으며, 이러한 삶은 다름 아닌 고조선의 단군왕검이 주창한 홍익인간(弘益人間)과 경천애인(敬天愛人)의 사상을 실천하는 **거짓없는 세계의** 공동체가 될 것이다. 이러한 공동체의 삶은 성인(聖人)으로서가 아닌 보통 사람으로서 충만한 세상을 살아가는 세상의 토대일 것이며, 이러한 세상을 추구하는 것은 아마 미래의 단군 시대의 정신문화의 전성기였던 고조선을 만드는 작업이 될 수 있다고 믿는다. 미래의 고조선은 성인(聖人)이 보통 사람이 되어 공동체에 가득한 인내천(人乃天) 사상이 실현되는 세상이 되는 것이고, 또한 거짓이 없고 신뢰가 바탕이 되어 애기애타(愛己愛他)를 하면서 자리이타(自利利他)를 구현하는 사회가 될 것이다. 이때의 자리이타(自利利他)에서의 이익(利益)의 개념은 이(利)가 의(義)가 되는 사회가 될 것이기에 자연스럽게 공동체에 정의 사회가 구현될 수 있는 것이다. 이때가 되면 보통 사람들이 도덕에 기반하여 살아가기에 법보다는 거짓이 없는 상생과 화해를 이루는 도덕적인 사회가 될 수 있게 될 것이다. 이와 같은 도덕적인 사회는 인(仁)을 실천하는 사람들이 많아져 하천(川)을 흐르는 물처럼 많아질 것이고, 또한 부(富)의 평등(平等)함이 고르게 이뤄질 수 있는 곳이 될 것이다.

3) 경제론

모든 살아 있는 생명체들은 자신의 목숨을 이어 가기 위해 먹이 사슬에 따른 각자의 존재 위치를 확보하며 살아가고 있다. 자신의 목숨을 이

인간과 짐승

어 간다는 것은 먹이에 대한 집착으로 드러나며, 이러한 집착이 적절히 행해지면 포만감을 느끼는 정도가 되겠으나, 포만감을 넘는 과욕을 부리게 되면 이를 먹이에 대한 욕심, 즉 과욕이라 부르게 된다. 사람에게 있어서는 먹이에 집착하는 것이 포만감이 아닌 이익으로 변형되어 경제 개념이 발생한 부(富)를 추구하게 된다. 이때의 부의 추구는 먹이를 더 많이 저장하는 것이 된다. 동물의 세계에서는 먹고 배가 포만해지면 남은 먹이를 다른 동물들이 먹거나 자신이 먹을 수 있도록 숨겨 놓기도 하지만, 그 숨겨 놓은 양이 많지도 않다. 그리고 숨겼다 하더라도 쉬이 다른 동물에게 발각이 되어 저축으로서의 '저장'의 개념이 미미하다 할 수 있다. 그러나 공동체에서 살아가는 사람이 이익을 추구하는 데는 추구하는 과정과 방법이 이와는 좀 다르다. 과거에 인간은 화폐가 없었기에 화폐보다는 현물로 창고에 저장하였다. 그러나 과거에는 비좁은 저장 공간이 많은 부담이 되었으나, 돈(화폐)이 만들어지고 나서는 현물보다 화폐로 보관하기가 쉬워지면서 과욕의 크기가 점차 커지기 시작했다. 화폐는 재물을 살 수 있는 도구이기에 화폐를 모으려는 사람이 많아짐에 따라 저장에 대한 과욕의 크기가 점차 커지게 되면서 서로 간의 경쟁이 점차 심화되어 간 것이다. 각자가 나만의, 집단의 이익을 위한 경쟁이 심화하면서 서로 갈등이 격화되어 사람들은 서로 간의 자리이타인 상호 이익을 추구하는 것이 아닌, 자신만의 이익으로 더욱 탐닉하게 되었다. 이러한 행위는 타인과의 갈등과 다툼을 발생시키는 직접적인 요인이 되었을 뿐만 아니라 자신만의 이익을 위해 자연 생태계를 훼손하는 것도 당연시되기도 하였다. 그리고 이렇게 자신만의 이익을 위해서라면 자신이 행하는 모든 것이 비도덕적이라 하여도 그것을 이행하려는 자들이 발생하게 되는 것이다. 비도덕적인 인간이 늘어나게 되자 이들과 또 다른 자들도 자신들만의 이익을 위하는 자들로 변화하면서 더 많은 이익을 챙기려 하다 보니 경쟁으로 인한 갈등과 다툼은 더욱더 커지고, 상호 이익을 형성하는 화합은 줄어들게 되었다. 그러므로 이익을 추구하는 경쟁이 심화하면 할수록 사람이 지켜야 할 도덕과 윤리는 점차 배제되거나 쇠퇴하게 되었다. 이러한 결과는 사람이 아닌 배고픔에 지친 짐승처럼 이익을 위해 서로 싸우며 자신의 이익만을 추구하는 삶을 가져가게 된 것이다. 이처럼 공동체에서 사람이 인간으로 승화되지 못하고 사람에서 동물로 아닌 짐승으로 떨어지는 사례를 보면서, 이익이 사람의 본성을 짐승화시키고 있음을 자주 목격하게 된다. 사람이 인간이 되기 위해서는 덕의 관계를 유지해야 하나, 덕의 관계를 유지하지 못한다는 것은 부덕의 관계를 말하는 것인데, 이는 바람직한 관계 설정을 하지 못하는 상태로 드러나는 것이다. 이러한 바람직한 관계가 설정되지 못함은 자신의 이익만을 추구하는 행실로 자신에게 나타나게 되어 **나만이, 우리만이**라는 편을 만들어 자신들만의 이익을 추구하려는 이익 집단의 무리를 형성하게 된다. 그러기 때문에 '~ 편을 형성한다.', 아니, '~ 편을 짓는다.'라는 것은 자기편이 아니면 상호 이익을 추구하지 않고 상대를 경쟁의 대상으로 삼아 자신들의 이익을 많이 확보하기 위해 경쟁 상대를 공격적으로 대하게 된다. 이익의 관점에서 살펴보면 이익을 추구하는 자가 이익이 어떤 이익인가에 따라 이익에 대한 평가가 달라진다. 만일 자기만의 이익을 추구하게 된다면 그것은 공동체에 입각한 이익이라기보다 자기만을, 우리만을 위한 **편협한 이익**이 될 것이다. 그러나 이익이 의(義)에 부합된다면 그것은 상호 이익과 자리이타를 기반으로 하는 **공동체의 이익** 개념이 될 것이다. 그러므로 사람과 사람 사이의 이익 배분과 사람과 자연 사이의 이익 배분은 이익이 의(義)에 입각하게 되었을 때 우리는 이러한 관계를 자리이타(自利利他)의 관계인 질서 있는 조화로 해석될 수 있을 것이다.

자연(自然)이란 무엇인가? 자연(自然)이란 '스스로 그러한 것'이라는 존재이다. 이는 모든 존재가 존재하는 각자의 존재 방식에 대한 총칭이라 말할 수 있다. '자연(自然)', 즉 '스스로 그러한 것'이란 그 스스로가 존재하는 자기의 모습으로 있다는 것이기에 '무위(無爲)'라 하는 것이다. 무위의 세계를 말하니 행함이 없는 것이 아니다. 무위(無爲)란 또 다른 질서의 세계로 일컫는 유위(有爲)의 세계를 말하는 것이다. 따라서 유위(有爲)하되 무위(無爲)함을 주장하는 것이다. 이를 무위자연(無爲自然)이라 말하는 것이고, 현상계에서 드러난 질서와 조화에 맞는 것이다. 자연을 무형계와 유형계 존재로 구분하여 이야기하면 무형계의 자연은 무위자연으로 모든 것이 이치에 따른 질서를 찾아가는 것이며, 유형계인 자연은 참된 이치에 따른 순리(順理)로서 도리(道理)와 조리(條理) 그리고 사리(事理)에 맞는 것으로 각각의 존재에 대해 있는 그대로의 모습으로 표현되는 것을 말한다. 따라서 무위(無爲)함의 반대 개념은 유위(有爲)함이 아닌 불의(不義)의 인위(人爲)함이 되는 것이다. 무형계와 유형계는 내적인 소통의 관계자로서 사람(形)을 살펴볼 수 있다. 사람(形)이 체득해 볼 수 있는 무형계는 유형계의 질서에 바탕이 된다. 무형계 질서가 바탕인 유형계의 것들이 존재하는 각각의 방식은 순리로서 도리와 조리 그리고 사리에 따른 이치라 할 수 있다. 그리고 무형계에 대해 인간이 갖는 이치와의 소통을 깨달음이라 하는 것이다. 무형계의 이치와의 소통으로 깨달은 자는 지혜로움이 발산이 되어 자연과 합일되는 조화의 경지를 드러내게 된다. 이때 비로소 사람이 자연의 부분이자 공동체의 일원으로 함께하는 것들과의 더불어 존재함을 드러내게 되는 것으로, 천지인 합일 상태의 인간이라 할 수 있다. 따라서 **자연**이란 각각의 존재들이 순리에 맞는 자신의 위치에 따라 이치를 드러내는 **진귀한 현상**이자 **공동체적 존재**로 귀의하게 되는 하나의 **유기적 집합체**임을 보여 주는 것이며, 사람에게 있어서는 천인합일의 경지를 보여 주거나 알려 주게 되는 현상이 된다. 이는 천지인(天地人)이 이치로 인한 소통을 이루게 되어 천인합일과 천인합일로 소통되는 이들이 지기(地氣)와 조화로움을 이룰 때 석가모니가 이룬 **상구보리(上求菩提) 하화중생(下化衆生)**이라는 표현의 의미를 지니게 된다. **상구보리**는 천(天)과 인(人)의 소통을 이룬 것이니 **깨달음**이고, **하화중생**이란 것은 **지상에서 조화를 이루는 것**이다. 이를 석가모니의 태어난 설화인 **천상천하 유아독존(天上天下唯我獨尊)**으로 표현된 것이 천지인의 또 다른 표현이다. 따라서 자연은 스스로 그러하듯이 존재한다. 하지만 그것은 이치에 따른 존재들이고, 현현함이고, 그 존재들이 천지인 화합을 이루는 것을 말한다. 따라서 자연은 천상과 천하 그리고 사람과의 순리에 따른 이치의 발현을 바탕으로 하는 천인합일(天人合一)이자 동학의 인내천(人乃天) 사상과 맞닿아 있는 것이며, 하화중생이라는 모든 만물과의 조화를 추구하는 것을 뜻한다.

5.
우주관

천지인의 천(天)에 관한 이야기로, 천지인이 소통되는 궁리(窮理)가 드러나는 세계를 말한다. 우주는 일반적으로 무형계의 참다운 이치를 지니고 있으며, **유형계**에 드러내는 **무형적 존재**이다. 무형계와 무형적 존재인 유형계에서의 참다운 이치는 **질서와 조화를 기본**으로 하고 있으며, 질서와 조화가 깨지는 것을 무질서와 부조화 혹은 갈등이나 다툼으로 나타낸다. 천(天)은 완전하며 절대적인 선(善)으로 보이지 않는 참다운 이치를 바탕으로 완전함을 드러내는 것이다. 드러난 **참다운 이치가 현현**되어진 것을 유형계라 하며, 유형계는 무형계의 선함으로 창출된 것이기에 본래의 모습은 선함 그 자체가 되어야 맞다. 유형계의 존재들도 모두가 본래 선함이 내재되어 있기에 선한 행위를 하여야 이치에 맞는 생활을 하게 되는데, 이러한 행위가 곧 이치에 적합한 존재들로 살아가는 것이고, 모든 것에 적합한 생존의 법칙을 이어 가는 것이다. 이것을 칸트는 **'선의지'**로 표현하고 있다. 이러한 생존 법칙으로 이루어진 삶을 우주론적 삶이라 할 수 있으며, 우주론적 삶은 무형계의 완전함을 따르는 유형적 존재들의 모습이 된다. **우주론적 삶**은 **공존의 삶**이자 유기적 관계에서 모두 얽혀 있는 것이 된다. 유기적 세계관에서 한곳이 어긋나면 도미노처럼 다음도 어긋나기 때문에 **전체적인 조화**를 추구하려면 반드시 이치에 합당한 **바름(正)을 유지**해야 한다. 이렇게 바름(正)을 유지하는 것을 **정도(正道)**라 하며, 정도(正道)로 이루어진 세상은 무형계이고, 유형계는 정도(正道)를 지향해 나가는 존재들이 되는 것이다. 유형계에서 바름을 유지하기 위한 정도(正道)는 8가지가 있으니, 그것을 팔정도(八正道)[13]라 하는 것인데, 다음과 같다.

(1) 정견(正見): **바른 견해**이며, 판단의 기준이 되는 것이다.

(2) 정사유(正思惟): 몸과 말에 의한 행위를 하기 전의 **바른 의사 또는 결의**를 가리킨다.

(3) 정어(正語): 정사유 뒤에 생기는 **바른 언어적 행위**이다. 망어(妄語: 거짓말)·악구(惡口: 나쁜 말)·양설(兩說: 이간질하는 말)·기어(綺語: 속이는 말)를 하지 않고, 진실하고 남을 사랑하며, 융화시키는 유익한 말을 하는 일이다.

(4) 정업(正業): 정사유 뒤에 생기는 **바른 신체적 행위**이다.

(5) 정명(正命): **바른 생활**이다. 이것은 **바른 직업에 의하여 바르게 생활**하는 것이지만 일상생활을 규칙적으로 하는 것이기도 하다.

(6) 정정진(正精進): 용기를 가지고 **바르게 노력**하는 것이다. **정진은 이상을 향하여 노력하는 것**이며, 그것은 종교·윤리·정치·경제·육체 건강상의 모든 면에서 이상으로서의 선(善)을 낳고 증대시키되, 이에 어긋나는 악을 줄이고 제거하도록 노력하는 것을 가리킨다.

(7) 정념(正念): **바른 의식**을 가지고 이상과 목적을 언제나 잊지 않는 일이다. 그리고 일상생활에서도 맑은 정신으로 세상을 살아가되 무상(無常: 모든 것은 항상 하지 않고 변화함)·고(苦: 모든 것은 불완전하여 괴로움)·무아(無我: 나라는 실체가 없음) 등을 언제나 염두에 두고 잊지 않는 일이다.

(8) 정정(正定): **정신 통일**을 말하며 선정(禪定)을 가리킨다.

　　 깊은 선정은 일반인으로서는 얻을 수 없는 것이라 하더라도 일상

---

13)　 정견(正見), 정사유(正思惟), 정어(正語), 정업(正業), 정명(正命), 정정진(正精進), 정념(正念), 정정(正定)

생활에서도 마음을 안정시키고 정신을 집중하는 것은 바른 지혜를 얻거나 지혜를 적절하게 활용하기 위해서는 필요한 것이다. **명경지수(明鏡止水)와 같이 흐림이 없는 마음과 무념무상과 같은 마음의 상태는 정정(正定)이 진전된 것이다. 여기서 정견은 기본이자 나머지 일곱을 달성하기 위한 조건이다.** 그리고 팔정도는 여덟 가지 항목이지만, 이것은 하나의 성도(成道)를 이루는 각 부분이며, 여덟 가지는 일체로서 유기적으로 결합되어 있기 때문에 별개의 것이 아니다. 또한 팔정도를 불교의 계(戒)·정(定)·혜(慧) 삼학과 관계지어 보면 **정견과 정사유는 혜(慧)이며, 정어·정업·정명은 계(戒)이며, 정정진은 삼학에 공통되고, 정념·정정은 정(定)**과 관계지을 수 있다. **팔정도의 정(正)**은 '바르게 결정하는 것'보다는 '**바람직하게 결정하는 것**'이 더 좋은 뜻풀이라 생각된다. '바람직하다'는 단어 속에 '바르게'라는 의미가 내포되기 때문이다. 그러므로 우주는 바람직함의 연속적인 유기적 세계관으로 구성되는 유형계를 정(正)의 특성으로 맺어진 무형계와의 연속성 상에 맺어지게 된다. 이러한 조건을 전제하에 우주의 한 일원으로 지구라는 행성의 유형계가 존재하는 것이다. 광활한 우주지만 우주의 기본적인 속성은 선함(善)과 의로움(義) 그리고 바름(正)에 입각한 질서와 조화를 추구하고 있다. 그러기 때문에 선함(善)과 의로움(義) 그리고 바름(正)이 우주론의 기본 속성이 되어야 하거나 기본적인 속성이 된다.

6.
유기적 세계관

천지인(天地人)이라 불리는 삼분 세계에서 천인지(天人地)라는 구성으로 이루어진 삼분 관계를 말하면 **천인(天人)의 관계**는 내적 관계이고, **인지 (人地)의 관계**는 외적 관계로 볼 수 있다. 천인(天人)의 내적 관계는 천지인을 관통하는 이치인데, 이치의 관통함의 성질은 **바름(正)**에서 벗어나지 않는다. 바름에서 벗어나지 않는 이치를 **참다운 이치**라 하며, 이것을 사람에게 **선함(善)**으로 연계된 관계가 되지만 외적인 관계는 내적인 선함이 행동으로 드러나는 관계인데, 이것을 **의(義)**로운 것으로 실천되는 외적 관계를 말한다. 천지인을 관통하는 이치가 사람에게 내적으로 선(善)이라 하고 외적으로는 의(義)라 하지만, 엄밀히 말하면 참다운 이치(理致)로서의 리(理)를 또 다른 표현인 선(善)과 의(義)와 정(正)으로 표현된 것이다. 그러므로 천(天)의 의미가 참다운 이치의 리(理)가 되고, 이치(理致)가 사람에게 내면화된 것을 선(善)이라 하였고, 이 선(善)이 외형적으로 드러난 것이 의(義)가 되는 것이며, 선과 의에 벗어나지 않는 것을 정(正)이라 하는 것이다. 이는 유기적 세계관을 뒷받침하는 토대가 참다운 이치이자 선(善)이자 의(義)로 알 수 있는 것이며, 이를 이름하여 **진리의 귀속**이라 할 수 있는 것이다. 왜냐하면 진리(眞理)란 참된 이치이자 누구도 대신할 수 있지 않은 유일한 가치적 존재이기 때문이다. 이러한 유일한 가치적 존재를 이름을 달리하여 각 종교에서는 부르고 있다. 이러한 유일한 가치적 존재를 자기만의 '유일신'화 시킨 곳도 있다. 그러나 진리의 개념으로 따진다면 '유일신'화한 것은 오해에서 비롯된 것이다. 진리의 이름은 같은 가치를 지닌 것임에도 불구하고 각 종교에서 부르는 진리가 서로 다르게 해석되고 있다는 것은 살아온 지역의 문화 현상에서 비롯되거나, 아니면 편을 가르기 좋아하는 인간들의 나쁜 습성에서 비롯된 것이다. 여기서 유기적 세계관이란 진리의 그물에 얽히며 설켜 있는 모습을 말한다. 이것은 마치 거미가 거미줄을 엮을 때의 모습과 같은 것이다. 모든 만물은 진리의 그물에 다 걸려들게 되어 있기에 진리의 그물에 따른 속성(理致, 善, 義, 正)을 따르지 않는다면 거미줄이 잘못 엮이는 것과 같다. 거미줄이 잘 만들어지면 거미의 먹이활동에 도움이 되지만, 잘못 만들어지게 되면 먹이활동이 제대로 이행되지 않는 부작용을 만들어 낸다. 우리의 삶도 진리를 추구하지 않는 삶을 산다면 질서보다는 무질서를, 조화보다는 부조화를 발생시키는 갈등과 분쟁의 다툼이 많아지게 되면서 싸움과 전쟁이 발발하는 불안함이 만들어지는 것이다. 유기적 관계라 할 때 이는 진리에 입각한 얽히고설킨 관계를 말하는 것이 된다. 이때의 진리는 '바람직한 관계 설정'이라 할 수 있으며, 이를 실천하는 자를 '바람직한 관계 설정자'라 부르게 되는 것이다. 유형계에서 진리에 입각한 관계란 이치에 바탕을 둔 내적인 선(善)과 외적인 의(義)를 서로 얽히는 바른 관계를 의미하는 것이다. 이러한 관계를 맺게 되면 세계는 진리를 추구하고 거짓이 없으며, 솔직한 태도를 가지고 **지속적인 행위**를 하게 되는 것이다. 이러한 지속적인 행위는 선과 의에 바탕이 되어 바르게 실행되지만, 광역적으로 살펴보면 그것은 진리의 사슬에 불과한 것이다. 진리의 사슬이 조화를 이루면 사람들이 솔직하고 거짓 없는 참을 이행하는 정도(正道)의 실천이자 이상사회가 실현되는 것이지만, 진리의 사슬이 부조화가 발생하면 거짓과 이간질 등이 드러나게 되어 나만의, 집단만의 갈등과 다툼이 만연되는 것이다. 이때 비로소 정도(正道)의 세계가 일화(一花)이고 일체(一體)인 유기적인 세계관이라 말할 수 있다. 그러나 거짓이 난무하는 부정(不正)의 세계에서는 거짓으로 인한 혼란과 갈등이 유발되기에 세상을 혼란에 빠뜨리게 되는 것이다. 혼란하고 불안한 세상에서 질서를 찾고 안정되는 조화로운 세상을 만들기 위해서는 도산 안창호의 **거짓 없는 삶**을 살아야 한다는 것을 잊으면 안 될 것이다. 왜냐하면 거짓 없는 삶이란 무형적 세계를 체득한 사람이 유형적 세계에서 바람직한 관계 설정이 되는 유기적 세계관를 만들어 가는 것이기 때문이다.

인간과 짐승

2부

형(形)과 인간

1.
형(形)과 인간

　주역(周易) 계사전(繫辭傳) 12(장)章에 기록된 '형이상자(形而上者) 위지도 (謂之道) 형이하사(形而下者) 위지기(謂之器)'에서 형(形)은 인식 주체자(사람) 가 된다. 형(形)인 형상(形像)이 있는 존재가 인식 주체(사람)로서 모든 대 상을 올바로 이해 또는 판단하기 위해서 반드시 선행되어야 할 점은, 인 식 주체가 판단의 근원처(기준)가 되어야 하는 것이다. 판단의 근원처(기 준)로서 인식 주체는 그에 대한 명확한 판단의 근원점을 스스로 확보해 야 한다. 이러한 판단의 근원점을 확보하기 위해서는 인식 주체가 자신 에 대해 정확히 잘 알아야 하기에 반드시 자신의 성찰자로서 '자기를 바 로 볼 줄 아는 힘'을 지녀야만 한다. 인식 주체자로서 형(形)인 사람은 자 기를 성찰하여 자기를 바로 보았을 때 비로소 자신의 인식 주체가 바른 판단을 할 수 있는 기준점을 가질 수 있게 된다. 이때 인식 주체가 판단 의 기준점을 확보하여 바른 판단을 할 수 있는 위치에 있다면, 인식 주 체인 그 사람은 자신에 대한 인식 대상이자 바른 인식 주체자로서의 위 치를 정위(定位)하게 된다. 이렇게 기준점을 확보한 사람으로 위치가 정 위(定位)된 사람이라면 견해가 흔들리지 않기에 정견자(正見者)라 하여 사 물을 바로 볼 수 있는 자가 되는 것이다. 맹자는 이를 불혹(不惑)으로 표 현하였다. 위치가 바르게 정위된 자가 타인 혹은 상대와의 관계를 맺기 전을 '사람'이라 하는 것인데, '정위된 자로서의 사람'을 '깨달은 자' 혹은 '도통(道通)했다.' 하여 천인합일의 상태로 말할 수 있다. 그러나 정위(定 位)되지 못한 사람은 판단의 근원처를 확보하지 못하여 자신의 위치를 바른 상태인지 잘 알 수 없기에 자신의 정위(定位)된 위치를 찾아가려면 본인에 대한 성찰과 자기를 바로 보는 탐구를 해야 한다. 판단의 근원처를 확보하지 못해 정위되지 못한 사람은 자기를 바로 보지 못하게 되니 인식하는 판단의 기준점이 흔들리게 되지만, 간헐적으로는 기준에 맞을 때도 있게 된다. 왜냐하면 어떤 사람이 정위(定位)되지 못하였어도 그의 삶의 진행 방향은 옳을 때도 있고 옳지 않을 때도 있다. 그래서 때때로 옳을 때는 바른 인식의 기준에 서 있는 삶을 살아갈 수도 있다고 볼 수 있다. 대부분 사람이 이러한 삶을 살고 있지만, 정위(定位)를 지키지 못하는 자 중 그른 것만을 추구하는 이들은 자신의 욕망과 이익에 대한 탐닉만을 추구하다 보니 사람으로서 자기를 바로 보는 인식의 근원처에 와닿지 못하게 된다. 우리는 이러한 사람들 대부분은 사람의 탈을 쓴 인면수심(人面獸心)의 동물이거나 혹은 짐승이나 악마로 부르게 되는 것이다. 따라서 **형(形)의 의미**는 **인간**과 **사람**과 **동물** 그리고 **짐승**이나 **악마**의 의미로 이해되기도 하지만, 인간만은 사람으로서 바람직한 관계를 맺는 자이다. 또한 사람으로서는 다시 정위된 자와 정위되지 못한 자로 구분되며, 정위된 자는 깨달은 자이자 도통을 한 도인이지만 정위되지 못한 자는 사람으로서 바른 정위를 향해 나아가는 과정적인 존재가 된다. 이러한 대표적인 형(形)으로서의 과정적 존재로는 **정위되지 못한 자로서의 사람과 동물의 삶을 살아가고 있는 사람**들만을 말하게 되는 것이다. 여기서 말하는 과정적 존재라는 말은 누군가가 아직은 참다운 이치를 따르려는 진정한 사람이 될 기회가 있다고 보는 것이지만, 이러한 기회조차 스스로 포기하는 자들을 **짐승** 혹은 **악마**라 부르게 된다. 짐승과 악마라 불리는 자들은 사람의 탈을 쓰고 사람의 행세는 하고 있지만, 그는 진정한 사람이 아닌 사람처럼 보이는 사람의 탈을 쓴 껍데기일 뿐이라고 말할 수 있다. 이러한 사람의 탈을 쓴 껍데기에 불과한 자들을 우리는 **괴물**이라 부르기도 한다. 사람으로서 정위(定位)되었다는 것은 사람으로서 깨달은 자 혹은 도통한 자를 **참다운 사람**이라 했다. 그러나 이러한 이는 불교에서 소승에 해당하는 아라한이나 개인주의라고 부를 수 있는 정도일 것이다. 참다운 사람으로서 관계적인 한 걸음을 더 나아 갈 때 사람들은 **자신과의 관계**인 자기를 바로 보는 것이지만, 자기와의 관계를 상대와 타인과 관계로 확대하게 되면 함께하는 공동체의 일원으로 서로 관련을 맺게 되는 것이다. 함께하는 공동체의 일원으로서 상대 혹은 타인과의 관계를 바람직한 설정을 맺는 이들을 비로소 우리는 **인간**이라 부르게 된다. 이때 **인간으로서의** 사람은 **참사람**으로 **깨달은 자** **(상구보리한 자)**이면서 타인과의 바람직한 관계를 설정하게 된 상태이며, 이러한 상태를 유지하며 살아가는 사람을 **인간(상구보리 후 하화중생이 된 자)**이라 부르고, 그 또한 유교의 성인 혹은 군자, 불교의 부처, 도가의 진 인이라 일컫는 자가 된다. 이처럼 성인 혹은 군자, 부처, 진인이라 부르 게 되는 이를 기독교에서는 예수가 된다. 그리고 고대 그리스 아테네에 서는 소크라테스가 말한 **맑은 영혼의 수호자**이자 플라톤에 의하면 **철학자**로서 **이데아를 본 자**가 되는 것이다.

그리고 이들이 보는 세상은 바로 보게 되는 세상을 보는 것이며, 바로 본 세상을 만들어 나가기 위해 자신들이 몸담은 공동체에서 현실 개혁 을 이끌어 가기 위해 자신의 위치에서 최선을 다하는 인간이 된다. 그리 고 이러한 인간들을 보통 사람으로 표현할 수 있게 된다. 그러므로 형 (形)의 의미는 사람을 기준으로 자신을 바로 본 자인 **사람(깨달은 자)**과 이 사람이 타인과 바람직한 관계를 맺는 **인간(상구보리 후 하화중생이 된 자)**과 참사람이 되지 못한 상태의 이전, 즉 참사람에 미달하는 과정적 존재로서의 의미와 다만 사람 껍데기만을 둘러싼 이들로 구분하여 **동물** 과 **짐승**과 **악마**로 구분되어진다. 이런 의미에서 종의 분류인 사람이 깨 달은 이후 깨달은 자로서의 사람은 **참다운 사람**이 되고, 이러한 참다운 사람이 공동체의 바람직한 관계를 설정하여 실천해 나가면 **인간**이 되는 것이다. 그러나 사람이지만 자기를 바로 보는 자가 아니라면 그는 참다운 사람을 추구하는 과정적 존재로서의 사람과 그렇지 못하는 동물로서의 사람으로 분류될 수 있는 것이다. 그리고 사람의 모양만 갖춘 껍데기만 사람인 짐승과 악마 단계로 구별되는 괴물들이 형(形)의 구체적인 분류라 할 수 있다.

여러 가지로 분류되는 형(形)에 대한 표준적인 의미는 유교의 성인이자 군자이고, 도교의 진인이자 불교의 부처이며, 기독교의 예수이고 소크라테스에 의한 맑은 영혼의 소유자이자 플라톤의 철인을 말하는 것이라 하였다. 이러한 **인간**이 되는 것은 태어나서 도저히 도달 불가능한 것이 아니다. 이는 사람으로 태어나면 누구나 도달할 수 있는 것이 된다. 누구나 도달할 수 있기에 보통 사람이라 부르는 것이며, 보통 사람으로서 마땅히 가야 할 길이기에 상도(常道)라 하는 것이다. 상도(常道)는 마땅히 가야 할 길이기에 정도(正道)라 하는 것이다. 그러나 대부분 사람이 태어나서 정도(正道)를 지키는 사람이 되려고 스스로가 노력하지 않고 포기를 한다. 태어난 사람들 가운데 스스로가 노력하지 않고 정도(正道)를 포기한 사람들은 인간이 아니라 동물과 짐승 그리고 악마라 하였다. 이들은 자신이 선택한 참사람이 되기를 포기하였기에 자신이 아닌 누군가 세상을 구하기 위해 변화와 개혁을 추진해 주는 구세주를 기다리는 것이다. 그게 아니라면 자기가 몸담은 공동체에서 그 공동체가 바람직한 방향으로 나아가도록 자신의 몫을 해 주어야 하는 것이다. 자신의 몫을 해 준다면 몸담은 공동체는 점차 긍정적인 바람직한 세상으로 만들어가겠지만, 만일 그렇지 않다면 이들은 개혁에 동참하지 않고 누군가가 자신을 위해서 공동체를 변화시키고 개혁해 주길 기다리는 자가 될 수 있다. 이러한 이들이 기다리는 구세주가 현세에서 기다린다는 대한민국의 정도령 혹은 기독교의 재림 예수, 불교의 미륵불로 불리는 이들이 될 것이다.

2.
형이(形而)의 이(而)에 관한 이야기

이(而)는 '말 이을 이'로 형이상(形而上)과 형이하(形而下)에서 형(形)과 다른 언어인 상(上)과 하(下)의 관계를 이어 주는 언어이다. 형이상(形而上)에서는 형과 상(上)의 관계를 이어 주는 것이지만 이는 '형상이 있는 것(形)'이 '형상이 없는 형상 이상의 것(上)'들과 연결된 것으로, 동양의 천(天), 서양의 신(GOD)과의 관계를 표현하기도 한다. 형상(形像) 이상의 것을 무형계로 말하고, 무형계의 것과 형상들의 관계가 맺어지는 관계를 **내적 관계**라 한다. 내적 관계의 의미는 무엇일까? 내적의 의미는 인간에게 있어서는 성품의 선함을 말하는 것이고, 무형계인 상과의 관계는 성품의 선함을 매개로 '완전한 선' 혹은 '절대선'으로 접근하는 관계이다. 무형계인 상(上)의 속성인 절대선에 의한 인간에게 내재된 것을 칸트는 '**선의지**'라 하였다. 맹자는 사람이 천(天)으로 표현되는 상(上)의 속성과 그 속성에 따른 사람의 성품이 선한 것이기에 성선설이라 하였다. 고대부터 발출론 혹은 유출론이라 하여 세계와 만물이 현현되었다고 표현하고 있다. 또한 신플라톤주의의 플로티누스는 일자(一者)로부터 유출되어 세상이 만들어졌다고 주장하기도 했다. 이는 절대자의 내적 속성인 완전한 선이 흘러넘쳐서 세상과 만물이 절대자인 신에서 분유된 것이라 하여 절대자 이외의 모든 것이 절대자인 신에서 유출된 선으로 보고 있다. 이러한 선의 속성으로 연결되어 있는 이(而)의 의미는 인간에게 내적 관계로 표현할 수 있다. 왜냐하면 내적 관계란 형상이 있는 인간의 선함과 무형계의 절대선으로 이어지는 것이 선한 속성으로 맺어진 소통적 관계

인간과 짐승

의 의미이기 때문이다. 선한 속성으로 맺어진 관계란 무엇일까? 무형계의 절대적 선이 형상에 내재된 선의 속성으로 연결되게 하는 서로 간의 유기적 형식의 소통적 관계를 말하는 것이다. 형이하(形而下)의 이(而)의 의미는 형(形)인 형상(形像)과 하(下)로 표현하는 유형계 혹은 지(地)와 연관된 모든 것과의 외적인 소통적 관계를 말한다. 이들의 소통적 관계가 형상과 유형계와의 관계이기에 외부로 드러나는 행위인 의(義)라 할 수 있다. 이러한 외부로 드러나는 관계를 외형적 관계라 하고, 이 관계가 내적인 선과 외적인 의(義)의 관계로 연속적으로 이어지는 소통적 관계가 된다. 그러므로 무형계에서 유형계의 형과 연관된 내외적 소통 관계를 표현하면 무형계의 절대적 선과 맺어지는 내적 관계의 선은 무형계 속성의 실행 모습으로 드러나는 외적 관계의 성질을 의(義)로 표현하게 된다. 의(義)로 표현된 외적 관계는 형(形)이 지(地)와의 모든 유형적 존재와의 바람직한 관계를 맺게 되는 방법이 된다. 바람직한 관계로서의 외적 관계는 의(義)이지만 무위자연(無爲自然)이라 말할 수 있다. 이러한 무위자연은 무질서가 아닌 질서로서의 운영이기에 조화의 완성이라 부르기도 한다. 무위자연으로 표현되는 조화의 완성을 유형계의 공동체에서는 표현하길 유교에서는 대동사회로, 도교에서는 소국과민으로, 불교에서는 불국토인 미륵세계 혹은 용화세계로, 기독교에서는 천국으로 부르게 되는 것이다. 이를 달리 표현하면 무위자연의 세상은 모든 사람에게 널리 이롭게 한다는 홍익인간(弘益人間)의 정신이자 경천애인(敬天愛人)으로 무형계와 유형계를 아우르는 조화를 완성시키는 동학의 인내천(人乃天) 사상이라 할 수 있다. 이러한 사상은 단군왕검이 통치한 고조선시대의 공동체 상황이 아니었을까 생각해 본다.

3.
형(形)과 관계된
상(上)과 하(下)의 의미

형(形)이란 의미는 다음의 4가지 형태로 분류되어 살펴볼 수 있을 것이다.

첫째, 정위(定位)된 사람으로서 **바람직한 관계를 맺는 사람**인 **인간**.

둘째, 진정한 사람(정위된 사람)으로서 **깨달은 자로서의 사람**.

셋째, **과정적 존재**로서의 사람(정위되지 못한 **사람과 동물**과 같은 사람)으로 구별되는 사람.

넷째, 사람의 탈을 쓴 **짐승과 악마인 괴물**.

이처럼 사람을 위와 같은 네 부류로 구분하여 살펴보았을 때, 형(形)의 속성은 근본적으로 내재적인 선함을 지닌다고 볼 수 있다. 형(形)의 의미에서 인간으로서의 대표적인 표현은 마야부인이 석가모니를 출산할 때, 석가모니인 싯다르타가 태어나면서 천상천하 유아독존(天上天下 唯我獨尊)이라는 것을 오른손은 천상을 왼손은 천하를 향하는 손짓으로 자신의 존재를 표현한 것이다. 천상천하 유아독존(天上天下 唯我獨尊)이라는 양손의 손짓을 하면서 태어난 것이 인간으로서 자신을 표현한 대표적인 사례로 볼 수 있다. 왜냐하면 인간이라면 위(上)로는 천(天)을 공경하고, 아래(下)로는 만물을 사랑해야 하는 지(地)의 영역의 모든 것을 사랑하고 실천하는 사람이라는 것이다. 이를 다시 표현하면, 인간이라면 경천애인(敬天愛人)하고 홍익인간(弘益人間)의 정신을 실천하는 것이라 할 수 있다. 이때 상(上)의 의미는 천(天)을 대신하는 용어가 되며, 상(上)의 세계를 무형계라 부르는 것이다. 무형계는 오류가 없는 절대적이며 완전한 선으로 이루어진 세계가 되는 모든 것의 근원이 된다. 그러므로 인간에게는 공경의 대상이 되는 것이다. 인간에게 공경의 대상이 되는 무형계는 오류가 없기에 완벽한 조화를 이루는 세계라 할 수 있다. 무형계의 완벽한 조화를 이루는 것은 자연스러움을 보여 주는 무위자연의 형태로 드러나게 된다. 하(下)의 의미는 지(地)를 대신하며, 만물을 이야기하는 모든 보이는 존재들이 있는 세계로 유형계라 하며, 유형계의 속성상 천(天)과 같은 본래의 조화로움을 지니는 무위자연의 특징을 지닌다. 노자는 이러한 특징을 천상과 천하의 속성으로 보고 무위자연을 도의 속성으로 여기고 있다. 또한 유형계의 존재들을 기(器)라 하여 형체가 있는 것으로 표현하지만, 기(器)의 존재가 현실에서 질서와 무질서를 따르고 있음을 보여 준다. 본래 기(器)의 존재는 무위자연의 도리에 맞게 되면 질서를 따르지만 유위(有爲)함이 있으면서 의(義)를 따르면 질서와 불의(不義)를 따르면 무질서를 오가며 번잡함을 발생시키기도 한다. 이때의 질서는 조리를 따르는 유의함이기에 무위자연의 질서이고, 무질서는 부조리를 따르는 유위함이 있게 된다. 부조리를 따르는 유위함은 욕망과 이기심으로 인해 갈등과 다툼을 생산하기에 자연 상태를 파괴하는 인위(人爲)적인 것이 된다. 이러한 인위(人爲)적인 자연 상태의 파괴는 질서를 무너뜨려 조화를 완성하지 못하게 하니 갈등과 혼란, 분쟁과 다툼의 발생 원인이라 할 수 있다. 유형계에서 **보통 사람**인 성인(聖人)을 지향하는 과정적 존재들은 이기심과 욕심으로 인해 무위자연의 조화로움이 아닌 부조리한 부조화가 발생하는 유위의 세계가 만들어지게 된다. 이러기 때문에 유형계는 조화와 부조화가 번잡하게 나타나는 혼란한 세상이 된다. 다만 유형계의 세계에서 유위(有爲)함이 있으면서 이치에 합당한 순리를 따르는 조리를 형성한다면 질서에 부합하게 된다. 이렇게 이치에 부합되는 모습을 무위자연의 상태라 할 수 있다. 그러나 유형계에서 유위(有爲)함이 있되 조리에 맞지 않는 경우 부조리로 인해 무질서의 혼란함이 반드시 야기 될 것이다.

4.
유형계의 혼란을 방지하기 위해

유형계는 원칙적으로 무형계의 속성을 지닌다. 무형계의 속성이 드러나는 행위 개념이 무위자연이기에 유형계에서도 역시 무위자연의 법칙이 적용된다. 무위자연의 또 다른 표현은 질서와 조화이다. 이러한 세계를 노자는 도(道)라 하였고, 도(道)의 작용은 절대적이고 완벽한 것으로 완성됨을 의미한다. 이러한 완성된 세계에서 불완전한 것이 발생하고 드러나는 것은 부조화와 갈등으로 인한 혼란이 야기되는 원인이 된다. 따라서 노자는 이 혼란은 무위의 유위(有爲)함이 아닌 인위(人爲)의 유위함으로 인해 발생한 것으로 본다. 그런 의미에서 무위의 유위(有爲)함이 아닌 인위(人爲)의 유위함의 뜻은 자연스러움이 아닌 부자연스러움으로, 나**만**을 혹은 우리**만**을 위한 이기심과 욕망, 욕심과 편협함, 그리고 불균형과 부조화로 인한 것들로 유형계를 가득 채우고 있는 것들을 말한다. 이러한 부자연스러움은 갈등을 유발하는 수단이 되어 갈등으로 인하여 다툼을 발생하여 유형계의 조화에서 불안함으로 인한 부조화를 드러나게 한다. 유형계에서 불안함을 일으키는 것들은 갈등과 다툼의 원인이 되어 작게는 싸움이나 분쟁으로, 크게는 전쟁을 발발하게 된다. 유형계에서 혼란을 방지하기 위해서는 우리는 무엇을 해야 하는가? 노자에 따르면 인위(人爲)의 유위함이 없어야 한다고 주장하며 무위자연을 주장하고 있다. 이러한 노자의 견해는 무형계의 속성을 유형계에 똑같이 적용하자는 주장이 된다. 반면에 유교는 무위자연의 질서가 혼란하게 되면 혼란을 일으키는 인위(人爲)의 유위함을 행하는 자들을, 교육을 통해 도리와 조리 그리고 사리를 알려 줘 순리에 따르는 예(禮)를 통한 교화를 통해 이치에 닿는 도와 덕의 실현을 주장한다. 유교에서 교육은 무형계의 직접적인 무위자연이 아닌 유형계에서 간접적인 무위자연적인 표현인 도리와 조리 그리고 사리를 실현하게 하는 방법이다. 그리고 유형계에서 의(義)의 실천은 행위의 개념으로서 이치에 맞는 유위함을 통해 무위자연을 실천하고자 하는 강한 바람으로 볼 수 있다. 결국 도교와 유교의 결론은 질서를 유지하고 조화를 이루는 무위자연의 실현을 요구하는 서로 다른 접근 방식이라 할 수 있다. 고대 그리스에서 플라톤과 아리스토텔레스에 의하면 질서의 혼란은 중용(中庸)에서 이탈되었을 때 발생한다고 하였다. 중용(中庸)에서 이탈되어 벗어났다는 것은 가야 할 **바른 길(正道)**에서 벗어났다는 것으로 정도(正道)의 경계를 지키지 못하고, 그 경계를 넘거나 경계에 미치지 못함을 이야기한다. 그러므로 정도(正道)를 가는 것을 **중용**이라 하고, 중용을 지키는 것이 **도리**와 **조리** 그리고 **사리**에 맞는 순리를 따르는 유위함이 된다. 이러한 순리를 따르는 유위함이 바로 무형계의 속성을 따르는 **무위자연**에 해당되는 것이다. 인간은 유형계에서 혼란을 방지하기 위해서는 무형계의 속성에 따른 선(善)함을 유지하거나, 의(義)에 합당한 것을 행하거나, 중용(中庸)에 적합한 것을 지키거나, 적합한 경계를 넘지 않는 정도(正道)를 지키는 것이 중요한 것이다. 인간이 중용을 지키기 위해서는 무엇보다도 자신에 대한 성찰과 자기를 바로 볼 줄 아는 사람이 되어야 한다. 자기를 본다는 것은 기준을 알고 기준에서 벗어나지 않는 것을 말하는데, 이것을 중용적인 태도라고 한다. 따라서 인간은 유형계에서의 바람직한 삶이란 중용적인 태도를 지키며 실천하는 것이 된다.

5.
나는 누구인가?

나는 누구인가? 아니, 우리는 누구인가? 이미 석가모니 싯다르타는 마야 부인에게 태어나면서 천상천하 유아독존(天上天下 唯我獨尊)이라는 문장을 통하여 어린 싯다르타가 사람으로서 가져야 할 존재자로서 본래의 모습을 구현해 줬다. 싯다르타는 천상천하 유아독존(天上天下 唯我獨尊)이란 문구로 인해 사람이란 이래야 한다는 정의를 내려놓은 것이다. 싯다르타에 의하면, 진정한 사람이라면 경천애인(敬天愛人)을 할 줄 알아야 한다는 것이다. 즉, 천상천하(天上天下)에서 천상(天上)은 경천(敬天)하는 것이고, 천하(天下)에서는 애인(愛人)할 줄 알아야 한다는 것이다. 고대 그리스에서 플라톤과 아리스토텔레스는 천상(天上)과 천하(天下)를 주요 쟁점으로 삼았다. 플라톤은 천상(天上)을 알려는 자는 실상을 보는 자라 하여 이데아론을 설하였고, 아리스토텔레스는 지상에서의 삶을 중시 여겨 지상에서의 가장 바람직한 삶의 방법을 중용적인 삶이 행복이라 알려 주었다. 플라톤과 아리스토텔레스에 의한 이 내용은 천상천하 유아독존이라는 것이 사람이 실천해야 할 기본적인 내용이라 할 수 있다. 이는 싯다르타가 태어나면서 자신의 존재 모습을 드러내며 **탄생한 그 자체가 본래의 모습**이라는 것을 표현한 것이 아닐까? 싯다르타의 **천상천하 유아독존**이라는 표현이 **상구보리와 하화중생**의 의미임을 안다면, 플라톤과 아리스토텔레스 두 사람이 천상천하 유아독존을 나눠서 표현한 것이라 볼 수 있다. 싯다르타와 플라톤 그리고 아리스토텔레스가 표현한 공동체 삶에서 드러난 사람은 존귀한 사람, 즉, 인간이다. 우리는 존귀한 사람으로 부처 혹은 성인, 군자, 진인, 철학자라 부르고, 배우며, 가르치고 있는 것이다. 이는 공자의 정명 사상에서 사람이면 사람다워야 한다는 **사람답게**의 '**답게**'란 표현으로, 군군신신부부자자(君君臣臣父父子子)로서 각각이 역할에 따른 정위(定位)에 위치된 사람들의 본래 모습을 이야기하는 것이다. 사람들의 본래 모습으로 정위(定位)된 자를 '사람답게'가 이뤄진 자로 참다운 사람(眞人)이라 부르기도 하지만, 이는 도(道)를 깨달은 자로 천상(天上)에 대한 공경함을 나타내는 자이기도 하다. 천상(天上)을 공경하는 것을 경천(敬天)이라 하고, 경천(敬天)하여 깨달음을 얻은 사람을 참다운 사람(참사람)이라 한다. 그러므로 깨달음을 얻은 참다운 사람은 천인합일이 이루어진 상태가 된다. 그렇다면 애인(愛人)을 한다는 것은 정위(定位)된 자가 참다운 사람으로 타인 혹은 상대와의 바람직한 관계를 맺는다는 것으로, 천지인 합일을 이룬 자로서 덕(德)의 실현을 말한다. 이처럼 참다운 사람으로서 바람직한 관계를 설정하는 자를 천지인의 조화를 이룬 사람이라 하여 **인간**이라 부르게 되는 것이다. 따라서 나란? 우리란? 어떤 사람이 되어야 하느냐면, 사람으로 태어나 참다운 사람으로서 바람직한 관계 설정을 맺는 **인간**이 되었을 때 비로소 도덕을 실현하게 된다. **도덕을 실현하는 참다운 사람**은 경천애인의 실천자이자 **인내천**(人乃天)으로 표현할 수 있게 된다. 그리고 이러한 자들로서 홍익인간 사상을 실현하는 **공동체의 삶에서 주체적 인간**이 될 수 있다. 우리는 사람으로 태어나 실현해야 하는 것은 자신이 참다운 사람이 되는 것이며, 또한 참다운 사람으로서 경천애인과 홍익인간을 실천하는 자가 되어야 한다. 우리는 이러한 자를 **도덕적인 사람**이라 하는 것이다.

인간이 만들어 가야 할 세상

    사람이 만들어 가야 할 세상이 아니라 참다운 사람으로서, 바람직한 관계 설정을 하는 자로서의 **인간이 만들어 가야 할 세상**은 어떤 세상일까? 아마 사람이 아닌 **인간들이 만들어 가는 공동체**가 되어야 할 것이다. 이러한 세상은 공자가 가고 싶다는 동이족(東夷族)이 사는 나라로 백의민족인 한국인의 선조들이 살던 환국 또는 단군 시대인 고조선을 말하는 것이 아닐까? 그렇다면 당시의 삶은 어땠을까? 이 나라는 금(禁)하는 법이 8가지(팔조금법)[14]만 있었으며, 도(道)와 덕(德)이 넘치는 매우 평화롭고 조화로운 공동체를 이루면서 타인들과 더불어 자율적인 질서를

---

14) 　고조선의 팔조금법은 범금8조라고도 하며 삼국지 위지 동이전에 기록되어 있다. 그 중에서도 8조 중 3조의 내용 만이 한서지리지 연조에 전하며 그 내용은 다음과 같다. ① 살인자는 즉시 사형에 처한다(相殺, 以當時償殺). ② 남의 신체를 상해한 자는 곡물로써 보상한다(相傷, 以穀償). ③ 남의 물건을 도둑질한 자는 소유주의 집에 잡혀들어가 노예가 됨이 원칙이나, 자속(自贖:배상)하려는 자는 50 만 전을 내놓아야 한다(相盜, 男沒入爲其家奴, 女子爲婢, 欲自贖者人五十萬).. ①은 생명에 관한 것, ②는 신체에 관한 것, ③은 재산에 관한 것이다.
　　팔조문이 유일하게 전부 적혀있는 책은 환단고기란 책입니다. 22세 색불루 단군은 정국을 안정시키고자 8조금법을 제정하였습니다. 8조금법은 여덟가지 죄와 각 죄에 대한 처벌을 정한 삼성조 시대의 최초의 성문법입니다. 법규의 제정은 강력한 통치 체계를 갖춘 고대국가로서의 면모를 보여주기도 하지만 사회분위기와 경제질서가 그만큼 어수선해졌음을 나타냅니다.
　　환단고기 삼한관경본기 번한세가에있는 8조문은 아래와 같습니다.
　　1, 사람을 죽이면 그 즉시 죽음으로 갚는다.(相殺以當時償殺) ;
　　2, 사람을 상해하면 곡식으로 갚는다.(相傷以穀償)
　　3, 도둑질하는 자는 남자는 재산을 몰수하여 그 집의 종이 되고 여자는 계집종을 삼는다.(相盜者男沒爲其家奴女爲婢)
　　4, 소도(성역)를 훼손하는 자는 구금한다. (毁蘇塗者禁錮)
　　5, 예의를 잃은 자는 군에 복무시킨다. (失禮義者服軍)
　　6, 게으른자는 부역에 동원시킨다.(不動勞者徵公作)
　　7, 음란한 자는 태형으로 다스린다.(邪淫者笞刑)
　　8, 남을 속인자는 잘 타일러 방면한다.(行詐欺者訓放)
　　자신의 잘못을 속죄한 자는 비록 죄를 면해 공민이 될 수 있지만 이것을 수치스럽게 여겨 시집가고 장가들 수 없었다(欲自贖者雖免爲公民俗猶羞之嫁娶無所수) 이리하여 백성이 마침내 도둑질하지 않았고 문을 닫고 사는 일이 없어며 부인은 정숙하여 음란하지 않았다. 전야와 도읍을 개간하고 음식을 그릇에 담아 먹었으며 어질고 겸양하는 교화가 이루어졌다. (삼한관경본기 번한세가 상)

　　　　　　　　　　　　　　　　　　　　　　　　　　　　　인간과 짐승

구현하는 삶을 살아갈 줄 아는 나라였을 것이다. 이 나라는 인간들이 상대에 대한 배려와 존중이 넘쳤고, 기쁨과 즐거움을 함께하는 활력 있는 곳이었을 것이다. 이러한 활력 있는 생활은 자신들의 삶을 적당한 가무와 함께 모두가 함께 즐길 줄 알았을 것이다.

인간이 만들어 가야 할 세상은 인간들이 살아야 할 세상이기에, 사람으로 태어나 자기를 바로 볼 줄 아는 힘을 가진 자들이 도를 알고 그들이 맺는 바람직한 관계가 형성될 수 있는 덕이 있는 공동체가 실현되는 세상이다. 이러한 공동체 세상은 도덕과 윤리가 가득한 사회가 될 것이다. 이때 형(形)의 인간은 상(上)과 내적 소통을 이루며, 하(下)와 외적인 관계를 맺는 도덕적인 인간들이 다량으로 탄생하게 될 것이다. 이러한 인간의 탄생은 새로운 것이 아닌 과거에서부터 지향해 온 인간의 모습이기에, 사람으로 태어나 사람으로서 사람답게 살아가는 모습을 스스로 형성해 가는 것이다. 인간으로서 공동체에서 살아갈 때 선함을 유지하는 것이 내적 소통의 힘을 보존하는 것이고, 선함으로 인해 의로운 행위를 하는 것은 외적 소통의 힘을 드러내는 것인데, 이들은 인간이 지녀야 할 가장 기본적인 생활 태도인 도덕의 실천이라 할 수 있다. 인간이 기본적인 것을 지키며 살아가는 공동체에서 타인과의 관계를 맺을 때의 적절한 태도는 **가장 바람직한 관계 설정**을 하는 것이다. **가장 바람직한 설정**이란, 정도(正道)로서 경계를 미치지도 않으며, 넘어서지도 않는 과불급(過不及)이 없는 중용의 태도를 말한다. 중용의 태도는 바람직한 관계 설정의 길을 가는 것이기에 반드시 정도(正道)를 따르게 된다. 그러므로 인간들은 정도를 따르며 바람직한 관계 설정을 하는 것을 생활 속에서 실현하게 된다. 생활 속에서 실현하는 정도(正道)에 대해 아리스토텔레스는 중용으로 또한 유교의 사서(논어, 맹자, 대학, 중용)에 드러나는 중용이 되는 것이며, 맹자에 이르러서는 권도(權道)라 부르는 것이다. 이러한 중용과 권도의 실행은 도덕에 따르는 것과 같은 것이다. 도를 따르는 인간들이 함께하는 공동체에서 덕을 쌓는 생활을 하게 된다면 그들의 삶은 경천애인에 입각한 인내천(人乃天)사상을 따르는 것이 된다.

그러므로 인간이 만들어 가야 할 세상은 도덕이 형성된 세상이 되어야 한다. 그리고 이러한 세상은 도를 위한 경천사상과 덕을 위한 애인사상으로 가득 차 있어야 한다. 이러한 경천애인의 세상과 더불어 사회 공동체가 만들어 가야 할 세상은 홍익인간의 세상을 구현하는 것이 된다. 이때 비로소 인내천(人乃天)사상이 실현되는 세상을 우리가 사는 공동체에서 만들게 되는 것이다. 그러므로 인내천사상이 실현되는 세상은 인간이 반드시 만들어 가야 할 미래의 세상이 되는 것이다.

인간과 짐승

3부

형(形)의 세계관

1.
형(形)의 세계관

---

1) 형(形)의 개요

　사람으로서의 **형(形)**은 **인식 주체**로서 자신과 대상을 살피는 주체이다. 이러한 인식 주체가 인식 대상을 자신으로 하였을 때 인식 주체인 형은 스스로가 인식 주체이자 **자신의 인식 대상**이 된다. 인식 주체인 형이 **자기 이외의 대상을 인식 대상**으로 살피는 존재이면서 **인식 대상이던 상대가 인식 주체**가 되었을 때는 내 자신이 **그의 인식 대상**이 된다. 인식 주체의 인식 대상의 상대가 사람이 아닌 다른 대상이라면, 그들은 인식 주체로서 역할보다는 단지 인식 대상이 될 가능성이 클 것이다. 그러나 인식 대상으로서 생명을 지닌 것들은 다양한 형태로 스스로 존재하고 있다. 그들의 존재는 동물과 식물 그리고 미생물 등이 다양하게 존재지만, 그들이 인식 주체가 되었을 때 그들은 자신의 인식 능력에 따라 상대를 인식하게 되는 정도가 다르게 된다. 살아 있는 생명체들의 인식 정도는 다양한 형태로 존재하고 차별도 있지만, 이곳에서 형(形)으로 말하려는 존재는 인식 주체이자 인식 대상이 되는 **사람**을 의미한다. 사람으로서 형(形)이 가지는 개요를 살펴보면 다음과 같이 살펴볼 수 있다.

※ 형(形)에 대한 개요를 정리하면 다음과 같다.

형(形)	인식 주체	사람	자신			
			다른 사람			
		사람 외의 생명체	살아 있는 모든 생명체 → 인식 정도가 차이 나는 다른 존재			
	인식 대상	사람	자신			
			다른 사람			
		사람 외의 모든 존재	모든 만물	생물: 살아 있는 생명체	동물	
					식물	
					미생물	
				무생물: 생명체 이외의 것들	광물	
					광물 이외의 것	

2) 형(形)의 관점

형이 인식 주체로서 지녀야 할 관점은 인식 주체로서 자신을 성찰하며 상대를 관찰하는 힘이 **바른 관점(정견)**이 되어야 한다. 이러한 관점을 지니기 위해 인식 주체는 스스로가 지닌 판단 기준이 정확해야 한다. 여기서 자신을 성찰하고 상대를 관찰하는 것, 그것을 행하는 자를 **관찰자**라 하고, 관찰 기준이 정확한 자를 **표준 관찰자**라 부르고, 부정확한 자를 **일반 관찰자**로 정의해 보도록 한다. 표준 관찰자는 전제 조건이 자기를 바로 보아야 한다. 왜냐하면 자기를 바로 본다는 것은 판단의 기준이 정확해졌다는 것이기 때문이다. 기준이 정확하게 됐다는 것은 관찰자가 **정도(正道)**에 따를 수 있는 것이며, 정도에 따른 견해를 **정견(正見)**이라 한다. 그러므로 정견(正見)의 입장을 지닌 자를 표준 관찰자라 하는 것이다. 일반 관찰자는 자기를 바로 보지 않고 자신의 입장, 즉, 사적인 견해를 밝히고 나타내는 자이다. 일반 관찰자의 견해는 그의 사적 견해가 표준 관찰자의 견해와 맞을 때도 있고, 맞지 않을 때도 있게 된다. 일반 관찰자의 견해가 표준 관찰자의 견해와 일치할 때는 **조리(條理)**에 맞다고 하는 것이고, 표준 관찰자와 견해가 불일치할 때는 **부조리(不條理)**하다고 말할 수 있다. 조리에 맞는다는 것은 질서에 합당하는 것이고, 질서에 합당한 것은 조화로운 세계를 구현하는 것이 된다. 그러므로 표준 관찰자가 지향하는 세계는 조화의 완성을 뜻하는 유토피아의 세계로 대동사회, 불국토, 소국과민, 천국을 구축하는 것이 된다.

반면에 일반 관찰자는 자기를 바로 보는 정견의 입장보다 개인적인 사견에 의지한 생각으로 무장된 일반적인 기준에 따라 자신의 대상을 관찰할 가능성이 높다. 그러기에 일반 관찰자의 입장이 조리와 부조리를 넘나드는 다양한 판단의 결과가 발생하게 된다.

※ 형(形)의 관점(자기를 바로 본 자, 정도에 따른 정견의 입장)

형(形)	관찰자	표준 관찰자	자기를 바로 본 자	정견(正見)의 입장	조리적 입장	질서/조화
			자기 성찰 및 표준 관찰하는 힘			
		일반 관찰자	자신의 일반적인 기준	표준 관찰자	조리적 입장	질서/조화
				일반 관찰자	부조리적 입장	무질서/부조화

※ 표준 관찰자의 관점

통찰자 / 표준 관찰자	자기를 바로 본 자	깨달은 자(覺者)		조리적 입장	진리 구현	질서/조화
		천인합일: 도통자(道通者)				
	바른 관찰하는 자	정견자 (正見者)	격물치지자	조리적 입장		
			궁리자			

※ 표준 관찰자는 궁리(窮理)하여 격물치지를 이룬 자로서 유형계에서 이룬 바른 관점(正見)이지만, **통찰자**는 자신과 무형계에서 천인합일의 소통이 이루어진 인식 주체의 관점으로 **체득자**이다. 따라서 통찰자의 견해는 천인합일(天人合一)을 이룬 **도통자(道人)**로서 체득을 통한 돈오의 깨달음을 얻은 자인 도인이 되고, 이러한 통찰자는 무형계의 속성을 관통하는 인지의 힘을 지닌 **지혜로운 자**라 할 수 있다. 이것을 천인합일이 된 상태인 인간이라 할 수 있는 인내천(人乃天)사상이 이루어진 상태로 표현할 수 있다.

3) 과정적 존재로서의 형(形)

형(形)의 존재는 통찰자나 표준 관찰자로서의 **완전한 개체성**을 실현한 이들이 있다. 이러한 이들을 유교의 성인, 군자, 불교의 부처, 도가의 진인, 소크라테스의 맑은 영혼의 소유자, 플라톤의 철학자 등으로 불렀다. 이러한 형의 존재는 완전한 개체성을 지닌 자로, 과정적 존재가 아닌 **완성된 자**로서 **개체성**을 달성한 자를 말한다. 그러나 완성되지 않은 개체들은 과정적 존재라 부르는 형(形)이 된다. **과정적 존재**로서의 형은 언제나 완전한 개체성으로서의 형(形)을 추구한다. 과정적 존재로서의 형은 **미완성된 형(미형적 존재)**의 모습으로, 완전한 개체성을 지닌 형을 지향하거나 그렇지 못한 상태로 존속되는 삶을 나타내는 것이다.

형 (形)	완전한 개체성 (통찰자, 표준 통찰자)	이치(理致)의 실현	조리(條理) 구 현	질서 추구와 조화 형성
	과정적 존재	완전한 개체성을 실현하려는 자	이치(理致) 지 향적	조리(條理) 지향적	질서 추구형
	미형적 존재				

4) 형(形)을 지향하지 않는 존재

외모의 형태는 형(形)의 존재이지만, 단지 완전한 개체성을 지향하지 않는 존재로서 **껍데기만 형(形)인 존재**임을 말할 뿐이다. 이러한 존재는 사람인데 비도덕적인 것을 행하는 자들로 **동물** 혹은 **짐승**이나 짐승보다도 못한 사람으로, 최악으로는 **악마**로 표현될 수 있는 자들이다. 예를 들면, 제2차 세계 대전 때의 독일의 히틀러가 시행한 유대인 학살이나 캄보디아의 폴보트 독재 정권이 자행한 국민 대학살과 일본의 타국민에 대한 학살이나 731부대의 마루타 생체 실험 그리고 위안부와 같은 일들을 일삼은 이들과 그 외의 수많은 사람을 괴롭히거나 죽이는 독재자들로 대표될 수 있다.

※ 외형은 형(形)의 모습이나 실질은 표준 관찰자를 지향하지 않는 존재

형(形)을 지향하지 않는 존재 (껍데기만 사람의 형 상)	완전한 개체성 미지향적 존재 (나만의, 우리만을 챙기는 존재)	동 물	사람으로 태어나 동물처럼 사는 이
		짐 승	동물로서 자신의 이익만 추 구하는 자
		악 마	짐승보다 못한 자

5) 형(形)과 상(上)·하(下)의 관계

　형(形)이 표준 관찰자, 즉 (표준) 통찰자가 되었을 때 상(上)·하(下)의 관계는 무형계와 유형계를 같은 속성으로 연결 짓는 자가 되어 부조리함이 없는 참된 이치로 연결된 관계를 말한다. 상(上)인 무형계에서는 자연스러운 완전함 자체로 존재하지만, 하(下)인 유형계에서는 무형계의 완전함의 속성인 질서와 조화를 형성하는 도리와 조리 그리고 사리의 관계를 말한다. 이때를 우리는 천지인(天地人)이 하나 된 상태라고 말할 수 있다. 이는 엄밀히 표현하면 **천인지(天人地) 상태**로, 인간이 천지(天地)를 매개하는 것이다. 그렇지만 일반 관찰자의 입장이 되었을 때 나타나는 상(上)·하(下)의 관계는 상(上)인 무형계와는 무관한 하(下)인 유형계에 집착하는 지인(地人)의 삶을 살게 된다. 이로 인한 일반 관찰자는 유형계에서 삶이 때로는 도리와 조리에 맞지만, 대부분 도리와 조리에 맞지 않는 개인만의 이익을 추구하는 경향으로 나타나게 된다. 이때 도리와 조리에 맞는 것은 우연적인 상태로 볼 수 있는 것으로, 개인만의 이익 추구가 우연히 의(義)에 맞게 되면 조리의 이익 추구가 된다. 그러나 대부분 자신의 이익만을 바라보는 편협성을 지니는 이익 추구이기에 상대와의 갈등을 유발하거나 다툼이 발생하는 부조리나 부조리에 가까운 현상을 드러내게 된다.

※ 형(形)과 상(上)·하(下)의 관계를 표준 관찰자와 일반 관찰자의 차이

형(形)	표준 관찰자	천지인 합일	인(人)이 천지를 매개	천인합일된 조리적 관계 (天人地 관계)	질서 추구 조화 형성	
	일반 관찰자	천(天)과 무관 이(利)를 추구	우연적인 조리상태	자신도 모르는 천지인 합일	가끔 의(義)에 합당	조화 형성
			부조리 상태	지인(地人)의 관계	갈등과 다툼 유발	부조화 형성

6) 형(形)과 정(正)·선(善)·의(義)·중(中)의 관계

형(形)이 무형계의 완전성인 순수함의 결정체를 이어받아 오니 바름(正)을 이어 나가는 것이다. 이 바름(正)이 형(形)의 **내적 관계**를 이어 오는 것으로 선함(善)이 된다. 따라서 칸트는 인간은 선의지를 따라야 한다고 주장한 것이다. 반면 형(形)이 **외적 관계**로 드러내는 그의 언행(言行)은 행위적 실천의 관계이므로 의(義)로 표현되게 된다. 여기서 말하여지는 바름(正)과 선함(善) 그리고 의로움(義)은 본질적으로 무형계의 완전성인 순수함의 결정체의 상황에 따른 같은 의미이자, 과정별로 각기 다른 표현이 된다. 그러면 중(中)의 의미는 무엇인가? 중(中)이란 표현은 '완전성인 순수함의 결정체에서 벗어나지 않은 상태'를 말하는 것이다. 이러한 중의 의미와 함께 중용(中庸)으로 사용되는 것은 중(中)을 사용하는 것으로, 정도(正道), 즉 바른길을 가는 것을 말하는 것이다. 바른길이란 자신에게 주어진 바의 경계를 넘지 않는 것으로, 군군신신부부자자(君君臣臣父父子子)로서 주어진 역할에 충실히 해 나가는 것이다. 이는 이들이 사람답게의 '~답게'의 의미를 가진다. '~답게'란 말은 곧 자신이 해야 할 바를 하는 자로, 자신이 안 해야 할 바를 하거나 혹은 넘치도록 하는 것을 하지 않은 것을 말한다. 이를 우리는 **적중(的中)**했다고 말하며, 정도에서

벗어나지 않은 것인데, 이를 활용하여 일상에 적용하는 것을 **중용(中庸)**이라 하는 것이다. 이러한 중용의 의미는 플라톤이나 아리스토텔레스에 의해 주장되기도 하였고, 공자와 맹자에 의해 주장되기도 하였다. 맹자는 중용의 의미를 권도(權道)로 발전시켜 조화로움을 표현하기도 했다. 플라톤의 스승인 소크라테스는 이러한 정(正)·선(善)·의(義)·중(中)의 관계는 **맑은 영혼을 유지하는 것**으로 표현하기도 했다. 정(正)·선(善)·의(義)·중(中)의 관계는 무형계의 속성을 유형계인 현상계로 끌어들여 상황에 따라 다른 용어로 표현될 수 있음을 보여 주는 것이다.

※ 형(形)이 갖는 정(正)·선(善)·의(義)·중(中)의 관계

상(上): 무형계	→ 바름(正) →	형(形) →	내적 관계 → 외적 관계 →	선함 (善) 의로움 (義)	중(中) → 적중(的中) →	정도 (正道) 권도 (權道)	조 화

7) 도표로 살펴본 형(形)의 세계

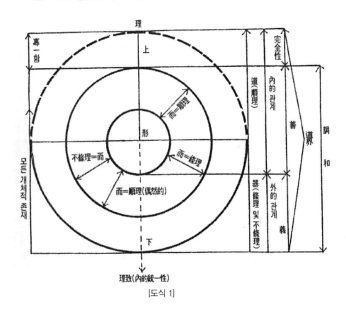

[도식 1]

형(形)을 중심으로 살펴본 상(上)의 무형계와 하(下)의 유형계에 대한 속성을 살펴보면 다음과 같다. **상(上)의 무형계**는 순수함의 완전성을 보존하는 **전일(►—)한 세계**를 보여 주고 있다. 이 세계는 참된 이치(眞理)의 세계이기에 조리에 맞는 이치를 따르는 **순리적 관계**를 보여 주고 있다. 이러한 순리적 관계를 무형계와 형(形)의 관계를 **내적 관계**라 하여 형(形)의 내적 특성인 **선함(善)**으로 표현하고 있다. 이러한 표현은 무형계의 속성을 지닌 **형(形)의 내적 조화**를 이루게 되어 형(形)은 **평온하고 안정적인 상태**를 보여 주게 된다.

반면에 형(形)을 중심으로 살펴본 **하(下)의 유형계**는 하나는 **무형계의 속성을 따르는 조리적 존재로서의 형(形)**과, 둘은 **조리와 부조리 상태를 왔다 갔다 하는 형(形)** 그리고 셋은 **부조리만을 행하는 형(形)**의 세 존재로 구분할 수 있다. 이중 조리적 존재는 무형계의 속성을 따르는 자이기에 무형계의 형과 내적 통일이 이루어진 존재와 동일시하게 된다. 그렇지만 조리와 부조리를 왔다 갔다 하는 존재는 조리에 맞을 때는 **우연적 조리**를 이루는 존재이기에 무형계의 속성에 따른 삶을 살고 있다고 표현하기엔 부족함이 있는 **과정적 존재**이다. 그리고 조리가 아닌 부조리만 행하는 자로서의 형(形)은 유형계에서 질서를 수시로 어지럽히는 존재로 갈등과 다툼 그리고 싸움과 분쟁 그리고 전쟁을 일삼는 존재들이다. 이러한 존재를 과정적 존재를 따르지 않는 **미형적 존재**로 표현하고 있다. 조리와 부조리를 오가는 존재들은 동물이나 짐승으로 표현될 수 있지만, 그 밖의 부조리를 많이 행하는 자들은 부조리한 자신의 행위를 정당화하는 짐승이나 부조리만을 골라서 행하는 이들 중 부조리한 것이 짐승보다 더욱더 심한 자들을 악마라고 표현하는 것이다.

인간과 짐승

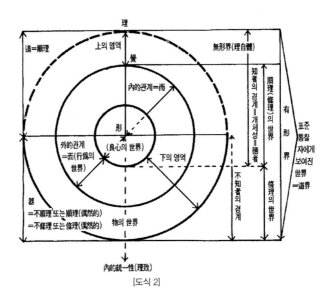

[도식 2]

　　주역(周易) 계사전(繫辭傳) 12(장)章에 기록된 '형이상자위지도(形而上者謂
之道) 형이하자위지기(形而下者謂之器)'에서 형(形)을 중심으로 살펴본 상
(上)의 무형계와 하(下)의 유형계의 **관계적 표현**을 **이(而)**로 나타내면서
형(形)이 상(上)과의 관계를 **내적 관계**로 표현하고, 하(下)와의 관계를 **외
적 관계**로 표현하였다. 이러한 관계의 특성을 내적 관계는 **선함(善)**으
로, 외적 관계는 **의로움(義)**인 행위의 표현으로 나타낼 수 있다. 이때 선
함을 간직하고 의로움을 행하는 자를 천인합일이 되는 상태로 도를 깨
닫고 덕을 실현하는 완전한 개체성을 실현하는 이로, 인간으로 말하면
지자(知者)의 경계를 표현한 것이다. 이러한 개체들은 무형계와 유형계
의 내적 통일성을 이루는데, 이러한 내적 통일성을 이치에 합당하다 하
여 **참된 이치(眞理)를 구현하는 자(조리적 존재)**가 된다. 반면에 **부조리와
조리를 왔다 갔다 하는 개체**들은 우연적 조리를 실천하는 존재로서 평
온함과 갈등이 공존하는 개체로, 완전한 개체적 존재가 아닌 불안함을
지닌 존재들이다. 이들은 완전한 개체성을 추구하는 태도를 지닌 **과정
적 존재**가 된다. **부조리적 존재**는 개체의 본성을 망실하니 무형계의 속

성에서 완전히 이탈된 존재가 된다. 이러한 부조리적 존재는 불선(不善)과 불의(不義)를 일으키며, 작은 갈등과 다툼도 큰 싸움으로 번지게 하거나 분쟁과 전쟁을 일삼게 되는 자이다. 이런 형(形)으로서의 존재자들은 무형계는 내재하지도 않으며, 만물이 존재하는 유형계에서 부조리를 추구하면서 상대들에게 많은 갈등과 다툼을 일삼는 자들로서 무형계에 대한 **부지자(不知者)**가 된다. 소크라테스는 이러한 자를 자기를 바로 볼 줄 모르는 무지한 자로 보고, 맑은 영혼을 제대로 보존하지 못하는 것으로 보고 있는 것이다.

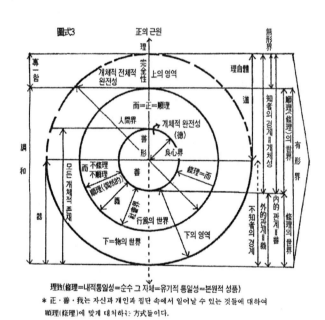

[도식 3]

'도식 3'은 전체적으로 설명된 내용이기에 다소 복잡한 형태를 띠고 있다. 천지인(天地人)의 관계를 형(形)이 매개체가 되어 상(上)과 하(下)를 내적 통일성을 가지고 만들어 가는 세상을 나타낸다. 내적 통일성이 유지되면 참다운 이치(眞理)를 따르는 조리적 관계로 표현되지만, 내적 통일

인간과 짐승

성이 없는 경우, 우연적 조리가 실행되는 관계와 부조리적 관계만이 드러나는 것으로 구별된다. 내적 통일성은 상(上)인 무형계의 전일한 완전성을 지닌 순수한 선함(善)과 의로운 행위인 의(義)가 어긋나지 않은 바름(正)의 행로로 이어져 있다. 따라서 '진리(眞理)→정(正)→선(善: 양심계)→의(義: 사회계)→질서 추구→조화 구현→이상 사회'란 실현의 순서를 밟게 된다. 이때 '→'는 이(而)로서, 순리(順理) 혹은 도리(道理), 조리(條理), 사리(事理)인 관계적 성질로 나타낼 수 있다. **조리적 경계를 아는 자**를 전일한 완전성을 이룬 개체를 **지자(知者)**라 하였고, 부조리와 조리를 넘나드는 자는 지자(知者)를 추구하려는 자로 **우연적 순리**를 참다운 이치인 진리의 세계로 넘어가려고 노력하는 과정적 존재가 된다. 이들도 엄밀히 따지면 **부지자(不知者)**가 된다. 부조리를 따르는 존재들은 비양심적인 불선함을 따르고, 불의를 적극적으로 수행하려는 자들이다. 이들은 만물에 대하여 자신의 이익만을 위한 판단으로 살아가는 자세를 취하니 만물과의 부조화를 이루게 되어 질서를 무너뜨리는 무질서의 화신이라 할 수 있다. 만물과의 부조화는 결국 갈등과 다툼으로 이어져 조리는 사라지고, 조리를 가장한 부조리만을 따르려는 자들이다. 이들은 사람들과의 관계에서 갈등과 다툼을 일으키니 싸움과 분쟁과 전쟁을 일으키고, 상대를 괴롭히는 것으로 자신의 행위가 대부분 만들어진다. 자연과의 관계에서는 조화보다는 부조화를 추구하며, 자연으로 인해 자신만의 이익을 챙기려 생태계를 파괴하는 부조리하고 부지(不知)한 자들이 된다. 이들은 진리(眞理)에서 벗어나 있는 자로, 내적으로는 선함이 없는 비양심적인 상태이고, 외적으로는 행위에 의로움이 없는 비열한 자가 된다. 그러므로 이들의 세계는 갈등과 다툼 그리고 무질서와 부조화가 만연된 세상이 만들어지는 것이다. 이들을 일컬어 **사람의 탈을 쓴 짐승** 혹은 **악마**라 부르게 되는 것이다. 누군가는 필자가 짐승과 악마로 표현한 것을 **괴물**이라 표현하기도 했다.

2.
주역 이야기

---

1) 보이지 않는 것과 보이는 것이 바름(正)과 바르지 않음(不正)의 관계

　보이지 않는 것과 보이는 것이 사람을 지배한다. **보이지 않는 것**은 종교라는 이름으로 지배하고, **보이는 것**은 **법**과 **정치**라는 두 도구를 이용해 지배하고 있다. 이들 지배하는 것에는 두 가지의 양태가 존재한다. 하나는 **정직**이라는 것이고, 다른 하나는 정직하지 못하다는 것이다. 정직함으로 지배하는 것이 운용된다면 **종교와 법과 정치는 같은 속성을** 지니면서 조화로운 관계가 형성된다. 그러나 부정직하다면 사람에게 혼란을 주어 편 가르기와 많은 복잡한 문제들이 만들어지게 된다. 이러한 문제는 갈등과 분쟁 그리고 전쟁 등으로 발전하게 되어 부조화의 극치를 형성하게 된다. 이처럼 보이지 않는 것과 보이는 것이 정직한 소통의 일관성을 가지는 것이 중요하다. 소통의 일관성을 가지는 자는 사람이며, 사람으로서 그의 모습은 인식 주체이자 인식 대상인 한 개체일 뿐이다. 사람은 한편으로 자신이 인식 능력에 따라 **보는 자**(인식 주체자)가 되기도 하고, 다른 한편, 다른 보는 자들에게 **보임을 당하는 자**(인식 대상자)가 되기도 한다. 보는 자와 보임을 당하는 자들은 상황에 따라 바람직한 관계가 형성될 때 바름이 유지된다. 이와 마찬가지로 사람 이외의 것은 바람직한 관계의 형성이 바르게 유지될 때 '자연스럽다'로 표현할 수 있으며, 이런 상태를 '자연'적이라 한다. 이러한 자연은 인위적 유위함의 자연이 아닌 무위자연의 자연이 된다. 이때 비로소 보이지 않는 것과 보이는 것에 관여하는 개인을 **개체성**이라 부르고, 개체성을 지닌 모두가 자연스럽게 조화를 형성하게 되어 **전체성**을 이루게 된다.

반면에 바람직한 관계의 형성이 바르게 유지되지 못할 때 보이지 않는 것에서는 변화가 없지만, 보이는 것들은 개체들이 정위(定位: 몸의 위치나 자세를 정하는 것)될 때 바른 상태와 바르지 않는 상태가 서로 섞여 있거나 혹은 모두가 바르지 않은 상태로 있게 되기에 다툼, 갈등, 분쟁, 전쟁 등의 무질서와 부조화를 형성하게 된다.

보이는 것들의 부조화의 정황에서 인식 능력이 없는 개체(보는 자처럼 관찰 및 성찰할 수 있는 능력이 없는 것들)들은 있는 그대로의 '자연' 상태를 유지하게 된다. 그러나 인식 주체인 사람이 바르지 않은 상태로 놓여 있을 때는, 그것이 원인이 되어 '자연' 상태의 자연스러움이 인식 주체의 능동적인 행위에 영향을 받아 유형계가 부자연스럽게 변형되기도 한다. 반면에 인식 주체가 바람직한 결정을 할 수 있다면 보이지 않는 것과 보이는 것은 자연스러운 바름의 관계가 형성되어 유형계가 전체적인 조화를 이룩하게 된다.

바름(正)과 바르지 않음(不正)의 의미를 살펴보면, 바름(正)이란? 정상적인 것을 말하는 것으로, 미진하거나 과하지 않은 상태를 말하며, 적합한 상태에서 멈춰 있는 것이다. 이러한 적합한 상태를 중도라 표현하기도 한다. 또한 동양과 서양에서 경계를 넘지 않는 적확한 것으로, 중용(中庸)이란 같은 의미의 표현을 사용하기도 한다. 이때의 중용(中庸)은 올바르며 치우치지 않은 상태이니 바른길을 가는 것이라 할 수 있다. 이때 바른길을 가는 것을 정도(正道)라 한다. 정도(正道)의 모습이 보이지 않는 곳에서의 무형계 정도(正道)는 '자연'의 자연스러움의 성질을 지닌다. 보이는 것에서의 정도(正道)는 무형계의 이치를 따르는 것이 된다. 이치를 따르는 것, 그것은 자연스러움이 된다. 이러한 자연스러움에 따르는 이치를 바름(正)이라 한다. 바름(正)의 의미는 중용(中庸)을 실천하는 것인데, 현실에서 드러난 바른 목적에 대한 중용(中庸)은 공동체에서의 정도(正道)를 지키는 권도(權道)의 실현이 된다. 따라서 바름(正)의 의미는 중용(中庸)이자 정도(正道)의 실현이며, 바른 목적의 권도(權道)를 실천하는 것이라 할 수 있다.

반면에 바르지 않음(不正)이란? 바름(正)에서 벗어난 것으로, 경계를 벗어난 비정상적인 것이라 할 수 있다. 그러므로 바르지 않음(不正)은 치우침이 있는 편견이자, 도리(道理)에서 벗어난 사익의 추구와 나만을 위한 이기심과 일방적인 편안함을 추구하는 자로 볼 수 있다. 그러므로 바름(正)과 바르지 않음(不正)의 결과적인 상태를 살펴보면 다음과 같다. 바름(正)은 질서와 조화로 형성되는 것이며, 바르지 않음(不正)은 무질서와 부조화로 형성되는 것이다. 이러한 바름(正)은 사람이 보이지 않는 것과 보이는 것과의 화합이기에 천지인(天地人) 합일의 경지를 의미하게 된다. 바르지 않음(不正)은 천지인(天地人)의 무질서와 부조화이기에 갈등 및 혼돈의 상태가 된다. **바름과 바르지 않음의 관계**를 이끄는 자를 **형(形)**이 할 수 있는 것이며, 이 형(形)이 **보이지 않는 것과 보이는 것**을 매개하는 **매개자**가 된다. 이 매개자로 인해 천지인(天地人) 합일이 이뤄지는 것이며, 이때의 천인(天人)관계를 인내천(人乃天)의 경지로 살펴볼 수 **있게 된다.**

2) 공부를 하는 것인가? 자기의 모습의 투영인가?

주역은 크게 의리역과 상수역으로 나눈다. 의리역은 무형계의 참된 이치(眞理)를 밝히는 것이자 유형계에서 바름에(正) 입각한 선(善)과 의(義)를 근본으로 하는 원리를 드러내는 것이다. 상수역은 자신을 청결히 하여 근본에서 비롯된 점괘를 얻는 것이다. 이 두 가지는 주역이라는 책을 대하는 사람들에게 밝힌 기본적 개념에 대한 학습 태도이기도 하다. 이

기본적인 학습 태도를 밝혀 나가는 기본적인 의문 사항은, '자신은 누구인가? 우주는 무엇인가? 나와 우주 사이의 변화는 무엇을 나타내는가? 그 변화가 나타내는 것은 무엇인가? 무엇이란 것이 무슨 의미(뜻)를 갖는가?' 아니면 '무슨 의미인가?'란 그 뜻은 '무엇을 지칭하는가?'로 연결하게 된다. 이러한 연결로 인해 주역이 변화를 예측하는 예언서로 주목받는 것으로 생각된다.

주역의 진정한 모습은 진리(眞理: 참된 이치)의 모습을 투영한 것이다. 참된 이치의 모습은 순리(順理)로서, 도리(道理), 사리(事理), 조리(條理) 등으로 표현되는 것이기에 속이는 모습이 있거나 오류의 모습이 있으면 안 된다. 그러기에 사람은 자기의 모습을 있는 그대로 투영하는 자기를 바로 보는 것이 마땅한 것이 된다.

이런 의미에서 주역 공부란 문자를 해독하거나 지식을 탐구하는 것이 아닌, 자기를 다스려서 거짓이 없는 자신의 상태를 기준으로 주어진 문자를 해석하는 것이 된다. 이는 문자와 자신이 일치화를 겪는 과정이자 일치화된 그 결과에서 비롯되는 정견(正見)의 지혜가 발현되게 하는 것이다. 이렇게 발현된 지혜로 이 세상을 바른 세상으로 개선 혹은 개혁을 통해 조화로운 세상을 만들어 가는 과정의 표현이 심우도(십우도)에서의 동자와 같은 행위라 생각되기 때문이다. 그러므로 주역은 거짓 없는 자기 모습을 가지고 보는 것이 의리역이 되는 것이며, 상수역은 의리가 바탕이 된 문자와 점괘를 살펴보는 자기 공부이자 세상 공부라 할 수 있다.

3) 자기 모습을 투영한 문제 해결을 위한 관점

모든 문제는 문제 그 자체에 문제의 원인과 해결책이 깃들어져 있다. 다만 문제의 원인과 해결을 복잡하게 이끌어 가게 되는 것은 문제에 접한 당사자가 자기 개인의 상황이나 문제에 과도한 집착으로 몰두하다 보니 정견(正見)의 관점을 잃어버리는 현상이 드러난다. 이러한 정견(正見)의 관점 상실은 문제 해결의 실마리가 되는 것을 발견하지 못하거나, 해결책에 대한 확신이 없어서 의문을 제기하게 된다. 누구나 모든 문제의 해결을 위해서는 문제에 대한 과도한 집착에서 벗어나 제3자의 입장으로 문제점을 객관적으로 살필 줄 아는 것과 해결의 실마리를 찾기 위해 문제점을 멀리서 바라보는 것과 해결책에 대한 의문을 지니지 않게 하는, 보다 보편적이고 객관적인 시각이 필요한 것이다. 사람들은 간혹 잊고 지내는 것이 있다. 어떤 문제든 그 문제는 문제의 본원에 깊이 들어가 있는 당사자가 가장 잘 바라보게 되어 있다. 다만, 문제의 본원에 있는 그 사람이 자신이 처한 문제를 바라보는 시각이 자기의 주관적으로 보는 것에 자유롭지 못하기 때문에 문제의 해결책에서 멀어지게 되는 것이다. 자신이 처한 문제에 대하여 자유롭지 못한 사람은 시각이 주관적이기 때문에 이 관점의 문제를 해결하기 위해서는 보편적이고 객관성을 띤 시각을 가져야 한다. 만일 보편적이고 객관적인 시각을 터득하지 못한다면 당연히 문제에 대한 바람직한 해결이 쉽지 않게 될 것이다.

보편적이고 객관적인 관점을 지니고자 하는 노력이란 자기 모습을 투영한 정도에 따른 정견(正見)의 관점을 찾으려는 노력과 같은 것이다. 이 같은 관점을 찾으려는 자의 자기를 바로 보는 노력의 결과는, 그에게 있어서 정견(正見)의 관점에 다다를 수 있는 유일한 방법일 수도 있다. '정견(正見)!' 그것은 문제 해결을 위한 현실적인 대안의 실마리가 될 것이다. 이 같은 관점이 주역을 공부하는 사람들이 바라봐야 하는 바람직한 공부 방법의 시각이다. 만일 공부의 방법이 그렇지 않다면 그들에게 자기를 바로 보고 자기의 모습이 투영되도록 해야 공부가 바람직하다는 것을 알려 줘야 할 것이다. 저는 이 관점의 시각을 가지려는 자들을 통찰자 또는 관찰자로 부르고, 이 같은 정견의 시각을 가진 자를 표준 통찰자 혹은 표준 관찰자로 부르고자 한다.

4) 자기 모습을 투영한 이는?

우리는 형이상학(形而上學)이란 단어에는 익숙해 있다. 그래서 형이상(形而上)이란 단어가 쉽게 이해되는 듯하다. 그러나 형이하(形而下)란 단어에는 익숙하질 못해서 생소한 느낌이 든다. 다만, 웃자는 말로 세속에서 형이하(形而下)를 신체에서 허리 이하란 부분의 속어로 가끔 사용하기도 하지만, 이것은 형이하(形而下)의 의미와 전혀 다른 것이다.

이 형이상(形而上)과 형이하(形而下)란 단어는 주역(周易)의 계사전(繫辭傳) 상(上) 12장에 다음과 같이 기록되어 있다. '형이상자 위지도야, 형이하자 위지기야(形而上者 謂之道也, 形而下者 謂之器也.)'라는 이 문장에서 단어들의 구조를 살펴보면, 형(形)을 중심으로 형이상(形而上)과 형이하(形而下)를 묶어서 하나로 표현하면 상이**형**이하(上而形而下)로 문장을 재구성할 수 있다. 이때 형(形)은 상(上)과 하(下)를 매개하는 존재가 된다.

필자는 이 형(形)을 형상(形象)이 있는 것들로 보고, 그중에서 인식의 주체가 되는 대상 중 사람만을 형(形)으로 본 것이다. 이때의 형(形)의 역할은 인식 주체이자 인식 대상이 된다. 인식 주체로는 판단을 하는 자, 관찰을 하는 자가 되지만, 인식의 대상으로는 인식 주체자 자신이 인식 대상으로 자신을 살피는 자가 되기도 하지만, 다른 한편으론 인식 주체자 자신이 자신 이외의 상대적 대상들을 살피게 되기도 한다. 그리고 인식 능력이 있는 인식 대상들도 자신의 인식 능력에 따라 인식 대상들을 인식 주체로 살피게 된다. 이때 두 형(形)의 관계는 한쪽이 인식 주체자이면 다른 쪽은 인식 대상이 되는, 서로 엇갈린 관계가 만들어진다.

따라서 상이**형**이하(上而形而下)의 구조에서 상이형(上而形)은 형이상(形

而上)으로 그리고 형이하(形而下)로 구분해 살펴볼 수 있을 것이다. 이때 인식 주체로서 형(形)을 서술했듯이 형이상(形而上)의 상(上)은 앞서 인식 주체인 사람보다 위에 있는 문구로 상(上)을 해석하기도 하지만, 의미적 으로는 '보이지 않는 세계, 즉 무형계의 것'으로 순수하고 완전한 것, 절 대자, 신(神), 천(天), 법계(法界), 허공계(虛空界), 공(空) 등으로 성찰될 수 있 으며, 이들 모두의 표현을 無形界의 또 다른 표현으로 볼 수 있다.

인식 주체인 사람보다 아래에 있는 것(下)은 형상(形像)이 있는 것으로 사람과 동·식물(動·植物)과 광물(鑛物), 미생물 등 보이는 모든 것을 만물 (萬物)이라 부를 수 있는 것이며, 有形界의 존재로 표현되기도 한다. 따라 서 주역에서 자기 모습을 바르게 투영한 **인식 주체로서의 형(形)**은 무형 계(無形界)와 유형계(有形界)의 경계에 있는 **경계적 존재**이자 이 두 경계를 맺어 주는 역할을 해 주는 **매개자**가 된다. 이것을 유학(儒學)에서는 무형 계와 유형계의 두 경계를 형(形)이 매개하여 맺어지는 것을 **천인합일(天 人合一)과 천지인(天地人)의 조화를 이룬 자**로 표현할 수 있게 된다. 우리 는 천인합일의 상태를 깨달은 자라 하여 **도통(道通)한 자**라 말한다. 왜 냐하면 형이상자 위지도야(形而上者 謂之道也)라는 것이 형(形)으로서 상 (上)을 매개하는 것이지만, 매개자로서 도(道)를 깨달았다는 것은 상(上) 과 소통한 것을 의미하는 것이 된다. 이러한 도(道)의 세계를 깨달아 이 세계와 통한 자를 각자(覺者)인 깨달은 사람 혹은 도통한 사람이라 부른 다. 인간으로서 세상에 대한 의문에서 비롯되는 천인합일(天人合一)과 천 지인(天地人)의 조화 그리고 도(道)에 관한 이야기는 자기 모습이 전적으 로 투영된 세계가 됐을 때 바르게 이해될 수 있을 것이다.

인간과 짐승

5) 계사전의 상이형이하(上而形而下)에서의 이(而)는 무엇일까?

　주역 계사전상 12장의 형이상자 위지도야, 형이하자 위지기야(形而上者 謂之道也, 形而下者 謂之器也)에서 형(形)은 상(上)과 하(下)를 아우르는 존재 이자 형상(形象)이 있는 것 가운데 자기를 바로 본 자로서, 인식 주체가 되는 존재로 표현했다.

　인식 주체로서 자기를 바로 본 자만을 형(形)이라 하고, 인식 대상을 바르게 살필 줄 알게 될 때 그를 표준 관찰자로 부를 수 있다. 표준 관찰 자로서 이 형(形)은 스스로가 자신에 대한 인식 주체이자 인식 대상이 되기도 한다. 좀 더 구체적으로 표현하면 인식의 주체자로서 형(形)은 보이지 않는 어떤 것, 즉 상(上)이라 표현될 수 있는 것과의 관계를 형이상 (形而上)의 이(而)로 연결을 맺고 있다. 아마 이때의 이(而)는 외형적 관계가 아닌 내재적 관계로서의 형(形)과 상(上)인 무형계(無形界)로 이어지는 관계적 표현을 나타낸 매개적 표현이다. 이러한 형(形)이 인식 주체로서 가지는 상(上)과의 관계에 따른 내재적 의미는 바름(正)에 입각한 선(善) 이 된다. 그러므로 이 선(善)을 다른 표현으로 하면 바름(正)이 된다. 인간으로서 무형계와 통로는 바름(正)을 따르는 것으로, 양심에 어긋남이 없는 맑은 영혼과 동일시되는 내재적 선(善)이 된다. 그러나 인간의 마음은 세속에서 많은 변화가 발생할 수 있다. 이러한 인간의 마음이 한곳에 머무른다면(一止) 그것은 고요하고 적막한 그곳으로 선(善)에 머무르는 것이 된다. 이러한 머무름은 正(바름)이 되는 것이고, 이 正(바름)이 나를 지향을 하게 될 땐 자기를 바로 보아야 하는 것이고, 자기를 바로 보는 것이 성공적이었을 때 나의 내면적인 선(善)이 외부 세계로 드러나게 되어 외재적 관계인 의(義)로 표출되는 것이다. 이때의 의(義)는 형이하(形而下) 의 이(而)로 나타나는 행위의 관계적 의미라 할 수 있다.

6) 而가 내적으로는 善이고 외적으로는 義이니

형이상자 위지도야, 형이하자 위지기야(形而上者 謂之道也, 形而下者 謂之器也)에서 이(而)가 형이상(形而上)에서 형(形)을 중심으로 상(上)과의 관계는 내재적으로 선(善)이 되고, 형이하(形而下)에서 하(下)와의 관계는 행위적 개념이 되는 외적 관계로는 의(義)가 된다. 이러한 선(善)과 의(義)를 실천하는 사람을 형(形)으로 본 것인데, 사서(四書) 중 한 권인 맹자에서 의(義)를 실천하는 것을 천형(踐形)으로 표현하고 있다. 내재적 선(善)과 외재적인 의(義)를 실천하는 사람으로서 천형(踐形)의 의미는 개인에게는 자기완성(自己完成) 혹은 개체완성(個體完成)으로 도(道)를 드러내 보여 주는 **개체성**이며, 한 개체가 도(道)를 드러낸 자가 되어 다른 것들과의 전체적인 조화를 이룩하는 것을 '덕(德)을 쌓는다.'라는 것으로 표현되는 함축된 의미라 할 수 있다. 그러므로 개체로 자기 완성자는 스스로 자기를 바람직하게 볼 줄 아는 자이며, 다른 상대와 조화를 실현하는 전체적인 완전성인 **전체성**을 획득한 사람이 된다. 유교에서는 이런 사람을 성인(聖人) 혹은 군자(君子)의 의미를 지닌다. 그러므로 사람으로 태어나 살펴본 성인(聖人)의 의미는 우리가 지향해야 할 지향점이지만, 이 지향점은 전혀 도달하기 불가능한 것이 아니다. 다만 이 지향점을 달성하기 위해서는 다소의 시간과 어려움이 따를 뿐, 개인적으로 특별한 능력이나 선천적인 어떤 것이 요구되는 것이 아니다. 성인과 군자는 우리가 살아가면서 지향하는 것이기에 우리는 성인(聖人)을 지향하는 과정적 존재(過程的存在)라 말할 수 있다.

그렇다면 성인(聖人)이 갖는 진정한 의미는 자기를 바로 보고 자신이 처한 상황 속에서 타인이나 상대의 것들과 자연스러운 조화를 구현하여 현재와 미래를 꾸려 나가는 **개체적 전체적 완전성**을 지닌 사람이 된다. 우리는 이러한 사람을 **도덕적인 사람**이라 하고, 도덕적인 사람으로 공동체 일원이 되니 공동체의 모든 것과 질서에 맞아 조화를 이루는 삶이 되는 것이다.

결과적으로 성인이란, 자기를 바로 보고 상대와의 바람직한 관계를 지니게 되는 도덕적인 사람이라 할 수 있다. 이는 자신을 속이지 않으면서 상대와의 관계 역시 바람직한 관계를 맺기 위한, 거짓이 없는 솔직한 의사소통을 맺는 관계를 이루어 나가는 것 외에 그 어느 것도 아니다. 성인으로서 바라본 이(而)의 의미는 매개자가 상(上)과의 내적 관계를 맺는 것으로 선(善)한 관계로 표현할 수 있지만, 하(下)와의 관계는 외적 관계로 의(義)를 실천하는 관계로 살펴볼 수 있다. 이 두 관계를 일괄하여 바름(正)의 관계로 말할 수 있는 것이다.

7) 보는 자의 정당한 판단 근거 확보하기

인식 주체(認識主體)가 보는 자로서 모든 주변의 것을 바르게 이해하기 위해서는 반드시 선행되어야 할 것이 있다. 그것은 보는 자가 모든 주변의 것을 살피거나 파악할 때 보는 자의 판단이 정당하다는 판단 근거를 확보해야 한다. 여기서 '정당하다.'라는 판단 근거를 확보하기 위해서는 보는 자(살피는 자)로서 자기의 보는 능력이 바르게 확립되었을 때만이 정당성 확보가 가능하다. 이것은 자기의 '보는 능력'이 바르게 확보되었다면 그의 모든 주변의 것에 대한 정당한 이해의 척도가 바르게 형성될 수 있게 된다는 의미이다. 따라서 모든 주변의 것은 보는 자의 정당한 이해의 척도 수준에 따라 정당한 의미의 인식 수준의 정도가 결정될 것이다. 만일 자신이 갖는 '보는 능력'의 시각이 100%의 정당한 시각이라면 그의 보는 시각적 수준 정도가 100%이겠고, 70%의 정당한 시각이라면 그의 보는 시각적 수준 정도가 70%에 해당되는 것이다. 이는 누군가 자신의 권리를 획득하려는 태도에 따라 자신의 권리 정도를 획득해 가져가는 것과 같은 것이다. 의무와 달리 권리의 획득은 능동적인 자세를 갖는 사람일수록 자신의 권리를 100% 혹은 100%에 가깝게 가져갈 수 있기 때문이다.

이런 이유에서 보는 자(인식 주체자)는 자신의 이해 능력 정도에 따라 인식 대상이 보여지게 되는 정도로 대상을 이해하게 된다. 아울러 보는 자의 인식 범주도 바로 볼 줄 아는 정당한 시각의 정도에 따라 결정하게 될 것이다. 그러나 사람들 대부분은 인식 범주가 정확하지 않고 불안하기에 자신이 인식 주체가 되었을 때, 상대가 거짓이 없는 사람이라면 그의 솔직한 정도에 따라 인식 정도를 갖게 되기에 불신보다는 열린 마음으로 상대를 대하는 것이 바람직할 것이다. 따라서 판단 근거의 확보는 자신의 측면에서는 자기를 바로 본 정도에 있는 것이고, 인식 대상인 상대에 대해서는 그가 거짓 없는 솔직한 태도에 따라 보여 주는 정도로 결정된다고 볼 수 있다.

8) 보는 자로서 개체성을 이룬 것이란?

보는 자로서의 인식 주체는 자신이 지닌 보는 능력(인식 범주, 인식 영역)의 정도에 따라 인식 능력을 확보하게 된다. 보는 자로서의 인식 주체는 자신이 볼 수 있는 능력(인식 범주, 인식 영역)만큼과 나에게 상대가 보여 주게 되는 만큼으로 상대를 인식하게 된다. 그러므로 인식 주체는 모든 주변의 것들이 자신에게 보여 준 정도만큼만 주변의 것들을 모사(模寫)하게 된다. 이러한 인식 주체로서 보는 자는 자신의 보는 인식 범주 능력에 따라 보이게 되는 인식 대상의 것들을 자신이 처한 현실의 상황 속에서 자신과 관계하는 모든 것에 따라 보여지게 되는 것에 대한 관계를 맺게 된다.

현실 속 상황에서 인식 주체이자 판단의 주체는 일정한 정위(定位: 정해진 자리)를 갖게 된다. 보는 자로서 인식 주체는 인식 주체가 갖는 정해진 자리와 마찬가지로 보여지는 대상들도 그들의 정위에 따른 각각의 자리를 갖게 된다. 보여지는 대상들은(個體들은) 각기 고유한 개체로서 다른 것들과 정위(定位)될 때, 인식 주체와 대상들은 서로가 정위된 그 자체로서 관계를 맺게 된다. 이러한 관계는 인식 주체와 인식 대상들 사이에 두 가지 역할에 맞는 관계가 이뤄진다. 첫째는 서로 간 조화로운 관계로서 순리에 따른 관계를 형성하게 된다. 둘째는 서로 간 부조화의 관계로서 무질서의 관계 형성을 하게 된다. 이러한 관계를 갖는 것은 각각의 고유한 각기성(各氣性: 각각이 기질을 지닌 성질: 각자 다른 개성)이나 개체성(個體性)을 지닌다. 이중 인식 주체인 보는 자가 각각의 것들과 조화로운 관계를 이룰 때, 보는 자와 각각의 것은 진정한 개체성을 완성한 이들이 바람직한 관계라 할 수 있다. 불교적으로 이들은 견성(見性)을 이루어 주변과 바람직한 관계를 바탕으로 조화로운 관계를 맺는 것으로 표현할 수 있다. 다시 말해, 상구보리와 하화중생을 이룬 것이 된다.

9) 보는 자와 보이는 자와의 조화란

보는 자는 보이는 자들과 조화로운 관계를 통해 서로의 개체성을 유지하게 된다. 이처럼 보는 자(인식 주체이자 한 개체)가 자신이 보는 인식 능력에 따른 자(인식 주체자)로서 개체성을 지닌 다른 보는 자들과 상황에 따라 바람직한 관계가 형성될 때, 이들 모두가 각각이 자연스럽게 조화를 형성하게 된다. 이때의 보는 자와 다른 보는 자의 관계는 거짓이 없는 솔직한 관계가 된다. 반면에 인식 능력이 없는 개체(보는 자처럼 관찰할 수 있는 능력이 없는 것들)들은 단지 인식 주체와 함께 있다는 것(존재하는 것)으로 자연스러움을 지니게 된다. 그렇다면 보는 자(인식 주체자)가 바람직한 결정을 할 수 있다면, 인식 능력이 없는 개체들과 보는 자는 전체적인 조화를 자연스럽게 이루게 된다. 인간이 자연과의 합일(조화)을 이루려면 인간은 어떻게 해야 하나. 인식 주체인 인간과 인식 대상인 자연이 바람직한 관계 설정을 해야 한다. 그러나 인간이 자연과 적대적 또는 대대적 대응 관계를 이루면서 살아가려 한다면 자연은 언젠가 감당할 수 없을 정도의 커다란 피해를 인간들에게 입히게 될 것이다. 왜냐하면 인간이 자연 순응적인 태도나 자연과의 조화를 형성하는 것이 아니라, 인간이 인간을 위한 도구와 수단으로 자연을 활용하기 때문에, 자연은 시간이 지남에 따라 인간으로 인해 다양한 형태의 피해를 입은 정도만큼이나 그들에게 피해를 돌려주게 될 것이다. 이는 인간의 이기적인 욕심이 자연과의 부조화를 발생시키게 된 결과를 그대로 되돌려받는 것이 된다. 자연과의 부조화의 발생은 가까운 미래에 인간에게 부메랑이 되어서 자연으로부터 인간은 욕심을 부린 만큼의 피해를 입게 될 것이다. 그러나 만일 인간이 보는 자(인식 주체자)로서 자연과 조화를 이루어 나가는 자가 된다면, 인식 주체자로서 천지인이 하나 되는 선도적인 사고를 통하여 자연과의 합일점을 찾게 될 것이다. 인식 주체자인 인간이 자연의 질서를 따르는 자연의 일원으로 조화를 찾는 천지(天地)의 매개자로서 자리를 잡는다면, 인간과 자연은 영원히 존속해 갈 수 있는 영리한 생명체로 자리매김할 수 있을 것이다.

현재까지 존재해 온 서구의 인문학은 인간들만의 이익과 편리함을 추구하려는 좁은 소견으로 인해 자연을 도구화만 하였다. 자연을 도구화만 하던 인간이 끝내 자연과 조화를 함께하지 못하게 된다면 자신을 크게 망치게 될 것이다. 이러한 망침은 개인뿐만 아니라 가족, 사회, 국가, 세계, 우주를 망치게 되는 광범위한 것으로 전이(오염)될 위험성도 있다. 오늘날과 같이 진행되는 인간의 조화 작업으로는 자연과의 조화보다 자국의 이익을 우선하는 것이 선행되기 때문에 정상적인 자연과의 조화를 이루기가 어렵게 된다. 인간과 자연과의 조화는 인간을 위한 실리를 따지며, 조화를 구현하기엔 너무 늦은 감이 있다. 그러므로 인간과 자연의 조화는 입으로 말하는 것보다 인간의 이익을 따지기보다 당장 천지인이라는 통합적인 조화를 추구하는 행동으로 천지인의 관계를 무조건 실천해야 한다. 지금까지 인간이 자연을 도구로 활용한 행위로서 실천된 것의 결과를 보면 한편으로는 잘된 것도 있으며, 다른 한편으로는 잘못된 것이 있을 것이다. 그러나 인간이 자연에서 실천된 실행 결과가 나온 것을 살핀 후, 실행 결과에 따른 결실의 의미에 따라 조화를 추구하면서 살려 나가도록 해야 하고, 부조화가 발생하면 조화에 맞게 관계를 개선해야 할 것이다. 왜냐하면 관계 개선이란, 더 나은 곳으로 나아갈 수 있는 길이 되기 때문이다. 그러므로 실천을 통한 관계 개선 작업은 인간이 자연과 더불어 조화를 이루되 더욱더 긍정적으로 조화를 실천할 수 있게 됨을 말하는 것이다. 보는 자로서 인간과 더불어 보이는 자로서의 자연의 조화는 현재의 삶과 미래 세대를 위해 생각한다면, 지금 당장 이들 간에 조화를 이룩하며 상생의 의미를 갖도록 실천해야 할 심각한 문제인 것이다. 인간이 자신만의 이익으로 인해 시작된 잘못된 행위로 인한 자연의 균형을 파괴하는 것은, 그것이 인간의 이익으로 돌아오는 것이 아닐 것이다. 왜냐하면 인간만을 위한 이기적인 행위가 더욱더 인간에게 큰 피해로 다가올 수 있기 때문이다. 따라서 인간만을 위한 이기적인 행위는 절대적으로 하면 안 되는 행위가 되는 것이다.

10) 유형계(有形界)에서의 형(形)의 의미란?

모든 보는 자와 보이는 자들로서의 인간(사람)은 다른 모든 것(개체)들과 마찬가지로 유형계(有形界) 내에 고유한 성질인 **개체성**을 지니고 산다. 이러한 개체성을 지닌 존재(存在)의 모습은 매우 독특하게 **형(形)**이란 존재의 모습으로 드러나고 있다. 형(形)의 존재의 독특한 모습 중 하나로는 다름 아닌 주역(周易) 계사상(繫辭上) 12장(十二章)의 '형이상자 위지도야, 형이하자 위지기야(形而上者 謂之道也, 形而下者 謂之器也)'라는 문구에서 찾아볼 수 있다고 했다.

왜냐하면 형이상(形而上)과 형이하(形而下)에서 나타내는 형(形)의 의미가 **사람(人間: 인간)을 포함한 형상이 있는 개체(個體: 보는 것과 보이는 모든 것)**를 모두 표현한 것이기 때문이다. 전체적으로 볼 때 형(形)의 의미는 개체들의 개체성을 의미하게 되지만, 개체 중 사람(人間: 인간)은 내적으로는 양심적 의미를 지니며, 외적으로는 인식 대상이자 인식 행위의 주체가 된다. 사람(인간)으로서의 형(形)은 내적으로는 자신과의 관계로 **내재적 관계**를 형성할 수 있지만, 외적으로는 다른 것(타자)과 **외재적 관계**를 형성하게 된다. 인간으로서 자기와의 관계는 **선(善)**으로 표현되는 내적 관계이지만, 타자들과의 관계는 외부로 드러나는 관계로서 **의(義)**를 형성하는 외적 관계라 할 수 있다. 그러므로 유형계에서 형(形)의 의미는 첫째는 모든 형상이 되는 것이고, 둘째는 사람으로서 인간이 상(上)과 하(下)를 매개하는 매개자가 된다.

11) 주자와 한퇴지에 따른 형(形)이 지닌 의미

형(形)의 구체적인 개념을 주자(朱子)와 한퇴지(韓退之)의 표현에 따르면, 첫째, 주자는 형(形)을 산천동식지 속(山川動植之 屬)으로 정의하였다. 이는 형(形)이 무생물(無生物)과 생물(生物)로 분류되어 무생물(無生物)은 산천(山川)의 의미인데, 광물(鑛物)로, 생물(生物)은 식물(植物)과 동물(動物)로

인간과 짐승

구분하였다. 그리고 동물(動物)은 인간(人間)과 인간(人間) 이외의 동물(動物)로 분류된다. 여기서 인간(人間)은 내적으로 자신을 통찰하는 자기 통찰자 또는 내적 통찰자와 자기 이외의 통찰자인 외부 또는 외적 통찰자로 구분할 수 있게 된다. 이때 **자기 통찰자(내적 통찰자)**는 **양심적 통찰자**와 **비양심적 통찰자**로 나누어지며, **자기 이외의 통찰자(외적 통찰자)**는 **일반 통찰자**와 **표준 통찰자**로 나누어진다.

자기 통찰자(내적 통찰자) 중 양심적 통찰자와 자기 이외의 통찰자(외적 통찰자) 중 표준 통찰자는 모든 이들이 공감할 수 있는 **자기를 바로 본 자**가 되어 **자신을 통찰한 자**가 된다. 이렇게 통찰할 수 있는 자는 통찰된 자기 모습을 **판단의 근원처(기준)**로 삼아서 자신이 판단할 모든 대상의 것을 판단하게 된다. 이처럼 **자기 모습을 판단의 근원처(기준)**로 삼는 통찰자를 **자기를 바로 본 자**인 **표준 통찰자** 혹은 **표준 관찰자**이자 **표준 판단자**로 이름 붙일 수 있을 것이다.

이것을 쉽게 설명한다면 인간은 다음 두 형태로 표현할 수 있다.

첫째는 사람은 보는 자로서 **인식 주체**가 되는 하나이고, 또 다른 하나는 보이는 자 또는 보임을 당하는 자로서의 **인식 대상**이 된다. 이때 사람이 보는 자인 인식 주체라면, 그는 자기 자신과 자기 이외의 인식 대상들을 통찰하게 된다. 이러한 통찰을 하는 통찰자 중 보는 자인 인식 주체로서 **자기에 관한 통찰**을 양심적으로 실천해 나가는 **양심적 통찰자**와 자기 이외의 보임을 당하는 것들인 **인식 대상에 대한 통찰**을 주관적 편협함이 아닌, 누구에게나 양심적이고, 보편적이며, 객관적인 바른 관찰을 할 줄 아는 **표준 통찰자**가 있다. 그러므로 양심적인 통찰자와 표준 통찰자는 바람직한 판단을 내리게 되는 **표준 판단자**가 되는 것이다.

둘째는 한퇴지는 주역(周易)에 기초하여 "형이상(形以上)에 있는 것을 천(天)이라 하고, 형이하(形以下)에 있는 것을 지(地)라 표현하며, 명(命)을 받아 그 사이에 있는 것을 사람(人)이라 한다. 그리하여 형이상(形以上)에 있는 일월성진(日月星辰)은 모두 천(天)이고, 형이하(形以下)에 있는 산천초목(山川草木)은 모두 지(地)이니, 명(命)을 받아 그 사이에 있는 이적금수(夷狄禽獸)는 모두 인(人)이라 하여 사람과 사람 이외의 동물이다."라고 하였다. 따라서 형(形)이 지닌 두 가지의 구체적인 의미는, 하나는 주자의 포괄적인 의미의 형(形)과 또 다른 하나는 한퇴지가 지적한 "명(命)을 받아 천지(天地) 사이에 있는 오랑캐와 날짐승과 짐승 모두와 사람"이 형(形)이라 하였으니, 이것은 마치 하늘과 땅 사이에 스스로 움직이는 만물(萬物=物體)들로서 오랑캐와 날짐승 그리고 짐승 모두와 사람이라 표현하는 것이 된다. 이는 **인(人)**이 천지 사이의 동물(天地之間 動物)로서 **이적금수(夷狄禽獸)**와 **사람(人)**으로 표현한 것이다. **앞서 있는 인(人)**은 전체적인 동물을 말하는 것이고, **뒤에 있는 인(人)**은 단지 **사람**을 뜻하는 것이 된다.

주자와 한퇴지에게 있어서 형(形)의 의미는, **주자**는 넓은 의미로 **사람이 내포된 산천동식지 속(山川動植之 屬)**이라 보았고, **한퇴지**는 좁은 의미로 **사람이 함유된 이적금수(夷狄禽獸)**로 본 것이다. 이 두 사람은 사람(人)이 동물에 속하면서 이적금수(夷狄禽獸)의 하나로 본 것임을 알 수 있다. 또한 이들은 사람이 사람다울 때와 그러한 **사람**이 공동체의 일원으로서, 사람이라면 그와 같은 사람은 **인간(人間)**이 된다는 숨은 의도도 살펴볼 수 있는 것이다. 이때의 인간이 만물의 영장이라는 의미에 맞게 되는 것이고, 사람으로 태어났다고 모두가 만물의 영장이 되는 것이 아니다.

12) 형(形)은 지(地)를 내포하며 모든 물상(物象)을 나타내는 언표(言表)일 뿐

필자가 쓰고 있는 주역에 관한 글은 그동안 주역을 접하여 공부하던 분이라면, 필자의 관점이 그동안 공부를 하였던 주역과는 관점이 다를

인간과 짐승

수도 있을 것이다. 그렇지만 광의의 의미로서 넓게 바라본다면, 필자의 주역 이야기도 많은 다른 책에서 기술했던 주역 이야기 중 하나일 뿐이다. 그런 의미에서 한퇴지의 형(形)이 지(地)를 내포하는 것에 대해 알아보기로 한다.

한퇴지의 "원인(原人)"에 따르면 지(地)는 초목산천(草木山川)이라 하였다. 여기서 초목(草木)은 의미상 산(山)을 안으로 머금지(內含: 내함) 못하지만, 산(山)은 의미상 초목(草木)을 내포(內包)하고 있다. 그래서 초목(草木)을 구체적으로 지시하지 않고 산(山)만을 말해도 초목(草木)이란 의미가 내포(內包)되지만, 산(山)을 벗어난 초목(草木)을 의미할 때는 한 식물로서 지시되어 표현되는 것으로 볼 수 있다. 이러한 이유로 초목(草木)은 산속에 있는 초목이 아닌 것으로, 산이 아닌 다른 곳에 존재하는 초목으로 생각할 수 있다. 그러므로 지(地)의 개념 속에 내포된 포괄적 의미로 지칭되는 식물이 초목(草木)이 된다.

한퇴지가 표현한 지(地)의 개념도 주자(朱子)가 표현한 "형(形)의 의미로서 산천동식지속(山川動植之屬)"에서 그의 일부가 된다. 그러므로 주자가 표현한 형(形)은 한퇴지의 지(地)의 개념인 초목산천(草木山川)보다 넓은 의미로 이해할 수 있다. 이 의미를 한퇴지(韓退之)의 분석에 따르면 형(形)은 사람(人)과 지(地)가 내포하고 있는 모든 **"물상(物象)을 나타내는 언표(言表)"**로 나타내고 있다. 따라서 이 두 사람이 언급한 형(形)의 의미는 같은 의미임을 알 수 있는 것이다.

13) 상(象) > 형(形) > 물(物)의 층 차적 형식과 이 내용의 의미란?

주역에서 형(形)은 형이상(形而上)과 형이하(形而下)의 매개체이자 상과 하로 표현되는 무형계와 유형계의 두 영역에 대한 도(道)와 기(器)를 아우르는 자가 된다. 이러한 형(形)의 의미를 순수한 글자 뜻(字意)에 근거해 살펴보면 '나타날 形, 드러날 形, 꼴 形, 형상 形'의 네 가지 의미 가운데 두 가지씩 어우러지는 의미를 살필 수 있다.

하나는 '나타날 形'과 '드러날 形'으로, 또 다른 하나는 '꼴 形'과 '형상 形'으로 구분하여 살펴보면 앞의 '나타나다, 드러나다'의 '形'의 의미는 내적(內的) 의미로 볼 수 있으며, 뒤의 '꼴, 형상'의 '形'의 의미는 외적(外的) 의미로 구분해 볼 수 있다. 먼저 '나타나다, 드러나다'의 의미는 **숨은 것을 드러내는** 내적인 것이고, 다음으로 '꼴, 형상'의 의미는 **드러나 있는 모습**인 외적인 표현으로, 만물(物)의 의미로 표현된다.

주자(朱子)에 의하면 상(象)을 지전체이언(指全體而言: 전체를 지칭하는 말)으로서 전체를 지시한 단어(글자)로 사용하고 있다. 이 의미는 주역 계사전 상(周易 繫辭傳 上) 1장과 2장 그리고 3장에서 더 자세히 살펴볼 수 있다. 이를 살펴보면,

1장에서는 상(象)이라는 것은 해, 달, 별이 속하는 것(象者 日月星辰之屬),

2장에서는 상(象)이라는 것은 만물의 닮은꼴(象者 物之似也),

3장에서는 상(象)이라는 것은 전체를 지칭하여 말하는(象者 指全體而言).

이 의미가 계사전 상권 5장(繫辭傳 上券 5章)에선 象을 이루는 것을 乾(成象之謂 乾)이라 하고, 계사전 상권 10章에선 그 수를 지극히 하여 '마침내 천하의 상을 정하였다(極其數하여 遂定天下之象)'라 하였다. "그런 까닭에 상(象)이란 성인이 천하의 은미함을 살펴봄으로써 그 형용(形容: 모양)을 헤아려 그 만물(物)의 마땅함을 본뜬 것이다. 그런 까닭에 상(象)이라 **이른다.**" 하였다.

이와 같은 상(象) 속에 형(形)의 의미가 포함되며, 형(形) 속에는 물(物)로서 지(地)와 인(人)의 의미가 내포되고, 지(地)에는 초목산천(草木山川)의 의미가, 인(人)에는 이적금수(夷狄禽獸)의 의미가 내포된 층 차적 포함 형식을 나타내고 있다.

인간과 짐승

그러기 때문에 주역에 나타난 상(象)과 형(形)과 물(物)과의 크기에 따른 관계적 언어표현은 의미상 "상(象) ＞ 형(形) ＞ 물(物)"의 의미를 지닌 각기 다른 크기의 범주로 구분하여 나타낼 수 있다. 이것을 공자(孔子)는 "성인(聖人)이 상(象)을 세우는 데 뜻을 극진히 하며, 괘(卦)를 풀어서 정위(情僞)를 극진히 하여 말(辭)을 맨 것이다."라는 것으로 '극진히'란 표현으로 의리역(義理易)의 개념을 표현하였고, 상을 세우고 괘를 풀어서란 표현으로 상(象)과 괘(卦)를 보는 상수역(象數易)을 드러내고 있다. 이것은 곧, 뜻을 극진히 한다는 것은 '궁리(窮理)를 하는 것'이기에 의리의 바름(正)을 나타내는 것이 된다. 그리고 이것으로 괘를 풀어 참다운 본성을 말로 나타낸 것이라 한 것이다.

14) 인식 주체와 인식 대상으로서의 형(形)이란?

성인(聖人)을 지향하는 **과정적 존재로서의 형(形)**은 인식론적으로 어떻게 설명될 수 있는가? 모든 형상적 존재 중 별도의 형(形)은 사람이라 할 수 있다. 별도의 형(形)은 다음과 같이 살펴볼 수 있다. '형(形)이란 사람(人)인 한 개체로서의 자신의 의미를 상황 속에서 자신의 상황을 드러내 보이는 존재'이다. 이러한 존재의 형(形)은 사람(人)으로서의 인식론적인 의미는, 보는 자로서의 인식 주체와 보이는 자로서의 인식 대상인 두 역할로 구분할 수 있다. 먼저 보는 자로서의 인식 주체자 역할을 살펴본다면,

"보는 자로서 어떤 한 개체(個體)가 갖는 인식 대상은 인식의 주체자로서 스스로 자기의 인식 체계(사유 체계)의 대상을 바라보며 인식하는 것이고, 다른 한편은 다른 바라보는 자인 인식의 주체자에 의해 자신을 보임 당하는 대상으로 인식 규정지어지는 상대적인 인식 대상으로 볼 수 있다."

여기서 보는 자인 인식 주체에 의해 "보임을 당하는 인식 대상으로 규정지어지는 상대적인 인식 대상"이란, "모든 인식 주체에게 인식 대상으로서 존재하는 산천동식지속(山川動植之屬)"을 의미한다. 따라서 인식 주체인 형(形)으로서 보임을 당하는 인식 대상으로서의 산천동식지속(山川動植之屬)의 의미는 '있는 것 그 자체(自體)'로 보여 주는 인식 대상으로만 보이게 된다. 이렇게 자연스럽게 인식되고 있는 산천동식지속(山川動植之屬)은 보임을 당하는 그 자체의 의미로 놓여 있는 것과 같다. 그러나 주자가 주돈이(周敦頤)와 태극도설을 논하는 과정에서 인간은 '오직 사람만이 그 빼어난 기를 얻어서 가장 신령스럽다(惟人也, 得其秀而最靈)'라고 하였다. 주자는 가장 빼어나고 신령스러운 것을 순수하고 지선(至善)한 성품이니, 이는 이른바 태극(太極)이라고 하였다. 누구든 보는 자로서의 인식 주체가 되면 나는 나 자신에 대해서도 스스로가 바로 보려는 인식 대상이 되기도 한다. 그리고 자신이 아닌 다른 인식 주체인 인간들에게도 인식 대상이 된다. 이때 인식 주체로서 자기 자신을 인식 대상으로 살펴보는 것은 자기를 바로 보는 솔직한 태도로 자신의 문제를 바로 보는 것이기에, 인식주체인 자신과 인식 대상인 자신에 대해 일치점이 최고 100%까지 형성될 수 있다. 이러한 것을 우리는 자기를 바로 보는 사람이라고 한다.

반면에 인식 주체로서 자기 이외의 인식 대상이 되는 것은 사고(思考)를 하지 않는 인식 대상이라면, 산천동식지속(山川動植之屬)과 같이 그 자체로 존재하는 광물과 같은 모습 그대로 인식 주체에게 투영된다. 반면에 사고(思考)를 하는 인식 대상이라면, 인식 주체와 인식 대상이 거짓이 없는 솔직한 상태라면 인식 주체에게 투영되는 것 그대로 100% 인식하게 된다. 그러나 인식 주체와 인식 대상이 되는 양측이 서로에 대한 인식 주체로서 서로를 인식 대상으로 판단하는 경우가 있게 된다. 이럴 때 이들이 인식 주체로서 서로가 솔직하지 못한 사례가 있을 수 있다. 또한

인간과 짐승

인식 대상으로서의 인식 주체만이 솔직하고, 인식 대상인 상대가 솔직하지 않게 나온다면 인식 주체가 솔직하지 않은 인식 주체를 신뢰하지 못하게 되어 인식 주체자의 선택에서 상대와 함께하는 모든 것을 불신하게 될 것이다. 왜냐하면 인식 주체에게 들어오는 정보가 인식 대상의 거짓된 정보가 주입되기 때문에 인식 주체의 입장에서는 불신의 결과를 발생할 수 있게 되기 때문이다. 그리고 양측의 인식 주체가 서로 솔직하지 않은 상태로 거짓을 행한다면 인식 주체들은 서로를 판단하는 기준들이 바르게 형성되지 않아 솔직하지 않은 정보로 인해 서로 갈등과 다툼으로 인해 불신과 부조화가 극대화될 것이다. 이는 인식 주체와 인식 대상의 결과가 어떻게 반응하느냐에 따라 상황은 다르게 나타난다는 것을 보인 것이다. 첫째는 인식 주체와 인식 대상이 거짓이 없는 솔직한 정보를 제공한다면, 이들이 살고자 하는 사회는 정직하고 정의로운 사회를 형성하게 된다. 둘째는 인식 주체만 거짓이 없는 솔직한 자라면, 인식 대상의 거짓으로 인해 바르지 않은 관계로 발전할 수 있기에 공동체는 불공정과 부정의(不正義)한 사회를 형성하게 될 것이다. 셋째는 인식 주체와 인식 대상 모두가 솔직하지 않게 된다면, 불신이 극에 달해 갈등과 분란, 분쟁과 다툼으로 인한 싸움에서부터 전쟁이라는 큰 틀로 확산할 수 있을 것이다. 결국 솔직하지 못함은 개인의 사사로운 작은 다툼에서부터 국가 간의 전쟁으로 확산할 가능성을 가져다주는 것이 될 것이다.

인식 주체와 인식 대상의 다양한 모습으로 알 수 있는 것은 다음과 같다. 거짓이 없는 올바른 인식 주체들은 바람직한 공동체를 형성하기 위해 인식 대상의 거짓에 대한 잘못을 바로잡으려 노력하는 과정에서 갈등과 다툼이 극대화가 될 수 있다. 이는 인식 주체와 인식 대상 중 어느 한편이 솔직하지 않게 되면서 불신으로 인한 공동체는 삶의 터전이 인간과 짐승들의 전쟁터가 되어 갈 것이다. 최악의 공동체로 보이는 현상은 인식 주체나 인식 대상 모두가 솔직하지 않고, 양측 모두 거짓이 난무하게 되면 공동체는 무너지게 되는데, 이는 마치 짐승과 악마들이 살아가는 무시무시한 정글과 같은 무법천지가 될 것이다. 무법천지의 세계에서는 법의 공정함이 이미 사라지고, 도덕과 윤리가 없는 동물과 짐승 그리고 악마의 세상이 되게 되어 솔직한 사람이 많은 좌절을 하게 되고 피해도 입게 될 것이다.

사람으로서 형(形)의 의미는 단순히 인식 주체도 되고 인식 대상도 될 수 있다. 이때는 사람이 솔직함과 거짓이 뒤범벅된 상태의 시기라 할 수 있다. 그러나 **인간**으로서 형(形)을 말한다면 인식 주체가 되었을 때나 인식 대상도 되었을 때나 이들은 거짓이 없는 솔직한 태도를 지닌 자들의 모습이기에 표준 관찰자, 표준 통찰자, 표준 판단자가 된 바람직한 상태의 모습이라 할 수 있다.

15) 인간으로 사시겠습니까?

사람이 사는 곳에서는 언제나 인식 주체와 인식 대상이 존재한다. 그러나 인식 주체가 인식 대상을 판단하듯이, 인식 대상이 사람일 때는 이 인식 대상이 다른 인식 주체로서 상대를 인식 대상으로 판단하는 상황이 발생한다. 이러한 상황들은 인식 대상이 인식 주체를 인식 대상이 되는 인식 주체로 판단하게 된다. 이처럼 사람은 인식 주체가 되는 인식 주체와 인식 대상이 되는 두 가지 모습을 가지게 된다. 따라서 사람의 경우, 서로가 인식 주체이기도 하고 인식 대상이 된다. 이것은 공동체 일원으로 살아가는 사람들이 대부분 겪고 있는 사람들의 일상적인 모습이다. 이러한 모습은 인간과 사람의 관계가 되고 있으며, 또한 사람과 사람의 관계에서 나타나고 있는 사람으로 태어난 자들의 다양한 현실을 대하는 태도이자 현실의 모습인 것이 된다. 형(形)으로서 보는 자로서 인식

인간과 짐승

주체가 되면 이를 관찰자 혹은 통찰자 그리고 판단자로 표현할 수 있다고 했다. 보는 자로서 관찰자 중 **聖人을 지향하는 일반적인 사람**을 **일반 관찰자**로 **과정적 존재**이자, 성인이 되지 못하고 있는 **미형적 존재**라고 하였다. 그러나 **聖人의 시각**으로 바라보는 자를 **표준 관찰자, 표준 통찰자, 표준 판단자**라 하였다. 현실에서 관찰자의 시각은 있는 그대로 상대를 보는 자로 자신의 보는 능력에 따라 보게 된다. 이를 극단적 표현으로 표현한다면, 오답만을 찍는 영점부터 모두 맞히는 백 점에 이르는 다양한 관찰자들로 구분할 수 있게 된다. 오답을 찍는 경우는 자기를 바로 보는 것이 영점인 영점자로부터 구십구 점에 이르는 자를 말한다.

오답을 선택하는 관찰자가 성인을 지향하는 노력을 하는 자라면, 영점에서 백 점에 못 미치는 어느 위치에 정위되어 있는 과정적 존재라 할 수 있다. 이 과정적 존재를 미형적 존재로 표현하기도 한다. 그러나 그의 노력을 거쳐 백 점인 만점을 맞은 만점자인 그들은 4대 聖人인 석가모니, 예수 그리스도, 공자, 소크라테스 등으로 표현할 수 있지만, 실제적으로는 이들 이외에도 많은 사람이 현존했었고 또한 현존할 것이다.

인식 주체로서 보는 능력이 있는 '보는 자'가 인식 대상이 될 때는 인식 주체가 지닌 관찰하는 능력을 바탕으로 보이는 자를 통찰(관찰, 성찰)해야 한다. 왜냐하면 인식 주체 능력을 지닌 인식 대상이 보이는 대로 관찰되는 것이라면, 그것은 거짓 없는 솔직한 상태로 자신을 보여 주는 것이기 때문이다. 그러므로 인식 주체자에게 관찰된 인식하는 인식 대상자는 그 자체가 '있는 그 자체'의 모습으로 인식 대상이 되는 것이다. 이는 인식 대상이 인식 주체에게 관찰되어진 대로 보여 주는 관계이기 때문이다. 이러한 인식 대상은 주자(朱子)가 언급한 산천동식지속(山川動植之屬)과 같은 상태의 모습으로 관찰의 대상이 되는 것과 같다. 이때, 비로소 만점자로서 자연과의 합일 상태로 인식 대상을 보는 자인 인식 주체는 인식 대상들과 함께 순리에 따르는 질서를 지키고, 조화롭게 살아가게 되는 바람직한 삶의 자세를 지니게 된다. 그러나 인식 주체 능력을 지닌 인식 대상이 자신의 인식 수준에 따라 보이는 대로 관찰되는 것은 자신을 솔직하게 드러내지 않는 경우도 스스로가 인식 주체와 같이 인식하는 인식 대상의 인식 주체가 된다. 이처럼 보는 자로서의 인식 주체는 보이는 자로서의 인식 대상자가 인식 주체에게 보여 주는 대로 관찰되지 않는 존재라면, 인식 대상이 솔직하게 드러내지 않거나 인식 주체가 자기를 바로 보는 자가 아닌 두 가지 경우라 할 수 있다. 이때, 두 사람이 성인을 지향하는 과정적 존재라면, 사람으로서 인간이 되기 위한 통찰(관찰, 성찰)을 통한 자기를 바로 보는 과정을 통해 도통(道通)을 추구하여 도를 깨닫게 될 수도 있다. 이렇게 도를 깨달은 각자(覺者)는 바람직한 관계 설정을 통해 덕을 실현하는 도덕적 실천가로 성장하여 도덕적인 인간이 된다.

각자가 도덕적인 사람으로서 인간인 표준 관찰자로 성숙하게 된다면 표준 관찰(통찰, 성찰)을 바탕으로 인식 대상을 살피게 된다. 표준 관찰(통찰, 성찰)로서 살피게 된 표준 관찰자는 인식 정도에 따른 결론을 찾아가게 된다. 왜냐하면 표준 관찰자로서 관찰하는 과정은 결과에 대한 것을, 예측 또는 연상 그리고 원인에 따른 결과 유추 등의 것으로 표현될 수 있기 때문이다. 그리고 이러한 것을 잘하는 특출한 인간이라면 미래를 살피는 예언자로 불릴 수도 있게 된다.

형(形)으로서 인간이 인간을 관찰한다는 것은 일반적인 관찰 능력을 뛰어넘는 표준 관찰자와 같은 통찰력을 발휘해야 한다. 형(形)으로서 통찰력을 지닌 인식 주체자인 사람들을 일반 통찰자로 부르지만, 개체의 완전성을 형성한 개체성을 이룬 자들을 표준 통찰자, 표준 관찰자, 표준 판단자로 말할 수 있다. 따라서 형(形)인 사람으로서 통찰자란 일반 통찰자에서 표준 통찰자를 지향하는 존재가 된다. 어떤 사람이 표준 통찰자로서, 인간으로 성숙한 자라면 인간미를 지닌다. 인간미를 지닌 인간은

인간과 짐승

도덕적인 생활을 통해 모두가 공감하는 공감대를 형성하게 된다. 왜냐하면 공감대란 보는 자와 보이는 자가 서로 합일이 된 일체감을 느끼는 공간이 형성된 것이기 때문이다. 일체감을 느끼는 공감대를 형성하기 위해선 보는 자와 보이는 자의 공감대의 영역을 확인해 가는 가장 적극적인 방법은, 서로 간의 적극적인 대화가 진행되는 의사소통이다. 대화인 의사소통이 이루어지지 않으면 보는 자와 보이는 자는 양측 다 서로를 꽉 막힌 담벼락이나 벽 또는 돌로 인식될 정도의 완고함으로 인해 소통이 아닌 홀로 떠드는 것이 될 것이다. 사람으로서 보는 자이든 보이는 자이든 인간이기를 포기하지 않는다면 그는 지속적인 도덕적인 생활과 상대와의 끊임없는 대화를 통해 지속적인 소통이 이뤄져야 한다. 왜냐하면 사람으로서 공동체 생활 속에서 대화의 단절이란, 인간이기 전에 서로가 생물과 무생물로 분류되는 기준처가 될 수 있기 때문이다. 나는 무생물인가? 대화가 없는 곳은 무생물이 존재하는 곳이 된다. 대화를 포기하는 이는 개만도 못한 게 아니라 사람이기를 포기한 자가 되는 것이다. 사람으로 태어나 자신이 인간이라 느끼는가? 아니면 대화를 포기하였는가? 대화를 포기하였다면 당신은 이미 인간이기를 포기한 사람이다. 인간이기를 포기한 자가 사람도 아니라면, 그는 꽉 막힌 담벼락이나 벽 또는 돌로 불릴 수 있는 벽창호와 같은 존재라 할 수 있다. 오늘 하루 당신은 인간으로 살았는가? 인간이기를 포기한 자로 살았는가? 오늘도 인간으로서 행복한 하루로 마무리하려면 상대와 대화를 통한 소통을 하길 바란다.

16) 표준 통찰자에겐 인식 대상이 부처님 손바닥 위의 손오공이 아닐까?

한 인간이 인식 주체이면서 그 자신이 인식 대상이 되는 형(形)일 때,

그는 자신의 내적 판단 기준인 본연지선(本然之善: 良心 또는 正見의 입장)에 따라 자신을 통찰한다. 자신을 통찰한 통찰의 결과에 따라 자신과 관계된 대상을 판단하게 된다. 이러한 판단은 통찰자의 역량에 따라 바람직한 판단과 바람직하지 못한 판단을 하게 된다. 모든 인식 주체가 자신의 판단이 바람직하게 진행되게 하기 위해서는 인식 주체의 인식 능력이 바람직한 판단의 근거를 확보해야 한다. 인식의 주체자, 즉 관찰자, 통찰자로서 판단의 정당성을 확보하기 위해서는 인식 주체 자신의 본원(본질적인 근원)에 관한 파악이 기본적으로 형성되어야 한다. 그러나 인식 주체의 본질적인 근원에 관한 판단의 정당성이 확보되지 않는다면, 인식 주체 자신과 인식 대상들에 대한 바람직한 관계 설정에 따른 판단을 내릴 수 없게 된다. 따라서 인식 주체로서 바람직한 관계 설정을 위한 바른 판단의 근거를 확보하려면 정견(正見)의 입장을 가져야 한다. 관찰자에게 정견(正見)의 판단력을 키우기 위해서는 무엇보다 자기를 바로 보는 성찰을 해야 하고, 자기를 바로 본 성찰 결과를 바탕으로 관찰자로서 인식 대상에 대한 관찰을 진행한다면, 관찰자 자신이 처한 상황 속에서 바람직한 관계 설정을 위한 바른 판단력을 가지게 될 것이다. 다시 말하면, 누구든 바른 판단력을 지니기 위해선 무엇보다 관찰자 자신은 정견(正見)의 능력을 소유해야 한다. 이러한 정견(正見)의 능력은 자기를 바로 보지 않고서는 도저히 얻을 수 없는 것이다.

자기를 바로 보는 것은 자성(自性)의 청정함을 보는 것이고, 자성의 청정함은 바름(正)을 유지하여 정견(正見)을 갖게 되는 것이다. 자기를 바로 본 자는 자성의 청정함에 따른 정견의 입장에 오류의 실타래가 깃들 수 없게 된다. 만일 오류의 실타래가 있다면 그에게는 이기심에 따른 욕심이나 자신의 편안함을 추구하는 과정에서 자성의 청정함을 잃어버리게 되면서 발생한 것이다. 그러지 않았다면 자기를 바로 본 자들이 살아가는 공동체는 언제나 질서 있고 조화를 형성하게 되는 바람직한 삶의 공동체가 될 것이다. 이러한 공동체를 공자는 대동 사회, 석가모니는 불국 토인 용화세계, 예수님은 천국, 노자는 소국과민 등으로 표현하고 있는 것이며, 이곳에서 사는 자들은 자기를 바로 본 자들이 만든 삶의 터전이 된다.

우리는 자기를 바로 본 자를 자성의 청정함을 관찰한 자로서 표준 관찰자로 표현하고 있다. 자기를 바로 본 인식 주체자가 표준 관찰자라는 것은 그가 정견을 할 줄 아는 것이다. 정견을 하는 자가 인식 대상을 표준 관찰한다는 것은, 그 대상을 바르게 통찰한다는 것이다. 이러한 통찰을 할 줄 아는 자를 표준 통찰자라 부르게 된다. 표준 통찰자로서 표준 통찰자의 능력을 보유한 이들이 통찰의 능력이 떨어지지 않기 위해서 자기를 바로 보는 지속적인 성찰하는 노력을 해 나간다면 그들의 삶은 깨달은 자들의 삶이라 할 수 있다. 그리고 깨달은 자들의 삶의 단계에 이르면 안과 밖이 천인합일의 상태이기에 안과 밖이 서로가 다를 수 없으며, 안과 밖이 천지인의 조화를 이루게 된다. 여기서 말하는 안과 밖의 의미는 바름(正)을 전제한 것으로, 안의 의미는 내적인 선(善)이 되는 것이고 밖의 의미는 외적인 의(義)를 표현한 것이 된다. 안과 밖이 일치된 자들에게 천인합일과 천지인의 조화는 공동체에서 살아가는 자들이 인내천사상을 실천하고, 그것에 의지하는 순리적 존재들이라 할 수 있다. 이러한 순리적 존재는 안과 밖이 일치하기에 언행에 거짓이 없고 솔직함으로 자신을 드러내는 자이기에 그가 보이는 그대로가 참이 된다. 그러므로 그들이 생존하며 살아가는 방식은 그들이 '있는 그 자체'가 참이 되는 것이다. 인식 대상으로서 인식 주체의 능력을 지닌 자들은 그가 만일 표준 통찰자라면 표준 통찰자로서 이들이 바라보는 인식 대상들은 마치 판단 혹은 예측 자체가 확실하게 되기에 인식 주체의 관점에서 인식 대상은 부처님 손바닥 위에서 노는 손오공처럼 보일 것이다.

어떤 사람이든 천인합일을 통한 천지인 합일의 경지는 전체적인 조화의 완성을 이룩하는 것이다. 이러한 시기를 현시대에서 돌이켜 살펴보면 단군 시대의 문화적 부흥기라 생각되는 고조선의 이상향을 다시 만드는 것으로 생각된다. 그러므로 각자가 자기를 바로 보는 자기 성찰의 공부를 통해 천인합일의 경지를 확인하고 천지인이 전체적인 조화를 완성할 수 있도록 노력해야 한다.

17) 형(形)으로서 성인(聖人)은 표준 통찰자이자 표준 판단자이다

형(形)이 인식 주체일 때 인식 대상을 통찰하는 통찰자는 일반 통찰자와 표준 통찰자로 나눌 수 있다. 일반 통찰자는 표준 통찰자인 성인을 지향하는 과정적 존재이다. 그러나 표준 통찰자는 자기를 바로 보는 자로, '인식 대상을 정확하고 명확한 판단을 이끄는 사람'이 된다. 이런 이를 표준 통찰자이자 표준 판단자라 부르기도 한다. 그러므로 표준 통찰자이자 표준 판단자는 표준 관찰자인 '성인(聖人)'이 된다. 성인(聖人)에 대한 표현을 살펴보면, 주역 계사전상 11장(周易 繫辭傳上 11章)에서 "하늘(天)이 신비로운 물건을 낳으면 성인(聖人)은 이것을 본뜨고, 하늘과 땅(天地)이 변화하면 성인(聖人)은 이것을 본받고, 하늘(天)이 모양(상: 象)을 드리워 좋고 나쁜 일을 나타내면 성인(聖人)은 이것을 본뜨고, 하수(河水)에서 그림이 나오고 낙수(洛水)에서 글이 나오면 성인(聖人)은 이것을 본뜬다."라고 표현하였다. 그러므로 성인(聖人)은 하늘(天)의 산물을 본뜨는 것이자 하늘과 땅(天地)의 변화를 본받는 자이다. 또한 하늘(天)이 만물을 드러내어 좋고 나쁨이 있다고 하여도 이를 본뜨는 자이기도 하다. 하수에서 그림이 나오고 낙수에서 글이 나왔다는 것은 성인에게 행(行)하려는 일의 기미를 보여 주는 것이기에 성인은 이를 본뜬다고 했다. 위의 글을 보면 성인은 天地와 조화된 상태의 기미에 맞는 바람직한 처신(處

身)을 취하는 사람이다. 이러한 의미로 바라본 성인(聖人)의 구체적인 의미는 다음과 같이 기술될 수 있다.

"만물(萬物)은 형(形)이다. 인간으로서 형(形)의 개념은 인식 주체이자 인식 대상이 된다. 인식 주체는 인식 대상을 관찰하는 관찰자로서 일반 관찰자와 표준 관찰자로 나누게 되며, 일반 관찰자는 일반 통찰자로, 표준 관찰자는 표준 통찰자로서 살펴볼 수 있다. 따라서 통찰자의 의미는 일반 통찰자와 표준 통찰자로 나누는 것이며, 표준 관찰자이며 표준 통찰자인 인식 주체로서의 형(形)은 이성(理性: 이치와 성품)을 정당하게 발현시킨 이이기도 하며, 모든 것을 정도(正道)를 따른 인도(人道), 즉 도리(道理)에 따라 통찰한다. 그로 인한 자신의 판단을 바람직한 관계 설정을 통하여 순리(順理)에 따른 삶을 살아가는 인간이다."

왜냐하면 이렇게 살아가는 것이 사람으로 태어나 바람직하게 살아가는 인간(人間) 그 자체의 모습이기 때문이다. 이는 그 자신이 지닌 자신의 본성(本性=自性淸淨)인 명명덕(明明德)[15]을 성취한 이가 성인(聖人)이 되는 것이다. 따라서 성인(聖人)이란, 모든 대상을 통찰하는 통찰자 가운데 표준 통찰자로서 한 사람이 되며, 또한 모든 인간에게 대상을 바르게 통찰하여 정당하게 인식하도록 하는 기준(표준 인식 능력)을 지닌 표준 통찰자인 표준 관찰자가 되기도 한다. 또한 이들은 정당한 판단을 내릴 줄 아는 사람이기에 표준 판단자로도 불리게 되는 것이다.

18) 우리는 성인(聖人)을 지향하는 미형적 존재(未形的 存在)이다

형(形)이 정견의 입장을 지닌 인간이라면, 이 인간은 인식 주체로서 인

---

15) 明明德(명명덕) 주희와 정약용의 관점으로 알아본다.

식 대상을 관찰 또는 통찰하고 판단하는 자 중 표준 관찰자이자 표준 통찰자이며, 표준 판단자가 된다. 그러나 다른 한편으로 이 인간은 다른 인식 주체의 인식 대상이 되기도 한다. 그러므로 인식 대상이 되었다면 그 자신이 다른 만물(物)과 같은 방식으로 인식될 수 있도록 규정되기도 한다. 인식 주체로서 표준 관찰자이자 표준 통찰자이며, 표준 판단자가 갖는 의미는 중용 29장(中庸 29章)에서 다음과 같이 나타나 있다.

"이런고로 君子(聖人)는 움직이면 대대로 天下의 道(이치=원리)가 되고, 行하면 대대로 天下의 法(윤리=규칙, 규율)이 되며, 말을 하면 대대로 天下의 準則(보편성=상식)이 되는 것이다. 이것이 멀면 바라는 것이 되고, 이것이 가까우면 싫어하지 않는다.(是故 君子 動而世爲天下道 行而世爲天下法 言而世爲天下則 遠之則有望)"

인간은 形의 총체적 의미의 일부인 생물이자 동물 그리고 포유류의 한 종으로서 사람이 된다. 사람으로서 인식을 주도적으로 하는 존재이자 인식당하는 대상자로서, 인식 주체와 인식 대상으로서의 의미를 지니게 된다. 이 두 가지 의미를 지닌 인간으로서 구체적으로 알아봐야 할 것은 인식의 주체가 되는 사람의 의미이다. 왜냐하면 형(形)이 사람으로서 인식 대상이 되는 경우, 이때 **形은** 사람이 **있는 그 자체**의 모습이기에 **있는 그대로**의 物과 같은 의미를 지닌 '**物 그 自體**'로서 인식 주체자에게 반영되어진다. 따라서 형이 물 그 자체로 인식 대상이 되지만, 인식 주체가 되는 경우는 인식 능력을 지닌 인간이 인식 주체로서 자율적 의지로 모든 인식 대상에 대한 자신의 통찰 능력의 정도를 발휘할 수 있게 된다.

사람으로서 인식 주체의 의미를 갖는 형(形)이 지닌 뜻은 구체적인 인간으로서 인식 대상을 통찰하는 통찰자이지만, 통찰자로서 스스로가

인간과 짐승

사람답게 되었을 때 표준 관찰자이자 표준 통찰자로서 표준 판단을 구현한 표준 판단자로서의 성인(聖人)이 된다. 반면에 표준 통찰자 이외의 일반 통찰자들은 판단의 인식량(認識量)이 성인(聖人)에 미치지 못하는 범인(凡人) 또는 이적(夷狄)으로서 성인(聖人)의 입장을 지향하는 **과정적 존재(過程的 存在)**로서의 형(形)이 된다. 이러한 형(形)은 성인(聖人)을 지향하는 과정적 존재들을 **미형적 존재(未形的 存在: 아직 聖人이 되지 못한 사람)**로 표현하게 된다.

19) 표준 통찰자가 보는 주역이 바른 의미이다

인식 주체가 아닌 인식 대상으로는 성인(聖人=形的 存在)과 성인(聖人)을 지향하는 과정적 존재로서의 미형적 존재(未形的 存在)들과 동물, 짐승, 악마와 만물로서 총체적인 형상의 의미인 형(形)에 속하게 된다. 그리고 인식 주체로는 성인(聖人)과 범인(凡人)과 이적(夷狄)과 금수(禽獸) 그리고 인지 능력이 있는 모든 것들로 구별된다. 형(形)이 인식 대상으로서는 "있는 그 자체의 것"으로서의 개체와 인식하는 것들로 구분된다. 인식하는 것의 인식 주체로서는 인격적인 의미를 지닌 것과 인식 능력이 조금이라도 있는 것들이 '인식 주체의 인식 대상'이 될 수 있다. 인식 주체자에게 인식 대상이 되는 인식 주체자로는 성인(聖人), 범인(凡人), 이적(夷狄), 금수(禽獸)들로, 각자의 인식 능력에 따른 인식 대상으로 구분할 수 있다. 그러나 오직 성인(聖人)만은 완성된 자신의 개체적 완전성을 성취한 자이기에 개체성이라 부르며, 다른 개체들과 전체적인 조화를 이루는 완전성을 획득한 인격적 존재가 된다. 성인(聖人)의 인격적 존재는 개체성으로서 전체성을 획득한 자라 **개체적 전체성**을 이룬 자가 된다. 개체적 전체성을 획득한 인격적 존재는 천지인(天地人) 삼재(三才)의 **인간(人=聖人)**에 해당되는 자로서, 천지(天地)와 함께 배지덕(配至德)한 사람이 되겠으며, 천지인(天地人) 삼재(三才)에서 천지(天地)의 매개자이자 '변통자(變通者)'가 된다.

주역 계사전에 '형이상자 위지도야. 형이하자 위지기야.(形而上者 謂之道也. 形而下者 謂之器也.)'란 문구에 의해 삼재(三才)로서 천지인(天地人)에서 인(人)을 성인(聖人)이라 하며, 이러한 성인(聖人)을 인극(人極) 또는 황극(皇極)으로 표현할 수 있는 형(形)이 된다. 이러한 성인(聖人)으로서 형(形)은 형적 존재(形的 存在)로 표준 관찰자, 표준 통찰자, 표준 판단자가 된다. 성인(聖人)으로서 형(形)을 중심으로 계사전에 나타난 문구를 살펴보면, 상(上)과 하(下)의 의미는 상(上)은 천(天)인 보이지 않는 세계로서의 무형계와 하(下)는 지(地)인 형상이 있는 보이는 세계인 유형계가 된다. 이때 천지인(天地人)이 구성하는 구조적인 관계는 천(天)과 지(地)는 사람(人)을 내포하는 포괄적인 의미가 되지만, 사람 중에 성인(聖人)인 인간(人)으로서의 형(形: 形的 存在)을 중심으로 살펴보면 무형계의 천(天)과 유형계의 지(地)는 모든 사람과 관계적인 구조를 지닌다. 그러므로 천(天)과 지(地)와 더불어 성인(聖人)인 인간(人)으로서의 형(形: 形的 存在)은 자신을 개체성과 전체성을 동시에 완성함으로써 개체적 전체성을 지닌 삼재(三才)의 일원으로 천지에 참여하는 자(參天地者)가 된다. 성인(聖人)인 인간(人)으로서 형(形: 形的 存在)의 입장으로 보면 무형계의 상(上)과 유형계의 하(下)는 형(形: 形的 存在)과 유기적인 관계 구조를 지닌 인식 대상이 된다. 이는 형(形: 形的 存在)의 관점에서 무형계의 상(上)과 유형계의 하(下)를 관계 구조로 살펴보면, 두 세계에 속한 모든 것이 형(形)의 인식 대상이 된다. 형(形)이 무형계의 상(上)과 유형계의 하(下)들을 인식하는 주체로서 천지(天地)의 인식 대상들의 매개자가 된다. 형(形)이 매개자로서 역할은 자신을 매개로 하는 표준 관찰자가 되어 정견(正見)에 따른 바른 사고(正思)가 순리(順理)에 맞아 각각의 도리(道理), 조리(條理), 사리(事理)에 맞게 통찰되는 표준 통찰자가 되어야 한다. 그런 의미에서 周易을 읽고

자 하는 이가 표준 관찰자로서 표준 통찰자가 되었다면, 이때 비로소 周易의 올바른 理致를 바르게 파악할 수 있는 표준 판단자가 될 것이다.

20) 인식의 세 가지 유형과 주역의 관점

사람은 감각적-정신적(감성적이자 이성적) 존재이다. 따라서 사람은 동물과 마찬가지로 감각적 기관을 갖추고 있으며, 동시에 정신(이성)을 갖고 있으므로 동물적 존재의 단계를 넘어서게 된다. 그러므로 사람이 살아가는 존재 방식으로 감각적이고 이성적인 구조를 따르게 된다. 사람들에게 감각과 이성에 따른 이중적 인식 작용은 감각적 인식 작용과 비감각적(이성적, 정신적) 인식 작용으로 구분해 살펴볼 수 있다. 감각적 인식 작용과 비감각적 인식 작용이 뜻하는 두 인식 체계는, 하나는 감성적 인식이 아니라 감각 기관을 매개로 한 감각 인식 체계가 되고, 다른 하나는 이성을 매개로 하는 정신적, 이성적인 인식 체계를 살펴볼 수 있다. 이 인식 체계를 바탕으로 서양 철학사에서 보이는 인식론의 세 가지 유형은 다음과 같이 표현하고 있다.

첫째, 비감각적(정신적·사유적) 인식의 이성 중심의 **합리론**.

둘째, 감각적 인식의 경험 중심의 **경험론**.

셋째, 감각적 인식과 비감각적 인식을 함유한 **초월적 인식 체계인 체득처**로 구분해 볼 수 있다.

대표적인 사람으로서 "경험과 사유"로 이끈 아리스토텔레스에서 비롯한 토머스 홉스, 존 로크, 데이비드 흄과 "감성과 오성"으로 이끈 바뤼흐 스피노자, 고트프리트 라이프니츠가 있으며, 이성을 중심으로 이들의 철학을 살펴본 칸트의 비판 철학이 있다. 그러므로 이 두 가지의 인식론을 근대 서양철학에서 경험론과 합리론으로 나눌 수 있었다. 경험론은 영국을 중심으로 로크, 러셀 등으로 발전하였고, 합리론은 유럽 대륙을 중심으로 합리론이 발전하였다. 그리고 독일에서는 이성을 중심으로 하는 칸트의 비판 철학이 성장·발전시키게 된다. 이러한 내용과 상응하는 동양의 인식 체계로 나타난 철학사의 인식론적 관점의 표현 형태는 다음과 같이 대비될 수 있다.

첫째, **도문학의 관점**(비감각적 인식으로서), 지식(추리적)의 관점-주자식 체계로, 순자의 경우라 할 수 있는 이론(추리)에 우선한 관점.

둘째, **존덕성의 관점**(경험적 인식으로서), 지혜(경험적)의 관점-육상산식의 체계로, 맹자의 경우라 할 수 있는 경험에 우선한 관점.

셋째, 도문학과 존덕성을 모두 포괄한 **깨달음의 관점**.

도문학에 비중을 둔 것이 칸트의 인식론적 관점이라 할 수 있으며, 존덕성에 비중을 둔 것이 아리스토텔레스의 인식론적 관점으로 볼 수 있다. 왜냐하면 칸트는 합리주의로 기울고, 아리스토텔레스는 경험주의로 기울었기 때문이다. 이들 관점은 이론과 경험이 병행된 것이나, 조화롭지 못한 것이다. 그러나 주역이 추구하는 **깨달음의 관점**은, "한 개체가 인식의 주체로서 자신의 인식 작용에 따라 인식 대상에 내리게 되는 모든 판단이 무형계와 유형계를 동시적으로 통찰하여 인식 주체뿐만 아니라 모든 인식 대상과 전체적 조화를 바르게 이끄는 정당한 관점"이라 할 수 있다. 서양에서의 이러한 관점으로 자신의 철학을 표현한 사람이 고대의 소크라테스와 플라톤이라 할 수 있으며, 또한 4대 성인으로 불리는 사람들의 관점이 될 것이다. 그리고 대한민국에서는 고려시대의 지눌, 신라시대의 원효, 현대에 들어서서는 성철스님과 다석 유영모에게서 살펴볼 수 있을 것이다.

만일 주역의 인식 체계가 서양의 인식 유형과 동일시하여도, 주역에서는 인식 대상들이 부분이 아닌 **전체의 조화를 염두에 둔 인식**의 연결고리를 매어 두는 것이라 할 수 있다. 이런 관점을 **표준 관점**이라 하며,

인간과 짐승

표준 관점을 지닌 사람을 표준 관찰자 또는 표준 통찰자라 부를 수 있으며, 표준 통찰에 의한 판단을 표준 판단이라 할 수 있다. 여기서 말하는 통찰자의 의미는 形(形而上, 形而下의 形을 의미)의 개념이고, 표준 통찰자란 '인식 주체로서 인식 대상을 마땅히 바르게 인식하는 사람인 **인간(人: 形的 存在)으로서 성인(聖人)의 입장**'이라 하겠다.

21) 주역에서의 形而上者와 形而下者에서의 形의 존재 구조

사람으로서 형(形)은 다른 인식 주체의 인식 대상이 되기도 하고, 또한 스스로가 인식 주체로서 자기의 내면을 관찰(내적 의미)하기도 한다. 사람으로서 형(形)이 인식 주체가 될 때 인식 대상(물상: 物像)을 인식(외적 의미)하며, 관찰하는 관찰자가 되거나 통찰하는 통찰자가 된다. 이러한 관찰자 혹은 통찰자가 갖는 인식 대상의 영역은 자신을 매개로 연결된 상(上)으로서의 무형계와 하(下)로서의 유형계가 존재한다. 이러한 내용이「주역전의대전」에서 보다 구체적인 것으로 표현한 것을 다음과 같이 살펴볼 수 있다.

"정자가 말하길 무형은 도이다. 유형은 기이다. 장자가 말하길 형이상은 무형의 체인데 그러므로 이를 도라 한다. 형이하는 형체가 있는 것이다. 그러므로 이를 기라 한다. 발자취가 없는 것을 도라 하고, 발자취가 있는 것을 기라 한다.(程子曰 無形爲 道也, 有形爲 器也라 하였으며 張子曰 形以上者 是無形體이라 故謂之道也라. 形以下者 是有形體 故謂之器也라. 無形跡者 卽道也이고 有形跡者 卽器也라.)"

여기서 형(形)의 의미는 무형계(無形界)와 유형계(有形界)에 걸쳐 있는 존재가 된다. 형(形)의 총체적 관점에서 본다면 이러한 관점으로 보는 이를 관찰자 혹은 통찰자라 말한다. 그리고 자기를 바로 본 자가 되어 관찰하는 이를 표준 관찰이라 하고, 통찰하는 이를 표준 통찰이라 한다. 이와 같은 관찰과 통찰을 하는 이를 표준 관찰자 혹은 표준 통찰자가 된다.

이 내용을 주역 계사전 상 12장의 문구에 나타난 내용을 토대로 살펴보면 형(形)이 인식 주체로서 무형계와 관련된 표현은 "形而上者 謂之道"이다. 이때 형이상(形而上)의 형(形)은 인식 주체로서 上(無形界)과 내적인 관계 구조를 갖게 되고, 반면에 형이하(形而下)의 형(形)은 인식 주체로서 下(有形界)와 외적인 관계 구조를 갖게 된다. 따라서 인식 주체인 형(形)이 살필 수 있는 세계의 구조는 상(上)으로서의 무형계(無形界)와 하(下)로서의 유형계(有形界)인 두 세계에 머무는 자가 된다.

이러한 존재 구조는 전자(前字)인 형이상(形而上)의 형(形)은 무형(無形)과 상(上)의 관계를 본질적이며 근원적인 측면으로 볼 수 있으며, 후자(後字)인 형이하(形而下)의 형(形)은 유형(有形)과 하(下)의 관계를 감각적이며 사회적인 측면으로 볼 수 있다. 형(形)이 상(上)과의 관계는 본질적이며 근원적인 관계로 내적 관계라 할 수 있으며, 이러한 형(形)과 상(上)의 내적 관계는 본질적인 특징이자 근원에 대한 모습인 완전한 선과의 관계이기에 형(形)과 상(上)의 내적 관계는 선함(善)으로 소통된다. 반면에 형(形)이 하(下)와의 관계는 감각적이며, 사회적인 관계로 외적 관계라 할 수 있다. 이러한 형(形)과 하(下)의 외적 관계는 내적 관계의 선함을 밖으로 드러내는 실천과 행위의 개념인 의로움(義)으로 소통된다. 그러므로 사람으로서 형(形)의 존재는 선함으로는 상(上)과 소통하는 자이고, 의로움(義)으로는 하(下)와 행위적 소통을 하는 자인 성인(聖人)이라 할 수 있으며, 공동체에서 성인(聖人)의 모습을 인간이라고 부르게 되는 것이다. 그러므로 형(形)의 존재는 성인(聖人)의 모습을 지닌 인간이자 개체적 존재로서 전체성을 갖는 존재라 할 수 있다. 이때 개체적 존재가 완전성을 갖추면 개체성을 지닌 것이지만, 완전성을 갖추지 못하는 미완의 존재들은 미개체성(未個體性)으로 정의되어 형(形)의 존재를 추구하는 미형적 존재가 된다. 개체적 존재로 완전성을 갖춘 자를 개체성이라 하지만, 다른 개체들과 조화의 완전성을 이룰 때 그런 자를 전체성이 완비되었기에 개체적 전체성을 이룬 자로 표현된다. 이렇게 표현된 자를 바람직한 삶을 추구하는 자이자 성인(聖人)이라 할 수 있다.

22) 개체성과 전체성

인식 주체로서 형이상의 세계를 통찰한 형(形)인 표준 통찰자는 형이상 세계의 존재 양태가 있는 그대로의 그 자체로서 완성된 것인 천인합일(天人合一)로 본다. 왜냐하면 상(上)의 세계는 무형계로서 물적 대상이 없는 세계이자 그 자체로 완전한 것이 성립되기 때문이다. 반면에 하(下)의 세계는 있는 그대로의 그 자체로서 완성된 것인 상(上)의 무형적 세계에서 분유(모든 존재에게 나누어져 간직하고 있는 것)된 형상(形)이 된다. 루마니아의 종교신학자인 미르체아 엘리아데는 이것을 '성현(聖現)되었다'로 표현하고 있다. 엘리아데는 상(上)인 무형계를 성현(聖現)되기 전의 성(聖)의 세계로 보았으며, 성(聖)의 세계에서 분유한 세계를 성현(聖現)되었다 하여 속(俗)의 세계로 구분하고 있다. 성현(聖現)된 세속에서 형상(形)은 유형계의 물적 대상들이 서로 유기적으로 얽히어 존재하는 외형적 유기적 관계 구조를 형성하여 있게 된다. 그러기 때문에 형(形)은 상(上)과 하(下)의 관계 구조 속에서 사고적(정신적, 이성적) 존재인 인식 주체자로서 통찰자의 의미를 갖게 된다. 이때 상(上)인 무형계의 속성을 따르는 형(形)을 표준 통찰자라 하여 정도(正道)에 따르는 바른 견해(正見)로서 바름(正)의 관(觀)에 따른 바른 관찰을 지닌다. 이와 달리 표준 통찰자 이외의 통찰자인 일반 통찰자는 무형계에서 분유된 자신의 본질적 속성을 유지하지 못하게 되거나, 그 사실을 부정하여 자신의 본래 모습이 정도를 따르지 않는 일관성 없는 형태로 존재하게 하여 **정도(正道)에 따르는 바른 관찰(正觀)**의 관점을 고수하지 못하게 된다. 정도(正道)에 따르는 견해를 고수하지 못하는 원인으로는 다음과 같은 인식과 실천의 의미로 두 가지를 살펴볼 수 있다.

첫째, 인식적 의미로는 인식 주체가 자주 망각하는 **망실의 의미**를 뜻하는 것.

둘째, 실천적 의미로는 인식 주체가 전혀 본래의 모습을 회복하지 못한 경우, **상실의 의미**를 뜻하는 것.

여기서 **망실의 의미**는 **선함을 잊는다**는 것이고, **상실의 의미**는 의로움을 **실천하지 못하는 것**이 된다. 그렇다면 왜 망실과 상실이 발생하는가? 그것은 인식 주체가 자신의 편안함이나 이익만을 추구한 결과에서 나타나는 불합리한 사례가 발생하는 것이다. 그러나 일반 통찰자가 미형적 존재로서 형적 존재를 추구하는 과정에서 그 자체의 본래 모습을 회복하거나 돌이켜 보았을 때, 이들의 존재를 개체의 완전성이라는 의미의 개체성으로 부르고, 개체성 존재들이 서로 전체적 조화를 이룰 때 전체의 완전성이라는 의미의 전체성으로 부르게 된다. 그러므로 **개체성은 도의 깨달음**이고 **전체성**은 **덕의 실현**이기에 **도덕적인 인간**이란? **개체적 전체적 완전성을 이룬 자**라 할 수 있다.

23) 정도(正道)의 의미

인식 주체로서 세계를 인식할 때 유형계의 존재는 무형계의 속성인 순수 그 자체의 완전성을 내재한(보유하고 있는) 개체적 존재로서의 개체성

인간과 짐승

을 본래 모습대로 유지하게 된다. 이러한 모습은 인식 주체가 인식 대상을 거짓 없는 솔직한 상태로 있다면, 인식 대상은 그대로 있는 것이 모두가 정도(正道)의 상태로 볼 수 있게 된다.

개체로서 인식 주체인 인식 주체자가 무형계의 속성인 순수 그 자체의 정당한 인식 능력을 발휘하지 못하는 인식 주체들이라면, 이들은 단지 무형계의 속성을 본질적으로 소유할 뿐 자신에게 내재된 무형계의 속성을 자기 능력으로 발현시키지 못하고 있는 것이 된다. 이는 모든 개체가 내적 본연성을 지닌 채 본연에 따라 자기 본래 모습을 유지하지 못하고 본연성에서 벗어난 과불급(過不及)의 다양한 상태를 나타내고 있는 것이다. 이러한 모습은 인식 주체가 정도(正道)를 따르지 않는 것이 된다. 인식 주체로서 본질적인 본연의 인식 능력을 발원치 못한 개체적 존재들은 자기의 본연적 속성인 순수 그 자체를 회복해야 자신의 본래 모습도 드러날 수 있다. 인식 주체가 본연의 속성에 따라 무형계의 완전성을 유형계에서 지향하기 때문에 본래 그 자체의 내적 완전성을 회복하는 것은, 본질적으로 그 자신에게 내재된 순수 그 자체를 발현하여 현실 세계에서 실천적으로 드러내 완성하는 것이 된다.

이렇게 유형계의 존재들이 무형계의 완전성을 지향하여 자신의 인식 능력을 회복하는 길(방법)을 '정도(正道)'라 하는 것이다. 다시 말하면 유형계에서 그 자신이 본연의 속성을 따르는 것을 정도(正道)라 하는 것이다. 그러므로 정도(正道)란, 어떤 개체이자 인식 주체가 자기 본연의 바탕을 따르는 것을 말한다. 인식 주체가 유형계에서 본연의 바탕을 따른다는 것은 내적으로 선함을 외적으로 의로움으로 표현되는 것이라 할 수 있다. 이러한 내적 선함과 외적 의로움으로 유형계에서 상황에 따라 균형을 맞춰 나가는 것을 '권도(權道)'라 하고, 과불급이 없는 적정함을 지니는 상태를 '중용(中庸)'이라 하는데, 이는 모두가 정도(正道)를 따르는 것이 된다.

24) 유형계와 무형계의 질서

'形而上者 謂之道也. 形而下者 謂之器也.'에서 형이상과 형이하는 두 세상으로 구분하여 볼 수 있다. 형이상은 보이지 않는 세상이고, 형이하는 보이는 세상으로 무형계와 유형계의 세상으로 표현할 수 있다. 루마니아의 종교신학자인 미르체아 엘리아데는 이 두 세계를 성(聖)과 속(俗)으로 표현하였다. 그렇다면 성(聖)과 속(俗)의 보이는 세상의 유형계와 보이지 않는 무형계의 질서는 같을까? 다를까? 질서란 조화를 뜻하는 것으로, 이치(理致)에 따름을 알고 그것을 그대로 따르게 되는 것이다. 그대로 따르는 것을 '순리(順理)'라 한다. 유형계에서 질서는? 다음과 같이 정리될 수 있다. 사람이 따르는 질서를 '도리(道理)'라 하고, 사물이 따르는 질서를 '조리(條理)'라 하며, 일에 따르는 질서를 '사리(事理)'라 하는데, 이들을 모두 순리(順理)에 따른다고 하는 것이다. 따라서 유형계에서 질서를 유지하기 위해서는 각각의 사물은 조리를 따르고, 각각의 일에는 사리를 따르며, 사람은 도리를 따라야 한다. 이들이 순리처럼 따르는 것을 이치(理致)이자 진리의 또 다른 모습이라 할 수 있다. 이러한 진리를 따르는 인간의 모습을 도리에 맞는 것이라 한다. 그리고 도리를 실천하는 표현으로 윤리라 하여 도덕적이라 말하는 것이다.

유형계에서 조리와 도리란, 조리를 따르려면 격물치지(格物致知)를 구현해야 하며, 도리를 따르려면 본래의 성품인 인격(人格: 인격 치지)을 구현하는 것이다. 격물치지와 인격의 구현은 진리의 또 다른 추구 방식의 표현이라 말할 수 있다.

진리(眞理)! 그것은 우리에게 보여 준다. 진리의 참된 구현을 위해서는 사람이나 사물도 자연의 이치에 맞을 때 우리는 질서에 합당하다고 할 수 있다. 이처럼 자연의 이치에 맞아 질서를 구축하여 조화를 이루게 되는 것을 유형계에서 본래 갖춰야 할 진리의 현현이라 할 수 있다. 유

인간과 짐승

형계와 무형계의 질서는 자연에 따라 순행하는 조리와 도리의 구현으로 자리이타(自利利他)적 관점을 드러나게 하는 바람직한 관계를 표현한 것이다. 다만, 유형계는 보이고 무형계는 보이지 않을 뿐이지만, 질서의 원칙은 모두 같이 적용되는 것이다.

따라서 조리와 도리로 순리에 맞추어 질서를 구현한다면 유형계의 질서는 바람직한 관계 설정을 하게 되는 것으로 '자리이타'라 하며, 이러한 자리이타의 행위를 선한 행위라 하는 것이고, 의를 실천하는 것이다. 이와 같이 선한 행위와 의의 실천은 유형계에 다툼 없는 질서와 조화를 추구하게 되는 애기애타(愛己愛他)의 행위인 것이다. 이러한 자리이타의 관점은 인간과 자연이 전체적 관점의 질서를 유지하여 조화를 구축해야 한다고 알려 주는 것이다.

성(聖)을 따르는 무형계의 질서는, 보이지 않지만 나름의 규칙이 있다. 이러한 나름의 규칙은 무형계의 속성이라 할 수 있는 자연의 법칙을 따르는 것이다. 무형계의 질서는 '스스로 그러함'으로, 자연(自然)스러운 것이다. 이들 무형계와 유형계의 규칙은 같은 속성을 지니지만 이들이 버그를 일으킬 때는 신속하고 단호히 내처져야 한다. 두 세계에서 드러나는 버그로는 다음과 같이 살펴볼 수 있다. 유형계의 버그는 거짓말이 되고, 무형계의 버그는 **역천리**(逆天理)인데, 이 두 세계에서 나타나는 공통된 표현은 **거짓된 것**이라 할 수 있다.

따라서 거짓된 정보인 **거짓말**은 유형계뿐만 아니라 무형계의 질서를 흔들어 놓는 것이다. 그러므로 거짓 정보인 거짓말은 순리를 어긋나게 하고 천리를 거역하게 되는 것이다. 먹고살아야 한다는 취지하에 많은 거짓 정보를 내보내는 이들에게 말한다. 당신들의 행하는 거짓이 결국 유형계와 무형계를 혼란에 빠뜨리고 있으며, 진리를 왜곡하고 있음을 알고 있다면 왜곡되거나 잘못된 정보를 주어서는 안 되고, 거짓말도 하면 안 된다. 왜냐하면 거짓된 정보와 거짓말이란 유형계와 무형계의 질서를 무너뜨려서 두 세계에 혼란을 야기시켜서 부조화를 만들기 때문이다. **'거짓된 정보와 거짓말!'** 그것은 유형계에 혼란을 야기하고 무형계의 자연스러움을 상실하게 만드는 것이다. 따라서 거짓된 정보와 거짓말을 하지 않는 것이 두 세계에서 질서를 지키며 조화를 구현하는 방법이다. **거짓말을 하지 않는 것**은 무형계가 지닌 그대로 모습을 지켜 나가는 것이며, **무위 자연적인 모습**으로 무형계의 속성을 유형계 질서로 드러나는 것이다. 그러므로 거짓 없는 솔직한 세상이란 무형계의 속성으로, 유형계에 드러난 상태인 **성현(聖現)된 모습**이자 **자연적 상태**가 존속되는 것이다. 자연적 상태의 활동 형태는 유형계에서 무위의 개념으로 말할 수 있는 것이며, 또한 무형계의 모습을 유형계에 현현시키어 표현되는 것을 자연스럽게 드러내기에 **질서 있고 '조화롭다'**란 단어로 표현할 수 있다. 그러나 유형계의 삶에서 부조화가 발생하는 것은 인간이 아닌 사람들이 자신만의 이익을 위해, 혹은 자신의 편리함만을 추구하기 위해 솔직하지 못한 거짓을 일삼는 언행에서 비롯된다. 잘못된 정보나 솔직하지 못한 언행은 이를 행하는 부도덕한 사람으로 인해 유형계의 자연스러운 질서를 무질서로, 조화를 부조화로 만들어 가게 된다. 그러므로 무형계와 유형계의 질서는 같은 자연 상태를 나타내지만 무형계는 자연 그대로인 무위함을 보여 주는 것이 된다. 반면에 유형계는 유형계 내에서 발생되는 인위적인 유위함이 아닌 무형계의 속성과 같은 무위자연을 행하는 자연 상태의 질서를 보여 주게 되는 것이다.

인간과 짐승

4부

공동체 속의 짐승들

1.
현실에 드러난 짐승 시리즈 I~XI

1) 짐승들이 살아가는 세상 I

  자연에서 태어난 모든 것들은 자연의 삶에서 통제받지 않는 삶을 살고 싶어 한다. 그러나 통제받지 않는 자연의 삶은 불안하다. 그리고 모든 생물은 주변으로부터 개체적 삶을 지속할 수 없게 하는, 죽음의 공포와 죽음을 피하고자 하는 두려움에 갇히는 상황에 자주 마주하게 될 수 있다. 죽음의 공포와 죽음을 피하고자 하는 두려움으로부터 적극적으로 자신을 보호하려 한다. 이를 위해 약한 자들은 스스로 무리를 형성해 가면서, 강한 자에게 대항하며 자신들의 안전을 보장받으려 한다.

  자연에서 태어난 것 중 사람은 대체로 유약한 존재이지만 생각하는 동물이다. 사람은 생각하는 동물이라 자신의 안전을 위해 공동체적 삶을 살아가려고 하는 대표적인 사회·정치적 존재이기도 하다. 공동체의 일원으로 사회적 존재로서의 사람은, 자신의 안전을 위해 공동체에 자신의 권리를 담보로 자신의 안전 확보와 그에 따른 의무를 부여받는 집단을 형성하게 된다. 그러나 집단 내에 공동체를 이끄는 자들이 **바르고 정당한 자**로 성장한 사람이라면, 집단도 좋은 집단으로 형성되게 될 것이다. 여기서 좋은 집단이란 대동사회, 용화세계, 천국, 소국과민, 자유와 인권 그리고 질서를 보장받는 사회가 될 것이다. 그러나 바르고 정당한 자가 아니라면 공동체 내의 사람은 공동체를 이끄는 자들에게 자신의 안전을 보장받는 것이 아니라 오히려 그들에게 위협과 살해의 공포에 대

인간과 짐승

한 겁박을 당할 수도 있다. 그러기 때문에 사람들은 간혹 공동체를 이끄는 자의 위협과 살해의 공포와 맞서야 할 상황이 올 수도 있다. 왜냐하면 이러한 상황에서 자신의 권리를 담보하여 안전을 보장받아야 하나, 오히려 보장받지 못하고 의무만 이행하라는 협박과 강요 속에서 살아가게 되는 두려운 상황을 맞이하게 되기 때문이다. 만일 공동체를 이끄는 자가 성인과 같은 바르고 정당한 인간이라면 얼마나 좋을까? 그러나 인간이 아닌, 겉은 사람이지만 그들의 행위가 자신과 자신의 집단만을 위한 이기적인 이익을 추구하는 자라면 그들은 사람의 형상을 지닌 짐승과 악마와 같은 자가 될 가능성이 크다. 짐승과 악마 같은 이들은 단지 자신의 이익에만 관심 있는 자들이지 공동체의 이익에 관심있는 이들이 아닐 것이다. 따라서 이들은 공동체 이익에 무관심한 자들이라 공동체는 시간이 갈수록 피해가 커지게 될 것이다. 이들은 자신들의 이익만을 챙기고 공동체에 피해를 주는 자들로 인간이 아닌 사람의 탈을 쓴 인면수심의 짐승 혹은 악마들이라 하는 것이고, 짐승과 악마인 이들을 모아 괴물이라 칭하기도 한다.

사람으로 태어나면 사람의 삶이 진행되는 공동체의 생활 공간을 가지게 된다. 공동체의 생활 공간에서 사람이 사람의 탈을 쓴 짐승들과 함께 사는 곳이 된다면, 그 공동체는 사람과 짐승이 살아가는 정글 속에서 약육강식의 처절한 싸움이 진행되는 장소가 될 것이다. 이뿐만 아니라 약육강식의 처절한 싸움의 장(場)인 공동체 생활 공간은 사람과 짐승이 다투는 것이, 마치 동물들이 정글에서 살아가는 생활과 같은 형태로서 철저히 나만의 집단만의 이익을 추구하는 약육강식으로 살아가는 정글과 다름없는 공동체의 장(場)인 것이다. 이같이 공동체가 사람의 탈을 쓴 짐승들과 함께 살아가는 정글이 된다면 정글 속에서 살아가는 부류는 인간, 사람, 동물, 짐승, 악마와 같은 이들이 공존하게 되는 것이다. 이중 사람의 탈을 쓴 짐승이 아닌 자들을 다음과 같이 표현하는 것을 들을 수 있었을 것이다. "사람이되, 짐승이 아닌 사람이다."라는 말은 '사람이면 사람답게 살아야 사람'이라는 의미이다. 그러나 사람이 사는 공동체에서 외모는 사람이면서 사람답게 사는 것을 포기하는 자들은 공동체에서 나타난 정글 속의 짐승이 아닌, 사람 사회에서 만들어진 **새로운 짐승과 악마**로 나타나게 된다.

반면에 사람으로서 공동체를 구성하는 자들은 사람답게 살고자 하여 공동체 생활 속에서 더불어 잘살고자 하는 도덕을 실천하려는 자가 된다. 사람으로서 도와 덕을 실현하는 도덕적인 자를 인간이라 하여 성인(聖人)이라 부르게 된다. 플라톤에 의하면 성인(聖人)에 대한 표현을 철학자로 지혜로운 자이기에, 철학자 중에 공동체 리더가 나와야 한다고 주장했다. 플라톤이 말한 철학자는 도덕을 실천하는 바르고 정당한 리더로서 지혜로운 자가 된다. 공동체에서 사람답게 살고 있는 자를 인간이라 부르지만, 도덕이 무시되고 '사람답게'를 포기한 자들은 외모는 사람이지만 공동체에 **새로운 짐승**으로 나타나게 된다. 이런 **새로운 짐승**들이 공동체 리더로서 역할을 할 때, 공동체의 일원들은 이들로 인해 공동체가 퇴행적으로 진행되는 것을 경험하게 될 것이다. 이러한 경험은 **새로운 짐승**들로 인해 공동체에 혼란이 야기되어 공동체에 무질서와 부조화가 팽배해지면서 공동체 일원들은 고통과 두려움 그리고 심하게는 죽음의 공포까지 느끼게 될 것이다. 그래서 공동체 일원들은 자신을 보호하기 위해 이들에게 집단으로 대항하게 된다.

이는 사람들이 만든 공동체 속에서 사람으로 태어나 도덕적인 사람으로 성장한 자를 인간이라 하고 성인(聖人)이라 부르는데, 이들은 공동체에 살면서 다른 인간들과 더불어 질서와 배려를 통한 조화로운 삶을 추구하려 한다. 그러나 사람으로 태어나 사람답게를 포기한 **새로운 짐승**들이 인간과 공존하는 세상이라면 사람답게 살고자 하는 인간과 사람으로 태어나 사람답게를 포기한 짐승들이 삶의 공동체에 공존하면서 인

인간과 짐승

간은 공동체를 지배하려는 **새로운 짐승**들과 인권에 대한 권리를 보장받으려 적극적인 투쟁을 하게 되는 것이다. 사람으로 태어나 도덕적인 사람인 인간들은 공동체에서 살아가는 새로운 짐승과 싸움하게 되는데, 그들이 싸우는 싸움의 목적은 나를 보호하고 나와 같은 무리의 생존권을 보호받기 위한 권리 투쟁이 된다. 인간들은 또한 생존권을 보호받기 위해 새로운 짐승에게 대항하여 인권이 보호되는 안전한 삶을 도모하는 적극적인 행위를 실천하게 된다. 그리고 대항하는 적극적인 행위가 자신의 권리를 지키고 보호받는 것이라 주장하게 되는 것이다. 이처럼 공동체에서 인간은 공동체의 일원으로서 안전한 삶을 추구하고 싶어 한다. 그러나 인간이 살고 있는 공동체에서 공동체의 리더가 겉모습은 사람이나 짐승과 같다면, 그들이 하는 언행은 마치 짐승과 같은 심리에서 드러난 언행이라 할 수 있다. 이러한 짐승들의 심리에서 드러난 언행의 목적은 무엇일까? '그것은 오로지 자신만의 이익과 자신만의 편함에 눈이 멀어서, 상대가 어찌 되든 자신만의 이익과 자신만의 편함으로 자신의 배가 가득한 포만감이 채워져야 그 목적이 끝나게 될 것이다.' 그러나 이러한 짐승들은 욕심이 하늘을 뚫을 것 같아서 이익을 챙기는 그들의 욕망이 멈추지 않을 것이다.

일반적으로 짐승은 생존을 위해 배고픔에서 포만감을 얻을 때까지 자신의 먹이 활동을 한다. 그러나 인간이 사는 공동체 사회에 나타난 새로운 짐승들은 자신만의 이익과 편함을 위해 공동체에서 자신에게 대항하지 못하게 하거나, 아니면 약한 자들을 대상으로 자신만의 이익과 편함을 챙기려 할 것이다. 이는 실제 짐승들이 먹이 활동을 통해 포만감이 느껴질 때까지 지속적으로 잡아먹거나, 뜯어 먹는 것과 같은 원리이다.

원시시대에 짐승들과 사람들이 생존을 위한 다툼에서 사람들은 자신의 안전을 보장받기 위해 사람들끼리의 연합으로 인간의 공동체를 구성했듯이, 사람의 탈을 쓴 짐승인 새로운 짐승 무리로부터 삶의 안전을 보장받기 위해서는 원시시대와 같은 연합 방식을 취하게 된다. 따라서 사람들 스스로가 자신이 속한 곳에서 삶의 안전을 확보하기 위해 모두가 일사불란한 체계로 단합하고 연계하여 새로운 짐승들에게 대응했을 때, 이때만이 사람들 스스로 권리를 보존하고 인권의 안전함을 획득할 수 있게 된다. 그러나 인간의 탈을 쓴 새로운 짐승들은 교활하여 사람들에게 '떡 하나 주면 안 잡아먹지' 하면서 지속적 속임으로 떡을 요구하다가, 떡이 떨어지면 마침내 사람까지 잡아먹고서 모든 것을 다 먹어 버린 것을 확인 후 장소를 옮겨 가는 자들이 된다. 공동체에 나타난 새로운 짐승들은 일반적인 짐승들보다 더 악랄하고 잔인하다. 그렇기에 사람의 탈을 쓴 짐승들은 자신의 배가 터지도록 이익을 챙기는 자가 되거나 배가 터져도 더 이익을 챙기려는 자들이 된다.

사람으로 태어나 새로운 짐승들의 요구에 야금야금 떡 하나 주다 저항도 하지 못하고 자신의 목숨까지 내주는 것은 마치 냄비 안의 개구리가 물이 데워지면서 자신을 삶아지게 하는 냄비 속의 개구리와 같이 단순하고 어리석은 생각으로 공동체의 삶을 살지 말아야 한다. 왜냐하면 권리는 주장하고, 의무는 이행해 주어야 하기 때문이다. 의무의 이행을 말하며 권리를 보장하지 않는 사회는 폭정과 독재로 가거나, 가 있는 사회일 것이다. 그렇기에 권리는 주장하는 만큼 얻게 되는 것이고, 의무는 무조건 이행해야 하는 것이다. 누군가 자신의 권리를 100% 보장받고 의무를 100% 실천하는 자라면 공동체 일원으로 지배하는 자들의 지배 권력의 정당성을 항상 지켜봐야 할 것이다. 왜냐하면 '지켜보는 것', 그것이 곧 사람으로서 인간으로서 자신의 권리를 지키는 것이며 권리를 보장받기 위한 끊임없는 정치 참여가 되기 때문이다.

2) 짐승들이 살아가는 세상 Ⅱ

짐승에게는 도덕, 윤리라는 것이 없다고 한다. 2022년 10월 28일 밤 (29일 새벽)에 발생된 이태원 사태. 이곳에서 발생한 거리의 질식사 현장은 공동체 정신이 사라지고 도덕이 무너진 대한민국 사회의 비도덕적인 현상을 적나라하게 보여 준 것 같다. 대한민국이 비도덕적인 공동체로서 도덕과 윤리의 무너짐이 여러 곳에 나타나고 있는 현실 모습은 지금의 시대를 다음 일곱 가지로 표현할 수 있을 것이다.

첫째, 자신이 한 말에 대해 잘못이 있어도 절대 사과를 하지 않는, **도덕이 없는 지도층**들.

둘째, 자신이 책임질 일을 과거에 담당했던 자들에게 **책임을 떠넘기는 무책임한** 이들.

셋째, 자기의 이익과 즐거움을 위해서 상대를 훼손해도 된다는 사고를 지닌 **이기적인 자**들.

넷째, 교육이 공동체 일원으로서 지녀야 할 규칙을 준수하는 도덕적 의무의 부재로 인한 **공동체 의식이 부재가 당연시하는 무도한 자**들.

다섯째, 나와 집단의 이익을 위해서는 자신들의 모든 언행이 비윤리적이어도 괜찮다는 **몰상식적인 사람**들.

여섯째, 정부의 공공 기관에는 국민을 위한 역할로서 공복이 무엇인지 모르는 직장인과 같은 **이기적인 이익 추구형의 무지한 공무원**들.

일곱째, 교육 기관에서 도덕과 윤리 그리고 자국의 역사보다 영어와 수학을 중요시하는 **탈교육적인 의식구조들**과 같은 것.

이러한 것을 볼 때 대한민국은 이미 인간으로서 사람들이 사는 사회가 아니라, 누가 더 사나운 짐승이 되어서 상대를 더 많이 괴롭힐 수 있는 것이 자기 능력으로 보이는 사회가 된 것 같다. 사나운 짐승으로 공동체를 무시하는 것이 자신이 똑똑하기 때문에 행할 수 있는 능력으로 보이는 시대라고 생각한다면, 그들은 타인을 훼손하는 것이 능력이 있어서 가능하다는 잘못된 인식으로 무장된 자들이다. 대한민국의 현재 모습은 공공의 가치와 공공의 질서가 무너져 버린, 잘못된 인식의 결과물로 형성된 사회 구조이다. 이러한 사회 구조 속에서 나타나고 있는 것이 지금의 사회 현상이라 할 수 있다. 대표적인 사회 현상으로 이태원 사태의 159명의 참혹한 죽음의 결과와 폭우로 인한 재난 안전이 무방비 상태에서 죽게 된 9명의 민간인과 1명의 군인의 죽음이 있었다. 이러한 현실이 대한민국 사회가 지닌 현재의 민낯이 아닌가 생각해 본다.

2024년 오늘의 대한민국은 뻔뻔함과 거짓이 당연시되고, 이러한 것들이 정당한 것처럼 보이는 세상이다. 왜냐하면 거짓을 지적하면 '법적으로 문제없다' 하고, '진실하지 못한 행위가 아닌가'로 지목되면 지적질 자체가 공동체를 무너뜨리는 행위라 주장하고 있는 것이 대한민국의 현재 수준이라는 것이 사실이 아닌가? 질의하는 형태로 이야기하면 확인되지 않은 유언비어라 간주하게 하고, 사실을 확인하려면 잘못된 소통 방식을 통해 사실을 확인해 주지 않는 뻔뻔함과 당당함은 어디서 나오는지. 이러한 내용들이 공동체에 만연된 대한민국 현실은 비도덕과 무윤리가 난무하는 기이한 사회 현상을 보여 주고 있다.

대한민국은 **새로운 짐승**들의 말과 행위가 정당한 인식이라며 목을 곧추세우고 자랑하듯이 말과 행동을 하는 자들이 지도층에 있는 한, 정상보다는 비정상이 정상처럼 보이는 기이한 현상이 지속될 것이다. 대한민국 국민 수준이 이 정도가 아닐 진데 이렇게 국민이 대접받고 있는 현실은 대한민국의 교육 뿌리가 썩어서 옳고 그름을 판단할 수 없을 정도이고, 공동체란 것은 나와 무관하다는 개인의 이기적인 사고와 집단 이익을 위해서는 공동체가 무너져도 괜찮다는 조선시대의 말기이자 한일합방의 전조 같은 사회 현상으로 보인다.

조선시대 말기에 지도층의 부패는 자신들이 옳다는 거짓의 정당화와 조선의 질서가 무너져 새로운 질서를 심어야 한다는 일본에 의타적이며 편향적인 지도층의 모습이 당시의 **새로운 짐승**이라 할 수 있다. 조선시대 말기가 오늘의 대한민국 현상으로 보여질 만큼 대한민국 국민에게 대한민국을 믿지 못하게 하는 지도층의 리더십, 그것이 또다시 대한민국을 일제 35년의 자주권 박탈 기간으로 몰아넣고 있는 것이 아닌가 하는 의심이 들 정도의 시기이다.

작금의 대한민국 지도층은 대한민국이 부패될수록, 대한민국이 불안해질수록 대한민국 국민이 자기의 능력을 의심하게 만드는 것 같다. 이러한 현상은 지도층의 무능력함을 국민에게 책임을 전가하는 것처럼 보인다. 또한 작금의 대한민국은 스스로 자국이 아닌 타국 의존도를 높여 또다시 대한민국을 타국의 수족으로 만들려는 자세가 극심한 사대주의의 재현이 아닌가? 의심이 들 정도이다.

오늘날의 대한민국 교육은 100년의 대계라 하였으나, 실질적으로 100년의 대계를 향한 교육 정책의 부재와 지도자에 따라 자신의 집단에 유리한 이기적인 교육 정책으로 뒤바뀌는 교육 현장의 현상들은 교육이 인재 양성이 아닌 시정잡배들이나 키우는 공장으로 만들어 온 정치 지도자들의 무책임과 무질서함에서 비롯됨은 너무도 당연한 것이 아닐까? 현재의 대한민국이 바로 서기 위해서는 교육에서 영어와 수학보다 도덕과 윤리 그리고 한국사와 세계사가 더 중요함을 알게 하여 피교육자들이 좋은 사람이 되는 전인 교육이 되기를 바라야 하지 않을까.

오늘날의 대한민국! 민족의 뿌리가 되는 도덕과 윤리, 한국사가 실종되어 가고 있는 현실인 것 같다. 이러한 현실은 바른 정신에 입각한 행복한 삶을 구현하기 위한 것보다는 교육계에서 마치 기술을 위한 도구를 만들어 내는 대장간 같은 현실이 된 것이 무척 안타까울 뿐이다. 지금의 대한민국은 문화와 정신은 없고 기술과 도구만 있게 된 것은 나무의 뿌리는 약하고 가지만 무성하여 내실없는 화려함으로 인해 머지않아

쓰러지게 될 수 있음을 경계해야 할 것이다.

3) 짐승들이 살아가는 세상 III

새로운 짐승들은 이성적이지 않다. 단지 즉각적인 배고픔을 채우려는 자신만의 이익을 따르는 것이며, 배고픔을 이기려는 이기심 가득한 욕구에 따라 움직일 뿐이다. 일반적으로 짐승은 배고픔의 욕구가 충족되지 않으면 허기진 욕구를 채우기 위해 벌건 눈을 뜨고 여기저기 기웃거리다, 먹을 수 있는 먹이라 생각되면 남김없이 먹어 치우려는 하이에나와 같은 존재들이다. 배고픈 짐승들의 움직임은 먹이 앞에 서열만 존재할뿐 다른 어떤 것도 보이지 않는다. 서열이 곧 질서이기에, 짐승들 무리에서 서열에 따른 정리만이 자신들이 살아가는 존재 방식이기에 서열 높은 짐승에 빌붙어서 사는 생존 본능이 발달한 존재들이다.

현재의 대한민국, **새로운 짐승**들이 나타남에 따라 새로운 짐승과 친해지려고 하거나 새로운 짐승 세계에서 높은 서열을 가지고자 노력한다. 이러한 노력은 서열에 충실한 이들끼리 호가호위(狐假虎威)하면서 함께 국정 운영을 하는 것이, 마치 최고 서열의 새로운 짐승에 맞춘 낮은 서열의 짐승들이 주변에서 서성거리는 삶과 같이 보이는 국정 운영 아닌가? 대한민국의 국정 운영은 국민을 위한 국정 운영이 아닌, 최고 서열의 **새로운 짐승**의 눈치를 보면서 살아가는 듯한 국정 운영 같다. 이는 마치 텔레비전에서 동물의 왕국의 프로그램을 보는 것과 같은 착각을 느끼는 것은 나만의 생각인가?

바른 국정 운영이란 국민의 눈치를 보며, 국민을 위한, 국민에 의한 국정 운영이 되어야 하는데, 현재 대한민국의 국정 운영자들은 자신들이 바라보는 최고 서열의 **새로운 짐승**에 맞게 움직이려는 언행과 그의 눈치

인간과 짐승

만 보게 되는 하찮은 하이에나 무리처럼 보인다.

그렇기 때문에 대한민국의 위정자들은 국민을 위한 척만 하는 위선의 짐승들로 가득한 현실의 모습으로 보인다. 참된 위정자라면 국민을 보호하고, 국민의 안전함을 담보로 국민의 권리를 위임받은 자들이 바른 사람으로서의 주어진 업무를 국민과 국가를 위해 추진해야 한다. 그러나 대한민국은 정책 업무 중심에 국민과 국가는 보이지 않고, 바른 사람이 되길 포기한 듯한 자들만 보인다. 이러한 이들이 자행하는 국민과 국가가 없는 업무는, 마치 짐승들이 무리를 무시하고 새로운 짐승인 한 우두머리를 위한 정책만을 만들어서 추구하는 것 아닌가? 위정자가 무리를 위한 우두머리의 입장, 국민을 위한 군주의 입장이 이미 사라진 것처럼 보이는 대한민국에서는 국민이 안 보이니 국민만 겪게 되는 재난과 참사 등이 연이어 발생하는 것이 아닌가?

위정자로서 책임질 줄 알고 생각이 바른 사람이라면 바로 사과하고 책임을 통감한다고 하였을 텐데, 바른 사람이 아닌 새로운 짐승들이라 법적 책임이 없음을 언론질 하면서 절대 사과할 일이 없다고 잡아떼는, 비도덕적이고 비윤리적인 행태를 보이는 것이다. 위정자가 국민을 안전하게 보호하질 못하였는데 잘못함이 없다고 잡아떼는 것은 무엇일까? 법적 책임이 없기에 무조건 사과할 일이 없다는 것은 자신만을 비호하는 자들이 보여 준 사례이자 대한민국의 잘못된 현실과 잘못된 국정 운영 형태를 보여 주는 것 같다. 법적 책임이 없다는 것은 무엇을 의미하는 것일까? 내가 그 일에 관여하지 않았다는 것인가? 아니면 그곳에 내가 없었다는 것인가? 관여하지 않고 그곳에 없었다는 것은 자신이 할 일을 하지 않은 것 아닌가? 그렇다면 책임에 대해 회피할 수 없었을 텐데, 왜 법적 책임을 따지는 걸까? 책임에는 도덕적인 양심적 책임이 있고, 법적 책임이 있다. 도덕적 양심적 책임은 개인의 양심에 맡겨진 것이지만, 법적 책임은 어떤 사건이 발생하여 결과에 대해 묻는 것이다. 정부라 하면 정부는 결과를 탓하기보다 맡겨지고 주어진 업무를 이행하는 데 있어서 사전 예측을 통해 미리 예방을 하는 것이 최고 역할이자 목적이 된다. 그러나 위정자로서 이들 모두를 수월하게 여기어 대처하는 자라면 그들은 한 인간, 아니, 한 사람으로서 자신을 보이고 싶은 것이 아니라 스스로가 원하건 원치 않건, 자기가 새로운 짐승이길 바라는 이들이 아닐까?

현재의 대한민국은 최고 서열자가 행하는 언행을 보고 잘못된 것을 개선하기보다 그들의 언행을 본받아 따라 하려 한다. 그러나 이것은 자신들의 인식이 그릇됨을 알지 못하는 멍청한 짐승들과 같은 행위를 하는 것이다. 멍청한 짐승이기에 잘잘못을 살피지 않고 최고 서열이 하는 짓과 똑같은 행동을 반복하는 것이 아닌가.

과거 선인들의 시대였던 고조선시대에는 동이족의 너그러운 사회적 관계를 공동체에서 완벽히 실현하려 했다. 그러나 현재의 대한민국은 소통과 대담 그리고 조화와 질서가 사라져 가는 무도한 공동체가 만들어지는 것 같다. 이러한 사회는 대한민국 국정을 운영하는 이들이 사람이 아닌 새로운 짐승이 되어 있는 것 아닌가? 의심이 든다. 어떤 이가 위정자로서 국정을 잘 운영하고 싶다면, 국정을 운영하기 전 사람됨을 배워야 짐승이 되지 않는다고 생각하기에 먼저 도덕적인 사람으로서 인간이 되어야 한다. 도덕적인 사람으로서 인간이 되었을 때 그가 위정자가 된다면, 그가 운영하는 대한민국은 국민을 위한 정부가 될 것이고, 국민의 권리를 제대로 이행할 수 있는 기관으로서의 국가를 운영할 자격을 갖게 될 것이다.

국가를 운영하는 자들이여! 짐승과 같은 배 채움을 생각 말고 진정으로 사람이 되어 바른 사람으로서 인간이라면 국민을 위한 바람직한 정책을 운용해야 할 것 아닌가?

짐승 같은 이들이여! 제발 짐승이 아닌 사람이자 인간이 먼저 되시라. 그래야 바람직한 인간관계를 형성할 수 있는 사회가 만들어질 것이고, 법

없이 살 수 있는 도덕과 윤리가 횡행하는 세상이 될 것 아니겠는가? 지금의 대한민국 무책임하고 비도덕적인 짐승들의 세상이 아닌가 생각된다.

4) 짐승들이 가져간 권리 IV

국민은 나라의 근간이다. 나라의 근간인 국민은 각자 자신에게 부여된 권리를 가지고 있다. 이것을 인권이라 한다. 공동체의 일원으로서 국민은 자신이 지닌 인권을 대의 제도에서 선거를 통해 당선자에게 자신의 권한을 위임해 준다. 당선자에게 위임된 권한은 당선자에게 나의 안전과 소유 재산을 보호해 주라는 의무를 부여한 것이다. 즉, 나의 권리와 국가의 의무가 서로 주고받는 관계로 형성된 것이다. 만일 나의 권리를 위임하지 않았다면 권리가 위임되지 않았기에 한 국가의 국민이 되지 못한다. 국민이 되지 못한다면 국가로부터 보호받지 못하는 것은 당연하다. 국가 역시 국민의 권리를 위임받지 못했다면 국가라는 단어를 사용할 수 없게 된다. 왜냐하면 국민이 없는 국가란 없기 때문이다. 국가에 소속된 국민은 선거를 통해 당선된 당선인에게 자신의 권리를 보호받고 국가에 대한 의무를 이행하게 된다. 국민들의 이러한 태도는 당선인이 국민을 위해 국민을 위한 국가를 잘 운영해 주기를 바라는 간절한 염원이 담긴 의미이다. 간절한 염원 중 하나가 국민의 생명과 신체적 안전을 보호받으려는 강력한 요구이다. 그러나 현 정부는 이미 있는 안전 규정조차도 잘 알지 못하면서 안전에 관한 규정이 없다면서 안전사고가 발생하면 당사자들의 책임이라고 전가하려는 무책임한 태도에 대해 분노를 느낀다. 이러한 분노를 하게 된 국민은 자신이 선거를 통해 주권자의 권리를 넘겨준 행정부의 수장에게 내가 너를 잘못 뽑았다는 것을 전적으로 인지시켜야 한다. 왜냐하면 국가에서 발생한 모든 사건 사고의 결과에 대해 도덕적이든 법적이든 책임져야 하는 것이 행정부 수장의 몫이기 때문이다. 그리고 선거 결과, 국민의 대리인으로서 취임한 행정부의 수장은 지지해 준 국민으로부터 선출된 자들이 감당해야 할 책임의 몫이 있는 것이다. 그러나 국가에서 발생한 모든 사건 사고가 법적인 문제로만 몰고 간다면, 국가 운영에 대한 운영은 안 하고 현재의 국가에서 발생한 결과물에 대한 책임을 따져 묻는 것밖에 없다면, 지금의 정부는 무능한 정부인 것이다. 왜냐하면 국가가 선제적인 예방이란 것은 모르고 오로지 벌어진 결과에 대한 책임만을 묻게 되기 때문이다. 이것은 법만 있다면 누구든 할 수 있는 일이다. 지금의 정부는 국가 운영은 할 줄 모르고 세금만 축내고 있는 돈에 환장한 정부 같다. 세금이란 세입에 따라 세출을 위한 사전 계획을 짜서 운용하는 것이다. 세금으로 앞으로의 일을 준비하는 것이다. 따라서 정부는 국내외에서 발생한 모든 사건 사고는 사전에 발생하지 않도록 선조치를 통해 예방하는 것이 당선인이자 선출자들이 할 일이다. 그런데 오히려 결과에 대해 책임을 국민에게 묻고 있다면 그 책임은 누구에게 물어야 하는가? 국내외에서 발생한 모든 사건 사고는 국민에게 국민의 권리를 위임받은 당선인과 그와 함께 일하는 자들에게 물어야 마땅하다. 그러나 사건 사고 현장에 없었다고 하여 정책 수행자가 그에 대해 법적 책임만 없다고 답변하는 것은 무엇 때문에 그럴까? 정책 수행자, 그들은 국민을 위한 안전과 재산 보호엔 관심이 없다는 것을 보여 주는 무책임한 태도이며, 자신들이 해야 할 일을 안 하고 무능력하다는 것을 보여 주는 모습이다. 이들은 국민을 위한 자들이 아닌, 자신만의 이익을 위한 자리에 앉아서 자신의 이익과 편리함만을 추구하며 세금만 갉아 먹는 세금 도둑일 뿐이다.

국민은 선거를 통해 현재보다 더 나은 삶을 살고자 미래지향적인 발전을 요구하는 행정부의 수장을 뽑았다. 그러나 현실은 국민이 지닌 자기 권리가 선거를 통해 사기꾼들에게 도적질 당한 자신의 잘못된 권리

인간과 짐승

행사만을 보게 된 것이다. 법적 책임이 없다는 것, 위정자가 국민의 권리를 가져가기 위해 국민을 속이고 국민의 판단을 도적질한 이들이 국민에게 말하고 있는 것 같다. "당신들이 자신의 권리에 대한 관리를 잘못하고 자신들이 판단을 잘못해서 발생한 것을, 왜! 내가, 아니, 우리가 책임을 져야 하는가." 하면서 자신들은 '할 만큼 했다.'라고 주장하는 이 현실은 이들을 지지해 준 대한민국 국민이 어리석었음을 통절하게 알게 해 준 사건들이다.

국민은 투표를 통해 자신의 권리를 보장받기 위해 대의제를 선택했다. 이러한 대의제에서,

국민은 국정의 방관자를 뽑은 게 아니다.

국민은 국내외로 문제만 일으키는 자를 뽑은 게 아니다.

국민은 소문만을 쫓아다니는 자를 뽑은 게 아니다.

국민은 세금을 제멋대로 쓰려는 자를 뽑은 것이 아니다.

국민은……

국민은 민생을 방관하지 말고, 국가에 문제를 발생시키지 말고, 뒤처리 조문을 다니지 않게 하는 나라를 만들어 달라고 권리를 위임해 줬건만, 이들은 자신의 이익 집단만을 위한 떼거리로 모여 다니는 패거리들의 모습은 마치 하이에나 같은 자들로 자신들의 이익만을 찾아다니는 **새로운 짐승**들이다. 이들은 국민을 위한 정부가 아니다. 이들은 정직함이 없는 거짓과 가식만이 가득한 이익 집단일 뿐이다. 이들은 마치 국민을 위한 공직자들의 모습이 전혀 보이지 않는 사람으로, 정약용이 요구하는 공변된 목민의 공직자 이길 거부하는 **새로운 짐승**들 같아 보인다.

짐승과 같이 사는 국민은 이미 호랑이굴에 들어와 짐승들과 어울려 있기에 국민이 짐승들에게 잡아먹히지 않으려면 정신을 바짝 차려야 한다. 정신을 차리지 못하면 모든 국민이 짐승들로 인해 삶의 벼랑 끝에 몰려 나가는 수가 있다. 국가별 IQ가 최고인 국민으로서 오늘의 현실 모

습이 후손들에게 부끄러운 모습으로 남지 않게 하려면 반드시 정상적인 사람들이 살 만한 나라로 오늘의 현실을 되돌려야 할 것이다.

5) 짐승들이 살아가는 세상 V

짐승들이 사람 몰이를 했는가? 사람이 아닌 짐승들은 이태원 행사 전 요청한 경찰 인력에 대해 '왜! 협조를 안 했는가?' 협조가 이뤄지지 않은 해당 행정청인 경찰청과 서울시청 그리고 용산구청 관련자들이 과거 매년 해 왔던 일정을 왜! 과거에 운용된 사례를 참고하지 않고 무시했던가? 이는 이태원 행사에서 무엇인가 의도적인 숨겨진 내용이 있지 않았는가? 과거와 달리 대처한 의도에 대한 의심에 따른 의혹이 있을 수 있는 게 아닌가? 과거처럼 경찰과 구청의 협조를 받아 통제되어 운영된 행사에 참여했더라면, 참사는 없지 않았을까?

국민의 생명을, 사람 목숨이 귀한 줄 알았다면… 매년 해 왔던 수준의 협조를 해 오던 관청들은 왜 참여하지 않았을까? 2022년 10월 28일의 행사에는 그동안 관여해 오던 관청들이 지원 요청을 묵살하고 마약 단속원들만 깔아 놓으려 했던 것은 무엇을 위한 것일까? 그것도 기자들을 동원한 정부의 행사 광고를 찍어 볼 듯이 했다는 것은 더욱 의혹을 키워 나갈 수 있는 까닭 아닌가? 2022년 10월 대한민국은 국민을 위한 행정부의 역할보다는 국민을 검거의 대상이자 범죄자의 집단으로 보고 있었던 게 아닐까? 이러한 자세는 국민을 섬기려는 자세보다는 국민을 개돼지로 보는 것은 아닌가? 국민을 주인이 아닌 개돼지로 보고 있는 행정부의 저변에 깔린 듯한 의식 때문에 이태원의 행사장은 국민인 사람을 보호하기보다는 마약쟁이 몰이를 하듯이 행사를 살펴본 것 아닐까? 이러한 시각이라면 원인을 예방하는 관청들이 하여야 할 일을 안 하고, 범죄를 발생시키고 결과물을 챙기려는 검사와 형사들의 인식으로 바라본 이 태원 행사가 아닌가? 그렇다면 이태원 참상의 원인은 이태원 행사 전부 터의 정부가 행사에 대처하는 일정과 회의 내용을 살펴야 참사의 원인 을 찾을 수 있지 않을까? 이태원 사태는 실제적인 다양한 관점으로 접근 해 볼 필요가 있을 것이다. 다양한 접근의 생각은 참사 결과보다 결과로 이어진 인원 동원에 소극적인 대처를 한 정부의 관청들에 대한 조사가 반드시 이루어져야 하고, 참사 전에 드러난 적극적인 대비책을 실행하지 못한 관청들의 과정과 대비 과정이 부실하게 된 원인과 결과에 대해 반 드시 찾아보아야 할 것이다. 국민을 사람으로 보고 있는가? 예비 범죄자 로, 검거의 대상으로 보고 있지 않았는가? 앞의 전제가 맞았다면, 국민 을 사람으로 본 행사를 준비할 때 사고가 발생하지 않도록 철저하게 준 비했어야 한다. 하지만 뒤의 전제가 맞았다면 국민을 마약 검거의 전리 품으로 생각한, 아주 옳지 못한 정책을 이행한, 사람이 아닌 짐승들이 사람을 자신들의 전리품으로 삼으려 했다고 생각할 수 있는 것이다. 지 금의 정부가 과연 사람을 위한 정부인가 아니면 짐승을 위한 놀이터인 가 생각해 볼 때이다.

6) 짐승들이 살아가는 세상 VI

사람이라면 측은지심이 있어야 한다. 사람이라면 책임질 줄 알아야 한 다. 사람이라면 사과를 할 줄 알아야 한다. 이러한 것을 할 줄 모르는 이들은 사람이 아니라 짐승이기에 측은지심이 없고, 책임질 줄 모르고, 사과를 할 줄 모르고, 과거 정부 탓으로 책임 전가만 하고, 오로지 이태 원 그곳에 간 국민만을 탓한다. 전 정부에서 발생하지 않은 것이 현 정 부에서 발생하면 과거 정부의 탓인가? 전 정부에서 한 번도 발생하지 않았던 사건들이 발생했다면, 현 정부의 잘못된 대처인데 전 정부 탓을 하는 것은 책임질 줄 모르는 양아치 같은 집단인 것이다.

양아치들은 자신들의 이익에 대해서는 철저히 챙기려 하면서 책임져야 할 일은 모두가 전 정부 탓, 국민 탓으로 책임을 돌리고 있는 극한의 이기적인 자들이다. 이태원 참사의 발생을 시간차로 구분해 살펴서 본다 하여도, 참사의 발생은 전 정부의 시스템으로 그대로 진행된 것으로 살펴봤다면 발생할 수 없는 일이었다. 그러나 현 정부에서 전 정부의 시스템 가동은 현 정부 관료들이 전혀 사용하지 않거나, 활용할 의지가 없었던 것이 아닐까? 일선 경찰과 구청 담당자들은 행사 시 과거에 작동한 내용을 행사 전 관청에 요구했으나 그 요청이 묵살되었거나 활용되지 않았다. 설사 과거 행사 시 작동한 내용으로 했다 하더라도 사고가 났다면 예방 능력이 부족한 것이기에 자신들의 부족함으로 인해 발생한 현 정부의 참사가 된다. 그런데 이를 어찌 전 정부와 국민의 탓으로 돌리려하는가?

짐승들이 살아가는 세상에서 그들이 사람으로서 조금이나마 측은지심이 있는 사람들이라면 반드시 이 참사의 원인을 정확히 끝까지 밝혀서 문제의 원인에 따라 책임져야 할 정부 책임자들은 구속뿐만 아니라 모두가 물러나야 할 것이다. 만일 원인 규명도 안 되고 흐지부지되는 사례로 남는다면 정말! 2022년도에도 현 정부의 새로운 짐승들이 살아가는 세상에서 국민을 개돼지로 보고 있는 전형적인 사례일 것이며, 아울러 역사적으로 생채기가 되어 길이 남을 것이다.

역사는 진보해야 한다. 그러나 현재의 대한민국의 역사는 1960~1970년대의 이념 시대로 돌아가고 있다. 70년 이상의 진보적 발전을 통해 대한민국이 받은 세계 민주주의의 꽃이라던 세계적인 평가가 무능한 이들로 인해 세계적인 참사와 시대적으로 맞지 않는 1960~1970년대의 이념 시대로 돌아가고 있다는 것을 어떻게 바라보아야 하는가? 대한민국 국민이 어리석어서 정부의 올바르지 않은 방향을 그대로 인정해야 하는가? 지금은 옳지 않은 것에 대한 정부의 잘못을 지적할 수 있는 능력과 주체적인 권리를 행사할 줄 아는 자들이 대한민국의 국민이다. 현 정부의 과거 지향적인 이념 태도와 체계적이지 못한 정부의 시스템 활용 미숙과 운영자들의 운영 태도의 부적절함으로 인한 시스템의 붕괴와 정부가 무엇을 해야 할지 모르고 아직도 우왕좌왕하면서 과거의 것들만 파서 먹으려는 저질의 정부 운영 정책은 반드시 수정되어야 한다. 지금의 정부의 정책이 고소·고발을 통한 수사·조사를 우선하는 정책에서 화해와 타협을 지향하면서 미래를 바라보는 국민을 위한 정책으로 회귀되어야 한다. 지금의 정부는 참사의 책임을 국무총리, 행정안전부장관, 경찰청장, 서울시경찰청장, 용산경찰서장, 서울시장, 용산구청장이 자리에서 물러나야 함과 동시에 대통령의 통렬한 반성이 있지 않고서는 이 참사의 결과물로 반드시 처리될 수 없는 상황이다.

대한민국은 세계가 인정한 민주주의의 꽃이며, 그 꽃으로 세계 일화(一花)를 이루는데 중심이 되어 가고 있었다. 그러나 지금의 현실은 미래보다는 과거에, 창의와 융합보다는 이념에, 화합보다는 고소·고발에 의존해 가는 국가 같다. 미래가 없고, 창의와 융합이 없고, 화합이 없는 국가는 반드시 퇴행적인 국가가 될 것이다. 현재의 대한민국이 만들어지기까지 수많은 정의와 자유의 저항과 이를 지키기 위해 피를 흘린 애국지사들과 학생들을 생각한다면 대한민국은 과거로의 퇴행적이 아닌, 미래 지향적이며 국민을 위한, 국민에 의한, 국민의 대한민국이 되어야 할 것이다.

7) 짐승들이 살아가는 세상 Ⅶ

2022년 10월, 누구를 위한 추모이고 애도인가? 조문하는 이들이 대상은 없고 흰 국화만 있는 곳에, 무엇을 대상으로 흰 국화를 올려놓고 목례도 하고 절도 하였는가? 대상이 있어야 추모도 되고, 애도도 되는 게 아닌가? 분명 대상은 있는데 대상을 명시해야 할 장소에 위패도, 영정도 없는 그곳에서 애도하고 추모하면서 보내라고 한 정부의 방침이 정말, 정상이 아닌 비정상을 정상으로 만드는 것과 다를 것이 없다. 정권이 바뀐 지 6개월, 동방 예의 지국이란 나라에서 예의와 상식이 사라진 나라로 변화된 것이 아닌가? 지금의 대한민국은 믿지 못할 정도로, 의심할 정도의 예절과 예의가 사라진 나라이다. 예절과 예의가 사라진 나라에서 법은 무지하게 찾는다. 법이 모든 것을 대신하는 듯이 법을 지키라 강하게 말하면서, 그들은 전혀 법을 말하면서도 법을 선택적으로 사용하는 듯하고, 한편으로는 도덕이 근본인 예절과 예의가 사라지게 된 대한민국이다.

오늘의 대한민국 사람은 도덕이 사라지면서 예절과 예의가 없는, 사람의 탈을 쓴 짐승들이 가득한 세상이 되었다. 도덕이 근간인 예절과 예의를 무시하면서 법을 챙기는 이유는 무엇일까? 법이 도덕과 윤리를 대신하는 것이 아니라 법이 자신들의 집권 도구이기 때문이다. 법을 주장하는 이들은 항상 "법! 법대로! 법에 따르면!"이라는 단어를 써 가며 공정한 척을 한다. 법이 공정하려면 정의에 근거를 두어야 한다. 정의에 근거한 법은 도덕이 되기도 한다. 따라서 법의 정당한 효용성은 도덕적인 사회에서 제 역할을 할 수 있게 된다. 도덕과 예가 사라진 나라에서는 법은 단지 있는 자들의 유용한 도구가 될 뿐이다.

누군가 이야기를 한다. 공정한 사람은 공정을 이야기하지 않으며, 법을 지키는 이는 법을 이야기하지 않는다. 공정한 삶과 법적인 삶으로 자신을 표현하기에 공정과 법이란 단어를 사용하는 것이 이들에겐 무색할 정도이다. 대체로 불공정한 사람이 공정에 관한 많은 이야기를 한다. 이와 마찬가지로 불법적인 사람들이 법에 대해 많은 이야기들을 한다. 왜냐하면 불공정한 이는 자신의 불공정함을 숨기기 위해, 자신의 불법적인 것을 숨기기 위해, 자신의 비상식적임을 숨기기 위해, 자신의 비도덕적·비윤리적임을 숨기기 위해 공정함과 법을 내다 파는 이익 집단의 영리적인 태도로 자신만의 이익, 혹은 자신의 집단만의 이익을 추구하기 위해 그들은 자신의 이익을 위한 영업인의 자세로 공정함과 법을 팔고 있는 게 아닌가? 도덕과 예절과 예의가 사라진 대한민국은 짐승의 나라로 변해 가고 있다. 도덕과 예절과 예의가 없는 짐승의 나라에서는 자라나는 사람들이 대한민국의 교육을 통해 배우는 것보다 이들의 언행을 보고 생활 속에서 배우는 것이 더 많아진다. 현재 대한민국의 교육은 사람의 탈을 쓴 짐승들을 보면서 자라나는 사람들이 보고 배우는, 시각적이자 청각적인 교육의 장이 삶의 현장이 된다. 현재 대한민국의 생활 속 교육은 사과할 줄 모르고, 책임질 줄 모르고, 사나운 짐승들처럼 으르렁거리며 대들고 싸우며, 도덕과 윤리를 지키지 않아도 되는 그런 사회임을 알게 만드는 현실일 뿐이다. 지금의 대한민국 교육은 더불어 살아가는 공동체에서 바람직한 사람으로 키우는 전인적인 교육이 아니라, 공정함이 없는 공정을 말하고, 정의가 없는 법을 떠들며, 사과란 개나 주라는 것을 배우게 된 현실이 매우 안타까울 뿐이다.

8) 짐승들이 살아가는 세상 Ⅷ

불교를 접하면서 대한민국의 대표적인 불교 종파인 조계종은 이능화에 의하면 혜능대사부터 이어 온 지눌스님의 돈오를 중시하는 간화선이 주가 되는 종파이다. 이 종파의 종도들은 간화선의 핵심 질문인 육조 혜능대사의 「이 뭣고!」와 조주선사의 「뜰 앞에 잣나무」란 질문을 왜 하는가? 상구보리(上求菩提)하기 위해 하는 것 아닌가?

열반하신 성철스님은 상구보리의 대중화 작업 일환으로 '자기를 바로 봅시다.'라는 것을 말씀하셨다. 이것은 「이 뭣고!」의 또 다른 표현이 아닌가? 불교는 왜! 「이 뭣고!」의 질문을 통하여 「이 뭣고!」의 과실을 얻어 가게 된다면 무엇이 달라질까? 분명, 「이 뭣고!」의 과실의 결과는 상구보리(上求菩提)가 될 것이다. 그렇다면 상구보리는 왜 할까? 하화중생(下化衆生)을 하기 위해 해야 하는 당위성을 갖고 있기에, **상구보리 하화중생(上求菩提 下化衆生)**이라는 문장으로 짝을 이루어 구성된 문장이다.

「이 뭣고!」를 하였는가? 그리고 그 과실을 얻었는가? 과실을 얻었다면, 얻은 후 무엇을 할 것인가? 하였다, 깨달았다, 하지 말고 실천을 하길 바란다.

「이 뭣고!」의 결과는 상구보리(上求菩提)라는 중간 결과물이 아닌, 진정한 종착지의 결과물은 하화중생(下化衆生)이다. 하화중생의 길은 부처님답게 살아가도록 중생들과 어울리며, 그들을 각성시켜 가면서, 공동체에서 바람직한 삶을 살아가면서, 공동체를 불국정토로 만들어 가도록 염원하며 완성해 나가는 작업이다. 상구보리(上求菩提)를 하였다면 또 다른 하화중생(下化衆生)의 정진을 하라. 자기를 바로 보았는가? 「이 뭣고!」를 확인하였나? 그렇다면 축하한다. 이제 또 다른 정진을 할 때다. 그것은 공동체에 불국토인 용화세계를 이루려는 하화중생(下化衆生)의 길이 이루어지도록 하는 정진이다. 2600년 전의 부처님은 당신들에게 말한다.

"상구보리(上求菩提)하였느냐? 즉, 준비가 되었는가? 하화중생(下化衆生)을 하거라!"

이제 보리심이 확인되었다면 하화중생(下化衆生)의 실천을 하길 바란다.

내가 아는 불교 자리이타(自利利他) 이외에 어느 것도 아니며, 알았으면 행하라는 지행합일(知行合一)의 정신일 뿐이다. 알았으면 숨지 말고 아는 대로 실천하길 바란다. 이것이 진정한 부처님의 가르침을 실천하는 길이다. 이렇게 한다면 당신은 짐승이 아니라 사람임을 증명하는 것이다. 짐승에게는 「이 뭣고!」나 「뜰 앞에 잣나무」 그리고 "자기를 바로 보자."는 말이 돈이나 경제적 이익 혹은 지위나 권력을 가져다준다고 생각할까. 짐승들은 '사람**답게**'의 '**답게**'를 포기한 자들이다. '사람**답게**'의 '**답게**'를 포기한 자들은 인간으로 도약하지 못하는 자들이다. 그래서 짐승이란 사람의 껍질을 쓰고 짐승들의 행동을 하는 자들을 말하는 대표적인 양두구육의 사례다.

9) 짐승들이 살아가는 세상 IX

외모가 사람이면서 참된 사람(眞人: 참사람)이 되기를 포기한 자들을 동물, 짐승, 악마로 불릴 수 있는 것이다. **참된 사람(참사람)**이란? 칸트에 의하면 선의지에 따른 순수이성을 쫓는 자들이며, 기독교에 의하면 하느(나)님 뜻을 따르는 자이며, 소크라테스에 의하면 맑은 영혼을 유지하는 자이며, 이슬람에 의하면 모하메드의 뜻에 의지해 사는 자이며, 유교에 의하면 격물치지와 궁리하여 성인의 반열에 오르는 자이며, 불교에 의하면 상구보리하여 하화중생의 삶을 살아가는 자이며, 도교에 있어서는 장자에서 진인이라 하였으며, 우리의 일상적인 삶 속에선 도덕적·윤리적 삶을 살아가는 자로써 공동체 속에서 자리이타의 조화로운 삶을 살아가는 태도를 간직한 사람이 된다. 그러므로 참된 사람(참사람)이 살아가는 공동체는 공자의 서(恕)와 기독교의 황금률과 같은 것으로, 상대가 싫어하는 것을 시키지 아니하며, 자신이 좋아하는 것을 남도 좋아한다면 더불어 공유하는 삶을 살고자 노력하는 자가 되며, 마음은 언제나 선함으로 무장하고 있는 자이며, 불의 보다는 정의를 적극적으로 행하는 자이고, 마침내는 자신이 하는 행위가 자리이타의 경지에 달하는 것이다. 자리이타의 경지에 달한 이는 애기애타를 이루며, 자신이 하는 언행 모두가 하늘(절대자)의 뜻에 어긋나는 것이 없어서 천명에 일치되지 않음이 없는 것이다. 이러한 사회를 천국, 불국토(용화세계), 대동사회, 소국과민, 유토피아 등으로 일컫는 세계라 할 수 있다.

우리가 지향하는 세상은 짐승들이 사는 세상이 아닌, 참된 사람들이 살고자 하는 세상으로, 어느 한 사람으로 인해 만들어지고 이룩되는 것이 아니라 모두가 짐승이 아닌 참사람인 인간이 되고자 할 때 만들어 갈 수 있는 세계이다. 인간으로서 지향하는 세계를 알고, 이러한 세계에서 살아가는 인간이 되어 가는 과정도 알고 있다면 인간이 되어 만들어 가는 세계란 것이 만들어진 결과도 아는 것이 된다. 다만 알면서, 자기가 실천하지 않으면서, 누군가 해 주기를 기다리는 마음으로 아직도 구세주란 누군가를 기다리는 것인가? 당신들이 기다리는 그분, 이미 그분은 당신에게 이미 와 있는 것이다. 이미 와 있는 그분을 마치 파랑새 찾기 하듯이, 오지 않을 그분을 찾고 있는 자신을 돌이켜 보도록 하자. 당신들이 찾는 그분! 이미 당신 안에 내재해 있다. 내재된 그것을 드러내지 않고, 그것을 외부에서 찾으니 세상이 더욱 혼란스러운 것이다. 그분을 자기 밖에서 기다리지 말고, 찾으려 하지 마라. 당신이 선(착함)을 머금고 의(올바름)를 행하는 자라면 그분은 다름 아닌 당신이 된다. 그분이 당신인 줄 안다면, 스스로가 실천하면서 우리가 사는 세상을 참된 사람들이 살아가는 곳으로 만들어 가는 이도 당신이고, 스스로가 실천하지 않는다면 짐승들이 살아가는 곳으로 만들어 가는 이도 당신이다.

당신이 그분이자 주인공이라는 것을 안다면 짐승이 아닌 참사람으로 살아가는 참된 삶을 살아가야 한다. 그렇게 된다면 세상 모든 곳이 평온할 것이고, 갈등과 다툼이 없는 곳이 이곳이 될 것이다. 이렇게 될 때 마음에는 선함이 행동에는 정의가 구현되어 있기에 자연히 모든 이들의 언

인간과 짐승

행이 바른 이치에 맞지 않음이 없는 조화로운 진리가 구현되는 이화(理化)세계가 될 것이다. 조화로운 진리가 구현되는 이화(理化)세계란 천국, 불국토, 대동사회, 소국과민, 유토피아 등으로 일컫는 세계인 것이다.

10) 짐승들이 살아가는 세상 X

과연 지금의 대한민국에 진정한 판관 포청천이 있는가? 대한민국에서 거짓이 아닌 실제 사실에 근거한 사건을 접하는 정의(正義)의 사자로서 대한민국의 수사관과 경찰관 그리고 검찰의 관계인 중 이에 해당하는 이가 과연 몇 명이 있는가? 거짓이 아닌 실제 사실에 입각한 사건들을 왜곡하지 않고 정확하게 진실을 보도하는 참된 언론이 대한민국에 과연 몇 곳이 있는가? 사실을 판단하고 보도할 때 거짓에 휘둘리지 않고, 실제 참에 입각한 정직하고 바른 판단을 이해관계에 얽히지 않고 판단할 수 있는 언론인과 재판관들이 대한민국에 과연 몇 명이 존재하는가? 제대로 된 국가라면 대한민국은 법보다는 도덕과 윤리가 바로 선 나라가 되어야 하고, 제대로 된 국가라면 대한민국은 법에 의한 강제적인 조정보다는 나와 상대가 자리이타의 정신으로 서로 조율하고 합의를 이루는 상식적인 화합의 정신이 먼저인 도덕과 윤리의 나라가 되어야 한다.

그러나 오늘의 대한민국은 정의가 법이 되어야 하나, 정의가 법이 되지 못한 현실 속에서 법이 정의의 탈을 쓴 광대처럼 법의 장터에서 호객 행위를 하는 것이 마치 양두구육의 장사꾼 같아 보이는 법조계를 믿고 개나 소나 서로 고소 고발을 난무하는 시대에 살고 있다. 진정 대한민국이 올바른 국가라면 고소·고발보다는 당사자 간의 합의를 존중하고 서로 조금씩 양보하면서 화합해 가는 애기애타의 정신과 자리이타가 실현되는 그런 나라여야 한다.

그런데 오늘의 대한민국은 정부부터 정당과 국민에 이르기까지 고소·고발을 난무하게 하고, 고소·고발을 조장하고 있는 듯하며, 수사를 하는 관청에서는 고소·고발을 한 자들을 잘했다고 칭찬하는 것처럼 볼 수 있을 정도로 많은 고소·고발이 진행되고 있는 대한민국이다.

대한민국은 사건에 따라 고소·고발이 진행되면 해당 수사 기관이 신속히 처리해 나가고 있다. 마치 고소·고발의 굶주림을 겪고 있는 잔인한 짐승처럼 기다렸다는 듯이 수사 기관들이 신속하게 처리하려는 것이 있는가 하면, 또 한편으로 조사나 재판 자체가 지지부진하게 되어 가고 있는 사건들은 왜일까? 정의가 구현된 사회는 옳고 그름이 반듯하게 드러나는 곳이기도 하다. 그러나 세상의 혼탁함은 정의 구현의 미진한 정도에 따라 혼탁함의 차이가 드러난다고 한다. 지금의 대한민국은 어떠한가? 대한민국의 공동체가 공정하고 정의로운 사회인가? 공동체가 공정하고 정의로운 사회가 되기 위해서는 공동체의 판관이 공정하고 정직하여야 하는데, 대한민국의 법의 판관인 법조계와 정의로운 분별을 도우려는 언론이 과연 정당하고 정의롭다고 말할 수 있는가? 대한민국 공동체의 혼탁함의 정도는 법조계와 언론계의 혼탁함 정도가 현실의 혼탁함을 나타내는 측량 기준이 되는 것이 아닌가?

오늘날의 대한민국에서는 정의롭지 못한 법조계, 정직하지 못한 언론계, 거짓이 판치는 공동체의 이익 집단들이 자신들의 이익을 위해서 거대한 대한민국의 공동체를 갈기갈기 찢어 놓은 것을 보게 된다. 이것은 마치 과거 무능한 관료들이 거짓을 일삼았던 조선시대의 혼란한 정치 상황에서 조선을 일본에게 헌납한 35년간의 일제 혹한기를 백성들에게 경험하게 한 허약한 조선의 모습과 유사하게 보이는 세상이 아닌가 걱정이 된다.

거짓을 정당하고 당당하게 말할 수 있는 힘은 과연 어디서 나오는 것인가? 법조계와 언론계가 자신의 편을 들어 줄 거라는 판단하에 나오는

인간과 짐승

가식적이고 위선적인 행위가 아닌가? 대한민국이 거짓으로 혼탁하다면 어느 정도의 혼탁함이라 말할 수 있겠는가? 아마 혼탁의 정도라 함은 정의롭지 못한 정도이자 거짓이 횡행하는 정도로 말할 수 있을 것이다.

이러한 대한민국에 과연 정의의 사자인 판관 포청천이 존재는 하는가? 정의의 사자인 판관 포청천이 없는 대한민국은 정의보다는 이익 집단의 이익으로 현실을 지배하게 만들어 가게 될 것이다. 이러한 현실 속의 대한민국의 국민은 대체로 정의를 지키기보다는 오로지 이익 집단의 이익을 추구하게 된다. 이러한 이익을 추구하게 되는 것은 법과 언론을 자신들을 방어하기 위한 도구이자 수단으로 이용되기 때문이다. 이러한 대한민국의 세상에서는 국민을 팔아서 법과 언론을 도구와 수단으로 삼는 권력과 이익 집단들이 내세우는 것은 속 빈 강정의 허울 좋은 정의와 공정함을 떠들 뿐이다. 그러므로 현실은 강한 권력과 많은 이익을 가진 자들이 자신들만의 이익을 가져가기 위해 가식적인 정의와 가식적인 공정을 내세우면서 불법적인 법의 활용을 적극적으로 하게 된다. 국민에게 가식적인 정의와 가식적인 공정으로 국민팔이를 하는 적극적인 행위들은 정의와 공정을 내세우면서 불법과 불공정을 제멋대로 행하는 자들이 양두구육의 장사를 일삼는 욕심 많은 새로운 짐승들이 판을 치는 세상으로 만들어 버리게 된 것이다.

11) 짐승들이 살아가는 세상 XI

모욕을 모르는 사람들이 살아가는 세상에서 모욕이란 당하는 사람의 자존심을 상하게 만드는 것이고, 타인을 존중할 줄 모르는 태도의 결과에서 비롯된다. 그러므로 자신과 타인에 대한 바람직한 관계 설정을 못 만드는 과정에서 드러나는 썩은 과실의 열매를 모욕이라 할 수 있다. 이러한 모욕은 두 가지로 구분해 살펴볼 수 있다. 하나는 타인이 자신에게 자존심을 상하게 만드는 것이고, 두 번째는 스스로가 자신에게 자존심 없는 태도를 가지고 살아가는 모습일 것이다.

그러나 사람들 대부분은 타인이 자신에게 모욕을 주는 언행에 대해서는 기분 나빠하고 크게 노하지만, 자신이 자기에게 모욕을 주는 선택에 대해서는 너무도 당연하고 정당하게 생각한다. 그렇다면 자신에게 모욕을 주는 것은 무엇일까? 그것은 자신이 선택한 것이 부정(不正)한 선택을 할 때가 아닐까? 자신이 선택한 것이 바르든(正), 바르지 않든(不正)간에 자신이 선택한 것이 바른 것을 선택할 때는 당당할 것이다. 그러나 자신이 바르지 않은 선택을 하였을 때도 자신이 선택한 것에 대해서 전혀 부끄러움을 모르고 오히려 당연하다고 생각하며 지내는 것이 아닌가? 선택하는 자가 누구든 바르지 않은(不正) 선택은 자기에게 모욕을 준 선택임에도 불구하고 우리는 스스로가 자신의 선택은 잘된 것이거나 괜찮은 선택이라 생각하고 있는 것은 아닌가? 자기에게 부끄러움을 모르는 이란? 그가 옳고 그름을 모르는 사람인가? 아니면 알면서 행하지 않는 사람인가? 부정(不正)한 선택을 모르고 행하였다면 무지한 것이고, 알면서 행했다면, 그는 사람이 아닌 짐승이나 악마와 같은 괴물일 가능성이 있다. 당신은 바른(正) 선택을 하였나요? 아니면 부정(不正)한 선택을 하였나요? 오늘도, 자신에게 묻습니다. 당신은 사람입니까? 아니면 짐승입니까?

12) 짐승은 짐승을 만든답니다

착각하지 말자. 사람으로 태어나면 처음부터 만물의 영장인 인간이란 자격을 갖추는 게 아니다. 사람이라도 처음 태어나면 포유류의 하나인 개체로서의 동물일 뿐이다. 동물로 태어난 사람은 아기에서 어린이, 청소년, 성인으로 성장하는 과정을 거치게 된다. 성장 시기인 어린 시절과 청소년기에는 사람으로 태어난 이들에게 사람다움을 형성하게 만들어 가는 교육을 받게 한다. 이때 사람으로 성장하면서 비로소 '사람답게'란 의미를 알아 가게 된다. 사람으로 태어나 사람답게 산다는 것은 한 사람으로서 자신의 역할을 할 수 있게 되었다는 것을 의미한다. 사람의 역할을 하게 되면서 포유류의 하나인 동물이라는 이미지가 참사람으로서 자신이 사는 공동체에서 각자에게 정위(定位)된 역할에 따라 수행하게 된다. 개인으로서 자기 역할이 수행될 때, 비로소 자신에게 부여된 소명 의식을 알게 된다. 자신이 해야 할 바를 알게 될 때는 자기를 바로 보았을 때이자 도(道)를 깨달았을 때라 한다. 개인의 역할 수행이 공동체에서 다른 사람들과의 관계로 확장되어 갔을 때, 도를 깨달은 자가 덕을 실현하는 것이기에 도덕적인 사람이라 한다. 도덕적인 사람을 인간이라 부르게 되고, 이러한 인간은 '만물의 영장'이란 문장으로 인간이란 표현을 대신하게 된다. 이러한 인간으로서 만물의 영장의 표현에 적합한 역할은 자신이 비로소 사람답게 되어 타인과의 관계를 바람직한 관계로 맺을 줄 알게 될 때 이 사람에 대해 참다운 사람인 참사람으로서 '인간'으로 표현하게 되는 것이다. 따라서 사람이라 하여 만물의 영장이 된다는 것은 전혀 아니다. 여기서 만물의 영장으로서 인간의 의미는 사람으로 태어난 모든 생명체에게 귀감이 되는 자이자 모든 사람에게 표준이 되는 사람으로 성인(聖人)이라 말할 수 있다. 성인이 아닌 사람으로 태어나서 인간으로 성장하지 못한 단계에 대해 말하면 다음 3가지 단계로 분류할 수 있다.

첫째는 사람**답게**를 이루지 못한 동물적 존재로의 **동물**이고,

둘째는 사람**답게**를 이루지 못한 자가 동물의 의미보다 못한 **짐승**으로 불리는 것이고,

셋째는 사람**답게**를 이루지 못하고 동물보다 못하면서 짐승보다 더 포

악한 자를 **악마**라 한다.

　사람으로 태어나 '사람**답게**'를 획득하여 상대와 바람직한 관계를 맺는 자를 인간이라고 했다. 이러한 인간들은 공동체 세상에서 긍정적인 자리이타의 모습을 보여 주는 사람이다. 이 사람들은 공동체에서 상대들과 더불어 살아가는 질서와 조화를 구축하려고 노력하는 자들이다. 반면에 사람으로 태어나 '사람**답게**'라는 자기다운 모습을 형성하지 못한 자들은 동물 이하의 존재로 불려지게 된다. 여기서 동물 이하란 표현은 사람으로 태어난 자들을 첫째, **동물**, 둘째, **짐승**, 셋째, **악마**로 분류하는 것을 말한다. 이중 **동물**은 이기적이지도 이타적이지도 않은 이로, 단지 자신의 삶에 대해 생존해 나가려는 자일 뿐이고, **짐승**은 이기적인 자로 자신**만**의 이익과 편안함을 위해 상대에게 괴롭힘을 주는 자이며, **악마**는 짐승보다 못한 자로 자신의 행위에 대해 부끄러움도 없으며, 상대를 많이 괴롭히고 죽이는 행위를 마다하지 않는 자라 할 수 있다. 세 부류 중 동물을 제외한 짐승과 악마 같은 이들은 부끄러움을 느끼지 못하는 자로 **괴물**이라 할 수 있다.

　사람으로 태어나 최초 교육의 장은 가정이다. 이 교육의 장에서는 가정에서 보고 느낀 걸 배우고 따라 하려 한다. 가정 교육의 장에서 부모나 할머니·할아버지가 좋은 사람이라면 좋은 인간으로 성장하겠지만, 짐승과 같은 이들이라면 자기 이익만을 추구하려는 태도를 지니기에 상대를 훼손시키는 사례를 보고 자랄 수 있다. 이렇게 자기 이익을 위해 상대를 훼손시키는 이를 짐승으로 부르게 된다. 하지만 악마는 짐승보다 더 못한 이가 되니 측은지심도 없고, 상대를 훼손시켜 죽이는 데까지 이르는 무자비한 자라 할 수 있다. 대한민국에서 이러한 짐승과 악마에게 과연 제대로 된 교육이 있었을까? 아마 대부분 사람은 이렇게 생각할 것이다. 짐승에게서 짐승이 만들어지고, 악마에게서 악마가 태어난다. 이는 '콩 심은 데 콩 나고 팥 심은 데 팥이 난다.'라는 속담과 일치한다. 이

속담의 의미를 안다면 누구나 두려워해야 할 것이다. 다시 한번 강조해 말한다면, 사람으로서 내가 짐승이라면, 아니, 악마라면 나의 자손은 '짐승에게서 짐승이 만들어지고 악마에게서 악마가 만들어지게 된다.'라는 결론을 갖게 될 것이다. 지금 당신의 자식은 짐승으로 기르고 있는지 아니면 악마로 만들어지고 있는지를 살피려면 당신의 모습이 어떤 모습인지를 살펴보길 바란다.

13) 나는 누구인가요? 아니, 나는 무엇인가요?

나는 누구인가요? 아니, 나는 무엇인가요? 세상의 모든 형상은 두 가지로 구분하게 된다. 하나는 생명이 있는 것이고, 다른 하나는 생명이 없는 것이다. 생명이 있는 것은 생물과 미생물로 분류할 수 있습니다. 여기서 생물은 활동하는 것과 비활동적인 것이 있으며, 활동적인 것은 이동하는 동물과 이동하지 않는 식물이 있다. 또한 동물은 만물의 영장인 참다운 사람으로서의 인간과 그 외의 것으로 나누어진다. 인간은 도덕적인 사람을 말하는 것이다. 반면에 비도덕적인 사람은 인간이라고 말할 수 없는 것이다. 그러므로 사람으로 태어나서 자신이 도덕적인 사람이라면, 그는 인간으로서 만물의 영장의 자격이 주어지게 된다. 만물의 영장인 인간으로서 도덕적인 사람들은 개별적인 개체에서 공동체의 일원이자 사회의 일원으로, 자신의 주변과 바람직한 관계를 맺는 자가 된다. 이때 비로소 만물의 영장인 인간은 주변과의 화합을 통하여 조화로움을 구성하는 존재가 된다. 이러한 인간들은 모두가 바람직한 관계를 설정하는 자로서, 서로가 유기적인 관계를 맺게 되는 공동체 내의 관계적 존재들이 된다.

그러나 비도덕적인 사람은 사람으로서 사람**답게** 사는 삶이 진행되지 못하기에 인간 이외의 것으로 표현할 수 있다. 여기서 말하는 '사람**답게**' 의 **답게**란? 사람다움, 즉 참다운 사람을 뜻하는 것이며, 자기를 바로 본 자로서 도를 깨닫는 자다. 이러한 자가 덕을 실천한다면 그는 도덕적인 사람으로 인간이라 부르는 것이다. 그리고 인간을 제외한 인간 이외의 것들은 일반적인 동물과 같은 존재가 된다. 일반적인 동물과 같은 사람 은 사람으로 태어나 동물의 종의 분류로 표현되는 단어가 사람이기에 그렇게 부르게 되는 것이다. 사람을 동물이라 부를 때 이들은 동물과 같 은 삶을 공동체에서 하며 지내는 자들이다. 그러나 사람을 좀 더 격하된 의미로 표현한다면 부끄러움을 아는 동물은 측은지심이 있는 참다운 사 람인 인간이 될 가능성이 있지만, 부끄러움을 모르는 동물은 측은지심 과 수오지심이 없는 사람들로 상대를 해치고 훼손시키는 동물일 가능성 이 높다. 이러한 행위를 하는 동물을 짐승 혹은 악마라 표현하게 된다. 여기서 악마란, 상대를 해하거나 훼손시키는 범주가 한 개체가 아닌 다 수로 확산시켜 많은 이들을 괴롭히거나 죽이는 경우로, 이들은 짐승보다 도 못하기에 악마가 되는 것이다. 그러므로 생명을 얻어 태어난 사람들 은 동물이지만 동물로 태어난 사람이 스스로가 선택한 삶의 종류에 따 라 사람**답게** 살아가는 자를 **참사람**이라 하고, 다른 사람들과의 바람직 한 관계를 맺는 자들을 **인간**으로 불리게 된다고 했다. 인간도 사람도 아 니면서 다른 사람을 해치지 않는 생명의 주체자로 개인주의적인 삶을 살 아가는 사람이라면 두 번째 단계인 **참사람**에 속해 있게 된다. 그러나 사 람**답게**를 이행하지 못하는 사람들은 자신이 동물인지, 동물보다 못한 짐승인지 아니면 짐승보다 못한 악마인지는 자신이 추구하는 삶의 태도 에 따라 동물, 짐승, 악마 중 하나의 위치를 찾아가게 된다.

　나는 사람인가? 아니면 한 단계 진화한 인간인가? 아니면 사람으로 태 어나 사람으로서 삶의 태도가 동물의 단계에 있는가? 아니면 동물에서 한 단계 퇴보한 짐승인가? 그렇지 않으면 다른 사람들을 괴롭히고 죽이

인간과 짐승

고 다니는 공동체의 적이 되는 악마인가를 스스로 성찰해 보길 바란다. 나는 인간이다. 당신은 지금 무엇이라 불려지길 바라는가? 인간인가? 사람인가? 동물인가? 짐승인가? 악마인가?

5부

삶 속에서 표현된 이야기들

1.
삼위일체를 만드는 삶

사람으로 태어난 것은 기회이다. 그리고 살아 있다는 것은 축복이다. 축복을 행복으로 이어 가기 위해서는 각자가 머리에서 생각을 만들고, 언행으로 발설 및 행위로 드러나게 하고, 마음으로 검증을 하게 되는 것이다. 우리는 머리, 언행, 마음이 만들고 드러나게 하고, 검증하는 것이 모두 선(善)과 의(義)의 선상에서 바름(正)에 일치되었을 때 각자에게 주어진 축복을 누리는 것이 된다. 축복을 누리기 위해 머리로 생각하고 입과 몸으로 언행을 하기 전에 마음으로 해도 된다면, 실행하고 언행을 하면 안 된다면 침묵으로 일관해야 한다. 언행을 하게 되었다면 언행을 마음으로 사전 혹은 사후로 검토해야 한다. 검토는, 첫째, 마음이 평정심을 유지가 된다면 바른 언행이 될 것이고, 검토가, 둘째, 마음이 너울너울거리며 마음에 동요가 있다면 언행을 하면 안 된다.

축복받은 삶을 살려면 이들 세 가지 머리, 언행, 마음이 삼위일체 되었을 때 비로소 평정심과 함께 공동체에 자리이타적 삶을 이행하는 것이 된다. 머리, 언행, 마음 이 세 가지 중 하나라도 어긋나는 것이 있음에도 그것을 알고 했다면 잘못이고, 혹은 모르고 했다면 실수로 표현할 것이다. 사람으로 태어나 기회를 얻고, 사람으로 살아가는 축복을 받는 이에게 잘사는 것이란 어떻게 해야 하는 걸까? 사람에게 있어서 잘사는 것, 그것은 생명 있는 자들이 자신의 잘못과 자신의 실수를 줄여 나가는 것이 잘사는 지름길이다. 왜냐하면 잘못과 실수를 줄여 나가는 삶은

100%의 진리를 따르려는 태도가 되기 때문이다. 진리를 따르는 삶, 자신의 안과 밖이 일치되는 바람직한 삶을 추구하는 것이다.

법이 만든 세상

태초에 우주가 생성되면서 지구도 생성됐다. 생성된 지구에는 태어난 다양한 생명을 가진 만물이 현현하면서 자연이란 구조가 만들어지게 되었다. 자연의 일원으로 만물이 현현하면서 많은 동식물이 나타났으며, 그중 사람도 함께 생성되게 되었다. 생성된 사람은 다른 동물들과 다르게 이성이란 능력을 소유하게 된 이성적 존재가 되었다. 사람으로서 이성적 존재는 생각의 깊이가 남달라 자연 속에서의 삶이 다른 동물들과 시간이 지남에 따라 다르게 생활하며 진화하게 되었다. 사람들은 자연 속에서 생활하면서 위험에 자주 노출되자, 자신의 안전한 삶을 살기 위해 공동체를 형성하여 집단을 만들어 갔다. 사람이 공동체 집단을 이루게 되자 다른 동물들에게 대항하는 적극적인 생활을 하게 되었다. 이러한 적극적인 대응은 공동체를 바탕으로 자신들이 위험과 공포로부터 자신의 삶을 안전하게 지키며 살아갈 수 있게 됐을 것이다.

공동체를 바탕으로 사람들에게 안전한 삶이 확보되자, 공동체의 크기가 작게는 최소 단위인 가족을 구성하였다. 그리고 각각의 가족들이 모여 친족을 이루었으며, 다른 친족들과 연합을 형성하여 더 큰 공동체 집단을 만들어 갔다. 큰 공동체 집단이 형성되면서 집단을 운영할 조직이 만들어지고, 조직이 만들어지면서 조직 집단 내 서열이 형성되었을 것이다. 집단에서 서열에 따른 각각의 역할이 부여되면서 각자가 맡아서 할 일도 정해지게 되었다. 사람의 공동체 집단은 점차 가족 공동체에서 친족 공동체로 만들어졌을 때까지는 연장자가 영향력을 많이 가지는 서열이 중심이 되었으나, 이후 혈족이 아닌 다양한 친족 공동체들이 결합하여 단일한 집단 조직이 되면서부터 연장자가 아닌 힘과 두뇌의 우위로 서열이 정해졌을 것이다. 서열이 정해지니 빈부가 발생하고, 빈부가 발생하니 생각의 차이가 나타나고, 생각의 차이가 불만으로 만들어지고, 불만으로 만들어진 것이 갈등과 다툼의 원인이 되었을 것이다. 갈등과 다툼이 원인이 되어 싸우다 보니 분열이 이뤄지고, 분열이 이뤄지니 편 가르기가 심해져서 상대편과 내 편을 가르면서 집단의 성격도 바뀌어 갔을 것이다.

이질 집단이 결합한 곳에서 집단의 변화는 더 크게 발생하게 되었을 것이다. 집단의 변화는 내부 불만이 발생하게 되면서 집단을 혼란하게 하거나 혹은 이탈하려는 세력을 방지하기 위해 규칙이라는 것을 제정하기 시작했을 것이다. 그리고 집단에서 정해진 규칙을 공동체 일원이면 모두가 지켜야 할 규율로 정하게 되었을 것이고, 그 후 집단 내의 공동체에서 규율을 지키지 않을 시 처벌하는 규율을 만들게 되었고, 규율을 따르지 않는 이에게 죄를 묻고 벌을 주게 되었을 것이다.

마침내 문자가 만들어지면서 규칙과 규율을 글로 작성하게 되었다. 글을 써서 만든 법을 성문법이라 하였으며, 이 법으로 공동체 모두를 규제하게 되었다. 법이 만들어지기 전의 삶의 모습은 공동체가 양심(소크라테스의 맑은 영혼을 지키는 것)에 따라 각자가 자율적 규제를 하였을 것이다. 그러나 점차 이익에 눈먼 자와 권력을 향유하려는 자들이 생기게 되면서 양심이 아닌 상대를 억압하기 위한 처벌과 규제를 목적으로 법이 수단 혹은 도구로 만들어지게 되었다. 분명 법이 만들어진 목적은 공동체의 안위이며, 공동체 일원들의 안정된 삶을 위한 것이었다. 그리고 공동체 일원들의 안정된 삶을 위해서 공동체를 위협하는 불안한 요소들을 없애야 한다는 취지로 법이 만들어졌을 것이다. 그러다 양심에 어긋나는 자들이 많아지자 그들을 죽이지 않는 한, 격리해야 할 필요성을 느껴서 그들만을 모아 둘 곳이 필요한 장소가 만들어졌다가, 차후 전문적인 격리 시설인 감옥이 만들어졌을 것이다.

법은 '양심과 도덕 그리고 윤리' 위에 군림하는 존재가 아니라 이들의 일부이다. 그러나 현실의 삶은 '양심과 도덕 그리고 윤리'보다 법으로 많은 제재를 하고 있다. 법이 도구가 되어 사람들의 언행을 규제하고 있게 된 것이다. 그러나 법 운용은 누가 하고 있나? 법조계 사람들이 법을 운용하는 자들이다. 다시 말하면, 법조계 사람들이 다른 사람들을 심판하는 절대 권력의 도구(칼자루)를 가진 자가 된 것이다. 법이 만들어지고서 사람들의 세상은 '양심과 도덕 그리고 윤리'보다는 법의 잣대로 모든 것을 옳고 그른 것을 보게 되는 기이한 현상이 벌어지게 된 것이다.

사람으로서 맹자의 '측은지심'이나 소크라테스의 '맑은 영혼을 유지하는 것' 그리고 마음에 떨림이 없는 평온한 삶으로 자신을 규제했던 것이, 법이 만들어지면서 모든 개인의 내적 규칙인 '양심과 도덕 그리고 윤리'는 사라지고 이것을 법이 대체하게 되니 사람들은 법망을 피하면 정직하고 양심적으로 산다고 생각하도록 만들었다. 이러한 결과는 법이 만들어지니 졸지에 '양심과 도덕 그리고 윤리'가 미미하게 되거나 사라지게 된 것이다. 이것은 사람들의 세계에서 스스로 불행을 가져온 결과를 낳고 있는 것이 된다. 법 이전에 '양심과 도덕 그리고 윤리'이고 처벌 이전에 '개선'과 '변화'를 추구하는 것이 교정 교육인데, 오늘날의 현실은 법이 이 모든 것을 대체해 버리게 된 것이다.

법을 냉정히 살펴보면, 법이 공동체를 위한다며 공동체의 기본 정신('양심과 도덕 그리고 윤리')을 말살하고 있으며, 공동체의 가르침(교육)에 대해 멸시하게 만드는 장본인이다. 이러한 법을 다루는 법조계 사람들이 제정신이 아니게 되면 그들이 만물의 지배자로 착각하게 되어 공동체를 제멋대로 법을 가지고 법의 위험한 칼날을 휘두르게 될 것이다. 만일 제정신이라면 법은 '양심과 도덕 그리고 윤리'와 한 직선상에 놓인 것이 될 때, 법이 곧 '양심과 도덕 그리고 윤리'와 같은 역할을 하게 되고 처벌보다는 개선을 위한 교정 교육이 우선이 될 것이다.

오늘의 대한민국은 법의 역할이 어떤 것 같은가? 오늘의 대한민국의 법은 이미 위험한 날 없는 칼이 되어 많은 사람을 죽이고 있지 않나? 진정한 지도자는 공동체를 법으로 지배하는 나라가 아닌 자연스러운 '양심과 도덕 그리고 윤리'로 지배되게 하는 나라를 만드는 자이다. 교육의 목표가 기술자 양성이 아닌 '양심과 도덕 그리고 윤리'적 삶을 사는 사람으로 만드는 전인 교육이어야 한다. 그렇기 때문에 법은 조문이 적을수록 사람들에게 더 많은 자율성과 행복을 주게 되는 것이다. 이렇게 될 때 공동체가 평온한 마음으로 살아갈 수 있는 곳이 될 것이다. 그러나 오늘의 대한민국은 전혀 그렇지 않기에 말법 시대이자 악이 횡횡하며, 사람이 아닌 짐승들이 날뛰는 사회가 마치 사파리에서 다양한 동물들이 살아가는 약육강식의 동물의 왕국이 되어 버린 것 같다.

3.
인간이라면, 이젠 세계인이다

인간인가? 왜 인간이라 하는가? 사람으로 태어나 도를 실현하고 덕을 베풀기에 인간이라 한다. 우리가 왜 인간이 되어야 하나? 한 개체로 태어난 사람이 사람답게 살아가고 공동체의 일원이 되기 때문에 인간이어야 한다. 인간으로서 자기를 사랑하고 상대를 사랑할 줄 알 때 공동체에서 더불어 잘 살게 되는 것이다. 더불어 잘 사는 것, 그것은 도와 덕의 실현이다. 그러므로 바람직한 사람이라면 한 인간으로서 도덕을 실천하고 윤리를 따르는 자란 의미이다. 다시 말하면, 인간이란 자성을 찾아 애기애타(愛己愛他)하며, 자리이타(自利利他)의 실천으로 공동체에 덕을 베푸는 자다. 그러나 지금의 공동체는 다른 문화의 사람들과 서로 다름을 인정하며 살아가는 다문화 공동체를 형성한 국가들의 세계다. 그렇다면 지금의 인간은 한 국가의 지엽적인 인간이 아닌 세계인이 되어야 한다. 지구상의 모든 인간은 지구상 곳곳이 서로 다른 문화가 뒤엉켜 살아가는 것이 현실이 된 다문화 시대다. 다문화 시대에는 지엽적인 국내 것만을 주장할 수 없다. 왜냐하면 다문화 시대란? 세계의 모든 사람이 지역을 떠나, 인종을 떠나, 피부색을 떠나서 '함께', '더불어'의 공동체 개념을 지닌 세상에서 살게 되기 때문이다. 따라서 사람으로 태어나 인간이 되었다면, 그 인간이 한국인, 미국인, 중국인, 영국인, 독일인, 멕시코인, 가나인, 칠레인…… 등이 아니고, 이제는 국가와 국경을 넘나드는 지구인 혹은 세계인으로 부르게 되는 세상이 된 것이다. 다문화 시대를 살아가는 세계인으로서 한 인간이라면 갈등과 분쟁을 해소하며 더불어 잘살

인간과 짐승

수 있는 방법을 찾아야 할 때이다. 이러한 방법 중 대표적인 통합의 가치를 만들 수 있는 것이 있다. 그것은 원효의 화쟁 사상과 불교의 세계 일화라는 사상으로, 모든 가치를 함께 공유하도록 만들 수 있는 체계다. 왜냐하면 이제는 서로 간의 나눔을 지향하는 이념의 시대가 아닌 더불어 공존할 줄 알게 하는 공존의 시대이기 때문이다. 오늘날은 한 나라의 국력이 강하다고 해서, 혹은 나만 똑똑하다고 해서 평화와 조화로움이 유지되지 않는다. 왜냐하면 모두가 서로 다름을 인정하면서 나와 너 그리고 우리가 함께 더불어 잘 살아야 하기 때문이다. 미래로 갈수록 '함께', '더불어'라는 말이 우리들의 입과 행실에 붙지 않는다면, 세계는 최고의 이기심을 발휘하는 세상이 되어 마침내 창세기의 불바다, 아니, 물바다와 아니면 핵으로 인한 자폭과 같은 끔찍한 사태를 맞을 수 있기 때문이다.

이제 현재와 미래 세대는 알아야 한다. 당신이 사람으로서 사람다움을 얻고, 당신이 인간으로서 인간다움을 유지한다면 당신은 이미 '함께', '더불어'라는 정신이 몸소 실천으로 보여 주고 있는 것이다. 더불어 살기를 실천하는 인간을 형성하기 위해서는, 모두가 세계인이자 지구인으로 부를 수 있어야 한다. 그리고 지구상에서 각자가 유용성 있게 적응하여 효과 있고 더불어 사는 데에 적합한 인간이 되도록 조화로운 삶을 구현해야 할 것이다.

4.
바보야! 사람이 문제인 거야?

원인이 있으면 결과가 있다. 그렇다면 공동체에서 드러난 다양한 문제들의 원인은 무슨 결과를 가져올까? 생명을 유지하며 살아가는 공동체에서 나타나는 다양한 문제들은 자연이 원인이면 자연재해라 하고, 인간이 원인이면 인재라 한다. 자연재해는 예방을 통한 대피 작업을 할 수 있지만, 인재는 원인을 규명하여 원인에 대한 문제점을 보완해야 한다. 그러나 공동체의 다양한 문제점이 자연재해보다 인재로 많이 발생하게 된다. 자연재해보다 인재가 많은 것은 사람들이 공동체 일원으로서의 약속을 지키지 못해서 발생하는 것이 대부분이다. 왜냐하면 공동체 일원으로서의 약속이란? 확대하여 해석하면 도덕과 윤리이겠지만, 좁은 의미로 해석하면 법 또는 제도와 규칙이라 할 수 있기 때문이다. 공동체 일원으로서의 약속 중 도덕과 윤리에 바탕을 둔 사례들은 개인의 양심에 따르는 것으로, '스스로 맑은 영혼을 유지하려는 자'와 그렇지 못한 자들로 구분될 수 있다.

소크라테스에 의하면 '스스로 맑은 영혼을 유지하려는 자'란 '너 자신을 알라.'이며, 플라톤에 의하면 '이데아'를 본 자이며, 아리스토텔레스에 의하면 '중용'을 지키는 자이고, 불교, 도교, 유교에 의하면 '득도(得道)한 자'인 깨달음을 얻은 자들이라 할 수 있다. '너 자신을 아는 자.', '이데아를 본 자', '중용을 지키는 자', '깨달음을 얻은 자'들은 공동체 일원으로서의 약속을 지키기 위해서는 자기 자신에 대해 '끊임없는 성찰'을 하여야한다. 그리고 사람이 끊임없는 성찰을 하는 자라면 그 자신은 타인 혹은 상대들과의 '바람직한 관계를 설정'할 수 있도록 노력해야 한다. 이처

인간과 짐승

럼 '바람직한 관계 설정'을 위해 끊임없는 자기 성찰을 요구하는 것을 공자는 '극기복례(克己復禮)'라 말하고 있으며, 이를 위해 퇴계 이황은 '극기복례(克己復禮)'를 위해 경(敬)을 강조하였고, 율곡 이이와 정약용은 '극기복례(克己復禮)'를 위해 성(誠)을 강조하였으며, 맹자는 이를 위해 호연지기(浩然之氣)를 기르라 하였다. 이들이 강조한 것을 개인적으로 이루게 된다면 공동체에서 반드시 생겨나는 것이 공자의 인(仁), 석가모니의 자비(慈悲), 예수의 사랑(愛)의 가치이다. 이러한 가치의 가르침은 많은 유교, 불교, 가톨릭, 기독교 등의 경전에서 보여 주고 있다. 공동체에서 사람으로 인해 발생한 다양한 문제점 중 인재는 사람들로부터 비롯된 다양한 문제의 원인에서 발생한 것이다. 그러므로 인재는 사람들로부터 비롯된 다양한 문제의 원인으로 만들어진 관계적인 결과물이나 사건을 말한다. 이런 다양한 결과물이나 사건에 대한 인재의 처방으로는 결과적 처방을 하는 자들은 법적 책임을 묻는 것이지만, 원인을 살펴 처방하는 자들은 외양간을 고치는 심정으로 사람의 본성에 바탕을 둔 도덕과 윤리를 다루려 할 것이다. 인재에 대한 처방의 관점에서 결과적 처방이라면 더 많은 법이 만들어지겠지만, 원인적 처방이라면 바른 인성 교육을 위한 다양한 학습 방안들이 마련될 것이다.

결국 〈바보야! 사람이 문제인 거야?〉는 인재에 대한 처방이 결과적 처방이 아닌 원인적 처방을 하여야 개선될 수 있는 것이다. 이러한 원인적 처방에 대한 것들은 가르쳐서 개선이나 교정되게 하는 교육임을 알아야 한다. 그러므로 공동체는 인재에서 비롯된 혼탁한 사회가 만들어지게 된 인간들을 향해 오늘도 〈바보야! 사람이 문제인 거야?〉라는 문장은 사람들에게 도덕과 윤리가 사라져가는 현실에 대한 통절한 반성을 요구하고 있는 것이고, 이러한 통절한 반성은 인간에게서 개개인이 바른 인성을 회복하라고 주문하는 것이다. 이런 인성 회복의 주문은 누구나, 공동체의 일원이라면 각각의 개인에게 비롯된 인성이 모든 인간에게 올바른 인성으로 발현되는 작업을 주문하는 것이라 할 수 있다. 이러한 작업은 본성대로 주어진 삶을 사는 것을 말하는 것이고, 또한 '본래의 오염되지 않은 영혼의 삶'을 지키며 살라는 것이며, 개인적으로 '도(道)를 완성하여 덕(德)을 쌓아야 한다.'라는 도덕적 실천을 위한 강력한 요구가 된다.

공동체에서 모든 인간에게 이러한 인성 회복을 요구하여 도덕적 실천을 하라는 것은 요구와 실천의 결과물이 경천애인(敬天愛人)과 홍익인간(弘益人間)의 정신이 바탕이 되는 천지인(天地人)사상으로 무장되었을 때, 비로소 인내천(人乃天)과 충효(忠孝) 사상에 입각한 바람직한 관계 설정을 위한 인성 회복의 프로젝트가 가능할 것이다.

5.
내가 병드니 지구가 아픈 것일까?
지구가 병드니 내가 아픈 것일까?

태초에 만들어진 모든 것들은 각각의 개별적인 것보다 서로가 유·무형적인 관계로 연결된 유기적 세계관으로 연결되어 있다. 그 때문에 원인이 있으면 반드시 결과가 있게 된다. 이것을 불교에서는 인과론(因果論)이라 하고, 연기론(緣起論)의 한 부분이 된다. 유기적 세계관에서 발생한 사건들은 원인이 있기에 결과물이 발생하는데, 그 결과가 유기적 세계관에서 같은 원인의 사건이라면 똑같은 결과가 나올 수 있을까? 원인이 같더라도 사건에 대한 조건과 환경에 따라 결과는 다를 수 있다. 이 같은 결과는 부분이 전체를 대신할 수 없음을 보여 주는 것이다. 그러므로 원인에 따른 결과 예측은 일부 상황이 아닌 모든 상황을 고려해야 한다. 왜냐하면 모든 상황을 고려하지 않으면 정확한 예측이 불가능하기 때문이다. 유기적 세계관에 따른다면 지구라는 행성에서 나의 언행이 어떻게 작용할까? 나의 언행이 부드럽고 온화하여 모든 사람에게 보편적이며 좋은 것이라 한다면, 나는 내게 더 긍정적일 수 있을 것이다. 이러한 긍정적 태도는 자신을 더 긍정적으로 변화시킬 가능성이 높아질 것이다. 이러한 변화는 나의 긍정적인 부분이 공동체에도 긍정적 방향으로 나가는 기회를 주게 될 것이다. 이처럼 유기적인 세계관은 한편으로는 하나의 선행이 또 다른 곳에서 선행을 유발하게 되고, 다른 한편으로는 하나의 악행이 또 다른 곳에서 악행을 유발하게 된다는 것을 안다면 그 누구도 자신의 언행을 함부로 해서는 안 된다는 것을 알려 준다. 왜냐하면 누군

가의 선한 언행은 지구상, 아니, 우주상의 좋은 기운이 되는 것이고, 누군가의 악한 언행은 지구상 아니 우주상의 악한 기운을 만들 수 있기 때문이다. 이는 누군가의 선행은 선업(善業)을 낳고, 누군가의 악행은 악업(惡業)을 낳는다는 것이 아닌가? 그렇다면 이러한 결과는 마침내 선업의 결과가 자손에 미치어 자손이 잘되는 것이고, 악업의 결과는 자손의 대를 끊어지게 한다는 대가를 가져오는 것이 맞다 말할 수 있을 것이다.

생태학자들은 말하고 있다, 지구가 죽어 가고 있다고. 그렇다면 지구가 죽어 가는 이유는 무엇일까? 지구가 병들게 된 이유는 무엇일까? 그것은 인간이 자연과 함께하는 것보다 자연을 도구화하여 자원으로만 보는 경제적 이기심으로 인해 발생한 것이 아닌가? '인간의 이기심!' 이것은 결국 나의 이익의 문제로 돌아가는 것이 아닌가? 결국 누군가의 이익을 위해 혹은 어느 집단의 이익을 위해 자연을 도구화하는 것은 아닌가? 인간에게 있어서 이기심이 잠재되어 있으나, 상대에게 피해를 주지 않는 모습이 개인주의이다. 그리고 이기심으로 인해 상대에게 피해가 돌아갈 수 있는 자신만의 편협된 이익에 사로잡혀 형성하게 된 모습이 이기주의이다. 이러한 이기심이 자신의 집단에서 집단화된 것이 '편향된 집단적 이기주의'라 하는 것이다. 많은 사람은 사람의 이기심이 발현되는 것이 당연하다고 주장한다. 왜! 당연하다고 생각하는 것일까? 사람이 태어나면서 이기적인 부분이 내재된 상태로 태어난 것일까? 그럴 수 있다고 치자. 이기심의 정상적인 형태는 '자리이타(自利利他)'의 이익(利)이 되어야 한다. 이때의 이익(利)은 의(義)의 속성을 지닌 개념이다. 그러나 이익(利)이 의(義)의 속성을 상실한 것이라면 이때의 이익은 공동체가 아닌, 개인과 집단에게만 맞춰진 불공정한 이익이다.

다시 살펴보자. 지금까지 이익을 말하는 자들은 이익(利)이 의(義)의 속성이 아닌 의(義)가 없는 이익(利)을 위한 것만을 기준으로 하여 이익을 말해 온 것 아닌가?

인간과 짐승

아! 사람. 이기적인 존재라며 누가 이렇게 정의했는가? 사람이 이기적이란 정의로 인해 의(義) 없는 이익의 개념이 이기적인 형태로 추구되는 것을 당연시하는 세상을 만들어 온 것이 아닌가? 사람의 이기심이 당연하다는 것으로 인해 사람은 이기적이라는 결론을 도출한다. 그러므로 사람이 지닌 당연한 이기심이 지닌 당연한 이기적인 원인을 유기적 세계관의 관점으로 살펴보면, 이기심으로 인해 인간뿐만이 아니라 사람, 동물 그 외의 것들조차 훼손시킬 수 있게 되는 것이다. 사람에게 이기심이 당연하다고 주어진 순간, 사람이 아닌 짐승이나 악마와 같은 괴물들을 이 세상에 만들어 내는 결과물 아닌가?

우리가 당연시하던 이기심이 이러한 짐승과 악마를 생산하는 원인이 된다는 것을 모르고, 이기적인 것이 당연시하니 의(義)의 속성이 없는 이기심(利)이 존재하는 한 인간 세상은 지구 행성계 내의 모든 존재가 생태계를 병들게 할 것이다. 의(義)의 속성이 없는 이기심이란? 각자 존재의 위치와 영역뿐만 아니라 상대의 위치와 영역을 침범하여 자신의 이익만을 지키려는 것이며, 이러한 침범이 결국 악화를 구축하게 되어 갈등과 분쟁 그리고 더 크게는 전쟁의 원인이 될 것이다.

인간뿐만 아니라 지구 내의 모든 존재가 각자의 위치에 맞는 정위(定位)된 삶으로서 의(義)의 속성에 맞는 이익을 구현한다면 자연스럽게 조화를 추구하는 삶이 진행되지 않겠는가? 이익이 의(義)에 부합되는 삶은 모든 것과 조화를 이룰 수 있는 삶이 된다. 그러므로 자리이타(自利利他)는 행복을 추구하는 사람들에겐 버릴 수 없는 조건이 된다. 자리이타가 되었을 때 비로소 원인에 따른 결과는 자리이타의 향으로 널리 퍼지게 될 것이다. 내가 나만의 이익에 병들지 않는 인간이 되었을 때, 자연도 역시 병들지 않는다는 것을 알아야 한다. 자연 생태계의 안전은 내가 이기심에 병들지 않을 때 보장될 수 있는 것이다.

6.
정치(政治)란 무엇인가?

정치(政治)란 무엇일까? 정치란 '나라와 국민을 다스리는 일'을 뜻한다. 정치란, '사회적 가치의 권위적 분배다.'라는 문장으로 정의된다. 여기서 '사회적 가치'란 공익과 사익, 경제적 이익, 자유, 생존권 등 다양한 형태의 이익 혹은 권리를 의미한다. 과연 정치의 의미를 이렇게 일반적인 문장으로 이해해야 할까? 정치는 개념적으로 움직여지는 것이 아니라 실제적인 것으로 움직여지는 것을 뜻해야 하지 않을까? 개념적인 것은 문장을 통해 이해를 구하는 것이지만, 실제적인 것은 언행을 통해 직접적인 활동으로 국민에게 보여 주는 것이다. 그렇다면 정치란 무엇을 보여 주는 걸까? 보여 주는 것은 정치 행위가 긍정적으로 국민의 피부에 와닿게 하는 것이다. 보여 주는 것이 법에 따른 절차로 한정된다면, 이러한 정부는 도덕성이 결핍된 정부일 가능성이 높다. 왜냐하면 법에 따른 것만 한다는 것은 국민이 움직여지지 않을 때 이것만은 해야 한다고 단순하게 법만의 적용을 요구하고 있을 뿐이기 때문이다. 법만의 적용을 요구하는 행위는 국민에게 최소한 이것만은 해야 한다는 것을 알려 주는 것이다. 법의 의미가 이럴 진데 정부가 법에 따라서만 한다는 것은 국민을 위해 최소한의 것만 하겠다는 것을 뜻한다. 이것은 국가가 발전과 진보가 없는 현상 유지만을 하겠다는 가장 소극적인 자세의 정치 행위로 보인다.

정치에서 정부가 보여 주는 것과 보여 주지 못하는 정치 행위를 살펴보면, 보여 주지 못하는 정치란 무엇일까? **보여 주지 못한다는 것**은 '최소한의 것'만 행하는 정부로, 정부가 하지 않아도 법으로 규제된 것만을

인간과 짐승

국민이 자율적으로 하는 것이다. '국민이 하는 것'만큼만 한다는 것은 가장 소극적인 정치 활동을 하는 정부를 말한다. 그러나 정치란 국민의 세금으로 움직여지는 집단의 움직임 아닌가? 집단으로서 정부가 국민의 세금을 가져가 활용한다는 것은 국민을 위한 일에 세금을 쓰라고 하는 것이다. 그러나 정부가 국민에게 요구하는 법과 제도만큼만 정부가 일한다는 것은 정부는 일을 하지 않겠다는 것이다.

왜냐하면 정치를 한다는 것은 국민을 위한 비전 있는 계획을 세워 국민을 위해 세금을 운영하는 것이기 때문이다. 세금의 운영 주체는 정부이다. 그런데 정부가 법에 기록된 것만 한다는 것은 정부가 세금 운영을 '최소한의 영역' 내에서만 하겠다는 의미가 되기 때문에 정부 활동을 최소화하겠다는 것을 의미한다. 이러한 정부를 적극적이지 않은 소극적인 정부라 할 수 있으며, 정부의 역할을 최소화만 작동하니 일을 하지 않는 무능한 정부라 할 수 있다. 법에 따른 정부 운영만을 한다는 것은 정부가 주어진 역할만 한다는 것이다. 이는 결과에 따른 법적인 책임을 지고 예방 차원의 어떠한 일도 하지 않는다는 것이 된다. 이는 국민의 생명과 재산을 보호해야 한다는 예방적 차원의 정부의 역할이 사라진 것이다. 결과에 대처만 하고 예방을 할 줄 모르는 정부, 이러한 정부는 국민 스스로 본인들의 삶을 책임지라는 것이다. 이를 '각자도생'이라 하는데, 각자도생은 국가가 없던 때의 정글 속의 삶의 조건과 같은 상황이 된다. 국가로서 국민 입에서 '각자도생'이라는 단어가 나왔다면 이미 이러한 국가는 국민에게 정부가 없는 무정부 상태를 말하는 것이다.

정치는 국민을 위해 예상되는 위험에 선제적으로 대응하여 국민의 생명과 재산을 보호하는 것이다. 이는 정치가 국민의 삶에 깊숙이 관여하며 그에 따른 책임이 있다는 것인데, 책임을 묻지 않는다는 것은 정부 스스로가 국민은 안중에 없는 정글판의 국가를 만들어 가는 것이다. 정글판의 국가는 국민에게 각자도생의 삶의 현장을 살아가라 하며, 국민 스스로가 책임져야 한다는 것을 강조하는 것이다.

정치에서 법적 책임만을 묻는다는 것은 국민을 위해 일은 하지 않으면서 사회에 드러난 현상의 결과만 수습하겠다는 것이다. 결과만 수습한다는 것은 법적인 책임만 묻는다는 것이며, 과정이 어떠하더라도 걸리지 않으면 된다는 것으로 관심이 없다는 의미이다. 정치가 도덕적 책임이 따르지 않으면 정치는 최소한의 일만 할 뿐인데, 그 일은 법조문에 있는 내용일 뿐이다. 정치는 국민에 대한 무한 책임을 지는 자리이다. 그렇기에 도덕적 책임을 묻는 것이며 도덕적 책임 때문에 국민을 위한 선제적 활동을 하는 것이다. 정치에서 도덕적 책임은 사라지고 법적 책임만을 묻는, 오늘날의 대한민국은 법 조항만 선택적으로 남아 있고, 국가와 정부가 사라진 현실이 되었다. 대한민국이 제대로 된 국가와 정부가 되려면 법이 아닌 도덕성을 회복하여야 한다.

지금의 대한민국 세금 도둑들만 득실거리고, 무정부 상태로서 최소한의 권한으로 법만으로 국민을 대하겠다는 자세는 정치가 사라진 정부 운영이고, 법은 있되 선택적 법을 적용하고 있는 견고한 기득권의 모습을 보여 주고 있다. 대한민국에서 정치를 회복하려면 도덕성을 회복해야 한다. 법 이전에 도덕적 판단으로 정부가 운영되었을 때 비로소 정부는 국민을 위한 법적 책임보다 더 큰 도덕적 책임을 말할 수 있으며, 이러한 것은 국민을 위한 선제적이며 적극적인 정부 활동으로 다양하게 이루어질 수 있다.

지금의 대한민국 법으로 움직이고 있는 듯한데, 법의 의미가 도덕이 사라진 공동체의 법이라 기득권을 위한 법이자 불법의 법의 의미로 보이는 것 같아 법을 말하면서도 뒤가 개운한 것 같지 않다.

7.
무엇을 기다리는가?

무엇을 기다리는가? 아니, 누구를 기다리는가? 한민족은 정도령을 기다리고, 불교는 미륵불을 기다리고, 기독교는 재림예수를 기다리고, 한민족과 불교, 기독교가 아니더라도 기타의 곳에서도 누구를 기다리는 자들이 많이 있지 않을까? 기다려지는 이들은 누구이며, 왜 기다리는지 무척 궁금해진다. 기다리는 자들은 주장을 한다. 이 세상을 구원할 자, 구제할 자, 구세주를 기다린다고. 그러나 최초로 약 350만 년 전에 나타난 사람이 생존하게 된 이래 지금까지 공동체가 변화하고 개혁된 것을 살펴보면, 누군가의 희생의 결과로 공동체가 변화되고 공동체가 개혁이 이루어지는 긍정적인 개선의 결과도 있었겠지만, 진정한 변화와 개혁을 이끌어 온 주체는 변화와 개혁이 당시 공동체를 이루고 사는 자들이 함께 만들어 온 것이다. 그런데 왜! 구세주라는 이들을 기다려서 자신들이 사는 공동체에서 발생한 문제들을 구세주라는 이를 통해서 해결하려고 하는가? 자신이 사는 공동체에서 발생한 문제는 자기를 포함한 공동체에서 해결해야 하는 것이 아닌가? 그런데 왜 자신이 사는 공동체의 삶에 대한 문제를 자신들이 해결하려 하지 않고 구세주라는 이들에게 해결해 달라 하는가? 자신의 공동체를 개선하고 변화시키어 개혁을 이루기 위해 구세주가 필요한가? 아니면 자기가 무능해서 누군가 대신해 주길 기다리는 것인가? 이들은 정말 자신들이 무능하다고 믿는 것일까? 그건 아닐 것이다. 구세주를 기다리는 자들은 자신을 희생할 줄 모르기 때문이 아닌가? 왜 자신을 위해 희생할 사람을 찾으면서 스스로 변화와 개혁 그리고 개선의 마중물이 되어 참다운 변화를 일으키려 하지 않는가? 도산 안창호 선생은 말한다. '인물이 없다 한탄하지 말고 나 자신부터 인물이 되도록 노력하여라.' 하고 주장하였듯이, 나를 위해, 우리를 위해 희생할 수 있는 자를 기다리지 말고 자기 스스로가 개선과 변화를 주어서 개혁을 이루는 인물이 되도록 해야 한다. 솔직히 공동체의 문제는 자신을 위해 누군가 대신 희생해 달라 한다면 그것은 너무 무책임한 것이 아닌가?

이미 사람이 사는 곳에서는 변화와 개혁을 이룰 수 있는 정도령이 있고, 미륵불이 있고, 재림 예수가 있는데도 불구하고 나를 위해 희생할 자를 구하려 하고, 또한 기다리려고 하고 있다는 것이 우습지 않은가? 이미 우리는 모두가 스스로 변화와 개혁을 이룰 수 있는 각자의 정도령이고, 각자의 미륵불이고, 각자의 재림예수이다. 이들과 같은 사람이 될 수 있는가 없는가는 각자 자신의 의지에 따라 결정되는 것이다. 정도령, 미륵불, 재림예수를 기다린다는 것은 이들에게 나를 위해 희생해 달라는 비겁한 주문의 기다림 아닌가? 문제에 대한 해결책에 관한 개선과 변화가 필요하다면 각각의 개인이 스스로가 정도령, 미륵불, 재림예수가 되어야 개선과 변화를 통한 개혁을 이룰 수 있다는 것을 명심해야 한다.

그런 의미에서 당신이 기다리는 이들은 이미 당신에게 내재되어 있는 것이다. 당신이 이미 정도령이고, 당신이 이미 미륵불이고, 당신이 이미 재림예수임을 잊지 말아야 한다. 우리는 모두가 각기 정도령, 미륵불, 재림예수가 되었을 때, 우리가 살고 있는 이 세상이 개선과 변화가 이루어질 것이다. 개선과 변화가 이루어진 세상에선 나와 너 그리고 만인을 위한 조화로움이 이루어질 수 있는 이상향의 공동체인 평화로운 세상이 될 수 있을 것이다. 이처럼 사람들의 이상향의 공동체인 평화로운 세상은 누군가 대신해서 만들어지는 것이 아니라 우리가 대동사회, 불국정토, 천국, 소국과민, 유토피아 세계를 직접 만드는 주인공이라는 것을 잊지 말자. 이는 대한민국의 15대 대통령인 김대중이 말하는 **행동하는 양심**을 불러일으키는 것이라 할 수 있다. 그리고 **행동하지 않는 양심**은 **악의 편**이라 말하기도 했다. 이와 마찬가지로 참된 믿음에는 행동이 따르고, 살아 있는 몸에는 혼이 깃들어 있어야 하는 것과 같다고 말할 수 있다. 양심과 믿음과 혼이란 살아 있는 자들의 특징이며, 이 특징을 바르게(正) 작동시키는 것이 양심과 믿음과 혼이 일치된 선상에 놓여질 때라할 수 있다. 일치된 선상에 놓여질 때가 소크라테스의 '맑은 영혼을 보존하는 것'이 아닐까? 맑은 영혼이 보존될 때 양심에 어긋남이 없는 것이고, 바른 믿음을 가지게 되는 것이며, 혼이 자신의 본성을 그대로 보존된 상태를 말하는 것이 된다. 이러한 자를 우리는 '참사람' 혹은 '인간'이라고 부르는 것이다.

8.
보이는 세계에서의 법

지구란 행성에 사람들을 지배하는 두 가지가 있다. 그것은 보이는 세계의 유형계를 지배하는 법과 보이지 않는 세계의 무형계를 지배하는 종교이다. 사람들을 지배하고 있는 두 가지인 법과 종교가 사람들에게 과연 당위성을 가지고 정당하게 활용되고 있는가? 살펴보기로 하자. 우선 법을 살펴보면, 법은 제도를 글로 표현하여 성문화한 것인데, 이것을 성문법이라 한다. 그리고 이 법을 통해 사람들을 규제하고 있다. 법을 이용한 규제의 목적은 공동체를 지켜서 평화롭고 안전한 조화로운 세상을 만들자는 취지이다. 그러나 법이 제도가 된 순간, 이를 만든 이들은 국민을 위한다는 대의명분의 공정함을 주장한다. 그러나 대의명분의 공정함을 상실하게 되면서 법을 운용하는 자들이 이 법으로 사람들을 규제하게 된다. 본래 사람이 법에 의지해 안전을 확보하려던 것이 사람들을 규제하는 도구로 변형된 것이다. 민주주의의 꽃이라던 삼권분립의 기능을 잘 활용하여 법이 만들어진 취지를 지켜 나간다면 훌륭하고 바람직한 국민과 국가가 형성될 수 있었다. 그러나 그렇지 못한 자들을 만나면 법은 이들의 **이익의 숟가락**이 되어 버릴 가능성이 높다. 법을 운용하는 자들에게 법이 이익의 숟가락으로 작동되는 즉시 공정함보다는 편협함이 커질 것이고, 이러한 편협함은 공정성보다는 불법의 내용을 법으로 가식화하게 될 가능성이 클 것이다. (예를 들면 로마군 법정에 의해 소크라테스가 사형 판정이 내려진 것을 생각하면 될 것이다. 이때의 법정은 소크라테스가 신에 대한 불경죄와 그리스 아테네의 젊은 영혼을 타락시킨다는 것과 공직

자를 뽑는 방식에 대한 불만이 도시를 혼란하게 만든다는 취지로 내려진 판결이라 하였다.)

이처럼 가식화된 법은 정법을 가장한 불법이고, 가식화된 불법은 정법을 가장하여 공동체 사람들의 정당한 언행을 규제하게 된다. 이러한 정법을 가장한 불법이라면 잘못된 법에 대해 개선과 변화를 요구하여 바르게 개선이 되도록 요청해야만 한다. (개선을 요구하는 사례로는 간디의 무저항 비폭력운동, 마틴 루터 킹 주니어의 비폭력운동, 마틴 루터의 종개혁운동, 전봉준의 동학 농민운동 등과 같은 사례에서 찾아볼 수 있다.)

그러나 개선이 잘될까? 국가의 단위 조직에서 사용하는 '개선'이란 단어 속에는 또 다른 절차를 요구하도록 불법을 법으로 만든 이들이, 자신들의 이익을 지키기 위해 불법인 법을 쉽게 변경하지 못하게 또 다른 형식적 절차의 요구를 하도록 만들어 놨기에 잘못된 법이라는 것을 알았더라도 이를 개선하는 것이 쉽지 않다.

왜 법이란 것을 만들어 우리 스스로 규제당하고 살까? 이유는 단 한 가지, '공동체의 행복을 추구하기 위함'이었다. 여기서 공동체의 행복이란, 자신의 권리를 100% 이행할 수 있는 자유를 말하는 것이다. 법의 규제를 통해 자유스러움을 얻는다는 것도 웃기는 일이다. 현실을 직시해 본다면 법은 사람들이 두려움의 결과로 만들어진 것이다. 그러나 두려움, 공포에서 벗어나기 위해 만든 법이 지금은 오히려 우리를 더 두렵게 만들고 있다.

현실에서 법이 제도가 되면서 제도로 만들어진 법이 만든 이들을 위한 이익의 숟가락이 되는 순간 공동체는 분열될 것이고, 아니, 이미 분열이 된 상태일지도 모른다. 왜냐하면 법은 도덕을 배경으로 하고 정의를 기본으로 하는 것인데, 분열된 공동체는 법이 도덕의 배경도 아니고 정의의 기본도 안 되기 때문이다. 이러한 법이 운용되는 세상에서는 이익의 숟가락을 챙기는 이들과 도덕과 정의를 지키려는 자들 간에 서로 편을 만들어 싸우는 다툼의 세상이 형성될 것이다. 이러한 현실은 법을 만든 이들이 자신들의 기득권을 지키려고 법으로 가장한 불법적인 법의 내용으로 공익을 규제하고, 공익이란 말로 사익을 추구하며, 참다운 공익을 주장하는 사람들을 구속하여 자신들만의 이익의 기득권을 빼앗기지 않으려 입법을 시도할 것이다. 이런 것을 우리는 사람에게 나타나는 이기심 혹은 욕심이라 하고, 망상이라 부르기도 한다. 법이 공정함을 잃어버리는 순간, 법이 기득권을 위한 이익의 숟가락이 되는 도구가 되는 순간, 그것은 기득권의 욕심 덩어리이자 망상 덩어리를 대신하는 법이 될 뿐이다.

대한민국의 지금의 현실, 우리를 지배하고 있는 법이 과연 공정한가? 아니면 욕심 덩어리이자 망상 덩어리인가? 만일 우리의 법이 기득권을 위한 이익을 추구하는 욕심 혹은 망상 덩어리라면 지구라는 행성 속의 대한민국은 거짓이 없는 세상이 아니라 거짓이 판치는 짐승들과 악마들이 활보하며 그들이 잘난 척하는 곳이라 할 것이다. 이와 같은 대한민국이라면 불법을 합법으로 둔갑시킨 세상에서 기득권인 그들이 정글의 승자로써 자신들만의 이익으로 채워질 탐욕의 배를 더욱더 풍만하게 채워갈 불공정한 세상이 되거나 되어 갈 것이다.

법! 이것이 모두에 대한 공익으로서의 이익의 수저가 아닌, 일부 기득권이나 집단만의 이익의 숟가락이 된다면, 이러한 곳에서의 대한민국의 모습은 이미 썩고 부패한 것이며, 썩고 부패한 곳에서 법을 활용하는 자들은 스스로가 강력한 부패의 원흉이 되어 자신만의 이익을 챙겨 가는 더럽고 추한 짐승이거나 악마들이 될 것이다.

법! 그것은 보이는 세계인 유형계에서의 위험한 칼날이다. 위험한 칼이 이미 만들어졌을 때 사람들에게 그 칼날을 활용해 난도질을 한다면, 그것은 마치 불법을 법으로 만들어서 활용하는 것이라 할 수 있다. 공동체에서 잘못된 이 위험한 칼날을 개선하기 위해서는 공동체의 저항을 부

인간과 짐승

르게 될 것이고, 심하게는 피를 흘리게 될 것이다.

법! 그것이 본래 목적이 사라진 사용자의 의지에 따라 용처가 달라진다면 공동체의 바람직한 모습을 위해 법을 바르게 사용할 줄 아는, 법에 익숙한 자가 아닌 도덕적인 자들을 양성해야 한다. 그래야 불법으로서 법이 아닌 공정하고 바람직한 것으로의 법이 도덕의 바탕에서 이용될 수 있을 것이다.

9.
보이지 않는 세계의 종교

종교는 보이지 않는 무형계의 것으로 보이는 세계인 유형계의 사람을 지배하는 힘을 가지고 있다. 이러한 힘은 지역과 문화의 특성상 서로 다르게 표현되어 나타난다. 다르게 나타나는 것을 지역별로 살펴보면 문화적인 특성과 일치하게 된다. 예를 들어 중국에서는 유교와 도교 등이 나타났고, 인도에서는 불교와 힌두교 등이 나타났으며, 가나안에서는 유대교와 기독교 등으로 나타나고, 중동에서는 이슬람교 등으로 나타났으며, 그리고 로마교황청의 천주교와 몰몬교 그리고 무속신앙 등으로 나타났다. 이들 종교는 부르는 호칭은 다르나 종교로서 보이지 않는 세계의 무형계를 가지고 현실의 보이는 세계인 유형계를 지배하고 있다. 종교의 특성은 각기 달리 표현되고 있기도 하지만, 모든 종교가 체험된 '체득처'를 중히 여기고 있다. 종교에 따른 각각의 '체득처'는 각 종교에 따라 다양하게 표현되고 있다. 각 종교에서의 '체득처'의 순간을 깨달음, 회심, 접신, 천인합일(天人合一) 등으로 표현된 것을 읽을 수 있지만, 이들은 결국 개인적인 체험이기에 체험치 못한 이들에게 이들의 '체득처'는 신비할 따름이다.

이러한 개인적인 체험을 확인하는 작업으로 불교는 선문답이 있다. 선문답이란? 깨달은 자가 깨달은 이들과의 대담인데, 이는 내가 천리마인지 아닌지 천리마를 알아보는 이에게 천리마에 대해 함께 이야기해 보자는 것 아닌가? 대담자가 천리마에 관한 대담을 하면서 자신이 천리마라면 천리마임을 확인했으니 나는 천리마구나 하고서 그것에 만족한다

인간과 짐승

는 것인가? 아니면 대답 결과 자신이 천리마라면 '천 리'를 달리겠다는
건가? 개인적으로 누군가가 천리마면 어떻고 천리마가 아니면 어떤가?
중요한 것은, 개인이 자신의 발을 밟고 있는 곳에서 스스로가 주인공으
로 살고 있는가가 중요한 것이 아닌가? 당신이 천리마라면 "나 천리마요!
우쭐 대지 마시라!" 당신이 천리마라면 주변 동료들에게 천리마의 주법
을 알려 주고 다 함께 '천 리'를 갈 수 있는 '공동의 이익'을 위한 행위를
해야 하는 것 아닌가? 바람직한 종교라면 사람들을 현혹되게 하지 말고
어떻게 사는 것이 바람직하게 사는 것이며, 왜 바람직하게 살아야 하는
이유를 설명해 주어야 하는 것 아닌가? 대부분 종교의 내용에는 다음과
같은 표현들이 들어 있는 것을 볼 수 있다. 어느 한 사람인 구세주가 종
교를 통해 사람을 구원하기 위해 이 세상에 왔다는 것이다. 기원전 4세
기부터 3천 년 가까운 세월 동안 세상을 구제하겠다는 종교들이 한 역
할이 무엇인가? 세상이 구원되었는가? 사람이 구제되었는가? 지금까지
의 종교가 2024년이 되었어도, 아직도 종교를 이용해 이익을 실현하려
는 종교팔이 장사를 할 뿐 진정한 종교가 무엇인지 말을 하지 않고 있는
것 같다. 2024년이 된 지금, 필자 눈에는 모든 종교가 사업이고, 장사꾼
에 불과한 것으로 보이는 것은 필자만의 생각일까? 필자에게 있어서 종
교란 사람들에게 평정심을 주고, 공동체(사회)에 평온함과 조화를 유지하
게 하며, 모든 존재가 제 나름의 가치가 있음을 인정해 주어야 한다는
가르침을 주어야 하는 것 아닌가?

　종교란? 재물이 모이는 곳이 아니라, 재물이 물 흐르듯 거쳐야 하는
곳이다. 그러므로 종교 집단은 재물이 모여서 재물이 흘러야 하지만, 재
물이 한곳에 모아져 재물의 흐름을 막고 있는 것을 풀어야 한다. 종교에
서 재물을 흐르게 하였을 때 그 종교는 세상 사람들이 함께 더불어 행
복을 누리도록 해 주게 되는 것이다. 또한 진정한 의미의 종교라면 각자
가 있는 그곳에서 삶의 바람직함이란 것을 알려 주어 바람직한 삶을 살

도록 그 사람들에게 요구해야 하는 것 아닌가? 이것을 가장 잘 실행한 인물들이 있다. 그들은 4대 성인이라 불리는 공자, 석가모니, 예수 그리스도, 소크라테스와 그리고 원효대사, 나이팅게일, 테레사 수녀, 도산 안창호 등이라 하겠다.

이들의 삶을 보면 이들은 다툼을 보인 적이 없으며, 늘 함께 더불어 행복을 추구하였다. 깨달아 당신이 천리마라면 '천 리'의 일, 즉 세상을 함께 더불어 행복을 추구하는 일에 동참하길 바란다. 깨달음은 장난이 아니다. 깨달음은 자신 삶에 변화를 주고, 자신의 변화된 삶을 주변으로 확장해 나가는 것이다. 그것은 상구보리(上求菩提) 하화중생(下化衆生)의 작업이 되었을 때 당신의 깨달음이 가치 있는 것으로 변화되는 것이다.

깨달음 그 자체가 중요하지 않다. 필자는 바람직한 삶을 사는 것이 더욱 중요하다고 생각한다. 그런 의미에서 자기 종교만이 최고라는 신념은 잘못된 종교적인 태도이다. 마르크스에 의해 종교를 마약으로 불리는 까닭은 잘못된 종교적인 태도를 지적하는 것이라 볼 수 있다. 진정한 의미의 종교는 진리의 아름다운 풍경화 한편이며, 진리의 아름다움으로 장식된 선함의 속과 의로움의 겉이 일치하는 사람과의 관계이다. 이러한 관계를 불교에서는 모든 것과 조화를 이루는 세계일화(世界一花)의 한 송이 꽃과 같다고 했다.

이 표현은 세계의 모든 사람이 한 가족이라는 인류애와 생태계가 함께한다는 인간과 자연과의 조화는 세계일화의 정신과 같다는 것을 가리키는 것이다. 당신이 진정한 종교인이라면 내 것이 우선이라는 생각은 정말 잘못된 종교인의 자세임을 깨달아야 한다. 왜냐하면 모든 종교는 다툼을 싫어하고, 선(善)함과 의(義)를 추구하는 공정함의 화신이자 모든 것에 대해 행복을 추구하도록 이끄는 자리이타의 삶을 추구하게 하는 세계인의 지혜 주머니이기 때문이다. 이 지혜 주머니를 가지고 모두가 더불어 잘 살아가는 것을 공유할 수 있도록 이끌어 주는 이들이 올바른

인간과 짐승

종교인이라 할 수 있다. 종교, 그것은 우리 모두의 **지혜 주머니**며, 모두
가 더불어 잘 살아가게 하는 **행복 주머니**라 할 수 있다. 그러므로 보이
지 않는 것으로 인간을 지배하는 것이 종교가 아니라 인간에게 행복을
갖다주는, 보이지 않는 것으로부터의 행복 주머니의 역할이 종교의 역할
이라 할 수 있는 것이다.

도(道)의 철학 혹은 세계관을 살펴보면 도의 철학은 관계의 철학이자 유기적 세계관을 나타내고 있다. 이러한 도의 현현은 크게 인간관과 자연관 그리고 우주관으로 살필 수 있다.

여기서 인간관은 자성을 바탕으로 타인과의 인성의 확대이자 이익의 공정함을 나타내는 것이다. 자연관은 스스로 그러함이란 자연 상태로 모든 것이 존재하되 무위자연(無爲自然)의 원리를 찾는 것이다. 세계관은 주인공으로서 천상천하 유아독존(天上天下 唯我獨尊)의 현재의 시간 속에서 공간적인 모습으로 존재하는 것을 표현한 것이다.

이중 인간관에서는 다음과 같이 세 가지로 분류할 수 있다. 첫째, 자성론, 둘째, 인성론, 셋째, 경제론이 된다.

첫째, 자성론의 입장은 극기복례(克己復禮)로 나타낼 수 있으며,

둘째, 인성론의 입장은 애기애타(愛己愛他)로 나타낼 수 있으며,

셋째, 경제론의 입장은 자리이타(自利利他)로 나타낼 수 있다.

자성론의 입장에서 '극기복례(克己復禮)' 이것은 자성을 통한 깨달음을 말하는 것이며, 이것은 '자기를 바로 보자.'라는 철저한 자기 성찰을 의미하고 있다.

인성론의 입장에서 '애기애타(愛己愛他)'는 6바라밀의 보살의 정신과 측은지심을 통한 인간에 대한 자비와 사랑과 인(仁)을 표현한 것이다.

경제론의 입장에서 '자리이타(自利利他)'는 애기애타(愛己愛他)로서 자기애의 확장을 통한 가족과 같은 사랑을 베푸는 것으로, 이익을 나와 함

께 다른 사람들과 공유할 줄 아는 태도를 말하는 것으로, 이익을 보면 그것이 의(義)에 합당한 것인지 자연의 이치(理致)에 맞는 것인지를 살펴 공존의 이익을 함께하자는 의미이다.

'도란 무엇인가'라는 궁금증에 대해 간략히 살펴보기로 한다면, 다음과 같이 도(道)에 관한 전반적인 내용을 살펴보고 난 후 과연 우리가 현재 배우고 있는 세계의 사상, 세계의 철학에 대한 조류를 배울 가치가 있는가를 한 번쯤 생각해 볼 때인 것 같다. 필자는 도의 철학, 아니, 도의 세계관이 앞으로의 세상을 바꿔야 할 사상의 조류가 아닌가 생각된다. 그러기 위해 우리는 오늘 하루도 언어 장난에 시간을 보내지 말고 자기를 성찰하여 자신을 바로 보는 나를 통해 세상을 구제해 보길 바라는 마음이 간절하다.

11.
도(道)란 무엇인가?

도(道)란 무엇인가? 도(道)가 무엇이길래 그렇게 많은 이들의 관심을 가지게 하는가? 도(道)를 알면 돈이 나오나, 밥이 나오나 도(道)를 알면 무엇이 나오길래 그리 호들갑을 떨면서 도(道)를 안다는 자들이 나와서 선문답을 통해 대담을 요청하는 걸까? 왜 도를 추구하는 자들이 그토록 도(道)를 아는 이에게 맞는지 틀리는지 확인받고 싶어 할까?

도(道)! 그것은 과거부터 가르침이 있었다. 불교에서는 6조 혜능대사와 임제선사의 '이 뭣고!', '방하착'이라 하여 자신에 대한 직접적인 질문을 하도록 유도하고 있으며, 모든 것을 내려놓으라고 요구하기도 했다. 왜 자신에게 물어보라 하며 스스로 답을 찾도록 했을까? 이미 석가모니께서 답을 알려 주시지 않았는가? 인간은 '천상천하(天上天下) 유아독존(唯我獨尊)'이라고. 이 문장이 무엇을 뜻할까? 인간이 제일 잘난 존재임을 말하는 걸까? 그렇다고 믿고 있다면 인간의 오만함이 극에 달한 것이 아닌가? 석가모니가 그렇게 오만한 인간이었나? 석가모니가 인간이라면 그렇게 오만하지 않았을 것이다. 그는 부처가 된 후 낮은 자세로 모두에게 진리를 설파한 인간이다. 그가 마야 부인에게 태어나면서 '천상천하(天上天下) 유아독존(唯我獨尊)'을 표현한 손가락이 지칭한 모습은 부처로서 자신의 상태를 보여 준 것이 아닐까? 필자는 석가족인 석가모니가 카필라 왕국의 고타마 싯다르타 태자로 태어나면서 '천상천하(天上天下) 유아독존(唯我獨尊)'의 손가락 방향에서 손가락이 지칭하는 상(上)과 하(下)의 방향이 핵심이 아니라, 손가락을 움직여 준 팔다리가 붙어 있는 몸체가 핵심

인간과 짐승

이라고 생각된다. 석가족의 석가모니가 태자로 태어나서 '천상천하(天上天下) 유아독존(唯我獨尊)'의 첫 모습은, 사람으로 태어나 인간이 되어 지상 세계와 천상 세계의 관계를 잘 맺어지게 하는 **관계적 존재**임을 지칭하는 것으로 보인다. 여기서 '사람으로 태어나 인간이 되었다는 것'은 자신을 알고 타인과의 관계를 맺는 공동체의 일원으로 바람직한 관계가 설정된 삶을 살게 된 것을 말하는 것이다. 그런 의미에서 '천상천하(天上天下) 유아독존(唯我獨尊)'은 지상 세계인 유형계와 천상 세계인 무형계의 관계를 잘 맺어지게 한 존재가 싯다르타라는 것을 표현한 것이다. 따라서 '천상천하(天上天下) 유아독존(唯我獨尊)'은 인간으로서 자연과의 관계를 잘 소통하는 존재임을 나타내는 것이 된다. 그러므로 태자로서의 고타마 싯다르타가 아닌 석가족의 성인(聖人)인 석가모니는 사람들에게 관계적 요구를 바람직하게 실천하기 위해서 다음과 같이 요구하는 가르침을 말한다.

첫째, 자기를 바로 보고 자신이 누구인지를 성찰하라.

둘째, 성찰된 자 그가 보림(保任)을 통해 인간의 공동체 속에서 조화로운 삶을 추구하라.

셋째, 자기를 알고 공동체 속에서 조화로움을 추구하는 그가 좀 더 확장된 자연과의 관계를 조화롭게 만들어 가는 존재로서 존재하는 곳이 모두 세계일화임을 표현한 것이 아닐까?

그렇다면 도(道)! 이것은 무엇이 되는가? 도(道)는 깨닫는 것이 중요한 게 아니라, 깨닫고 난 뒤의 공동체와 자연과 어떤 관계를 맺느냐가 더 중요한 것이 아닐까? 이랬을 때 진정한 도(道)의 의미를 안다고 할 수 있지 않을까? 도(道)를 깨달았으면 도(道)를 완성해야 하는 것이 아닌가? 필자는 도(道)의 또 다른 표현은 다음과 같이 다섯 가지로 드러난 것으로 보인다.

첫째, '천상천하(天上天下) 유아독존(唯我獨尊)',

둘째, '상구보리(上求菩提) 하화중생(下化衆生)',

셋째, '자리이타(自利利他)',

넷째, '도덕(道德)',

다섯째, '참(誠)'.

도(道)! 궁금하면 다섯 가지 중 자신에게 맞는 것으로 구현해 보도록 하자. 그것이 도의 실현이자 실천하는 것이다. 대표적인 도의 실천으로는 원효 스님의 원융회통(圓融會通)과 화쟁사상(和諍思想)으로 대비되는 것은 아닐까? 따라서 원효 스님의 원융회통(圓融會通)과 화쟁사상(和諍思想)은 도의 실천으로 덕을 베푸는 것 중의 하나일 뿐이다. 도(道)! 깨닫는 것, 자기를 바로 보는 것보다 중요한 것은 일상생활 속에서 도를 실천하여 덕을 이루어 도덕적인 삶을 완성하는 것이 더욱더 중요한 것으로 보인다.

12.
참과 거짓은 언제나 공존하는가?

누구든 태어나서 생존하고 있다면 그의 첫 번째 경험은 보고 들었던 것이 모두 참이라 생각된다. 이러한 첫 번째 경험은 순수함으로 표현되거나 자연스러움으로 표현할 수 있다. 첫 번째 경험을 할 때는 보이는 겉과 보는 자의 속이 하나가 된 상태여서 언제나 참인 것이 된다. 이렇게 첫 번째 경험을 하는 자는 대상을 거짓 없는, 있는 그대로를 보는 참인 사람이 된다. 사람으로 태어나서 자라는 성장 기간이 기억되는가? 사람으로 태어난 그땐 정신적 고통이 없었고, 단지 고통이라면 배고픔만이 고통이라 말할 수 있지 않았을까? 이때는 보이는 겉과 보는 자의 속이 일치되니 상대가 보기에도 거짓이 없었던 시절이다. 이후 이성의 발현과 생각을 하게 되면서 공동체에서 살아가는 삶의 경험을 통해 사회 통념상 **잘못**이라는 것을 알아 가게 된다. 이러한 잘못을 알아 가면서, 스스로 해야 할 것과 하지 말아야 할 것을 알아 가면서 **참과 거짓**을 배워 나가게 된다. 참과 거짓을 알아 가게 되자 옳고 그름의 판단을 배우면서 생활 속에서 이를 적용하기 시작된 것이 아닌가? 일반적으로 **배움의 시작은 가정**이다. 가정에서 부모를 보고 배우는 것. 이것처럼 배우기 쉬운 환경이 더 있을까? 이런 배움은 어떤 생각도 더 이상 요구되지 않고 부모이기에 자식들이 그들의 행동을 따르는 게 아닐까? 그런데 어떤 부모들의 생활하는 삶이 비상식적이고 보편적이지 않다고 하자. 이 부모의 자식은 부모님이 하는 행위에 대해 주변에서 사회 통념상, 비상식적이고, 보편적이지 못한 행위라 알려 주면 자식이 '왜 부모님의 언행을 남들이 이상하다 생각하지? 분명 자기 집에서는 늘상 이렇게 생각하고 행동하는 이들을 자연스럽게 보는데.' 하며 의심의 눈초리를 보내지 않을까? 의심의 눈초리. 이것은 개인들이 보고 있는 대상에 대해 의심이 일자, 옳고 그름으로 나누어 선택하면서 이분화하는 작업을 하게 된다. 누구나 사람으로 태어나 성장하며 살아가면서 다양한 교육 기관을 만나게 된다. 그러나 **일차적인 교육 기관**으로는 **가정 교육**일 것이다. 이런 일차적 교육 기관인 가정에서 부모들이 자녀들을 위한 어떤 교육의 장을 만들어 가게 되었는지를 성찰하는 시간을 갖게 되지 않았을까? 부모들이 자신을 성찰한 만큼 자식들은 '나는 어떻게 해야 하지.'라는 문장 속에 이미 자기 자신이 부모로 인해 '이렇게 살아야지'와 '이렇게 살면 안 되지'라는 현실의 모습으로 갈등을 겪게 되는 자신의 이원화된 모습을 인지하게 될 것이다. 이때 가정에서 기준을 바로 잡지 못하게 되면 우리는 비로소 참과 거짓을 올바로 나의 판단의 그릇에 담는 것에 문제가 될 수 있다. 이때, 참을 지키려는 자세를 견지하는 이들에게 우리는 수행과 성찰을 통한 바른 삶을 찾도록 해야 한다. 가정에서 이러한 수행과 성찰의 과정을 올바른 방향으로 가기 위해서는 스스로 '극기복례'를 하며, 팔정도에 따른 삶의 길을 가는 것이자 맑은 영혼을 유지하는 태도를 견지해야 하는 것이다. 우리는 이 시기를 '청소년기'라 하며, 청소년기의 최고의 교육 기관은 가정이지만 학교에 진학하여 학교 교육을 받으면서 좀 더 체계적인 수행과 '극기복례'를 하기 위해 학교 기관에서 가르침을 받기도 하는 것이다. **학교가 교육의 2차 기관**으로, 가정 교육의 미흡한 점을 보충해 주며 사회성을 길러 주는 곳인데, 과연 실패한 가정 교육이 학교 교육에서 바르게 이루어질 수 있을까? 속담 중에 이런 말이 있다. '집에서 새는 바가지는 들에 가도 샌다.' 이는 본바탕이 좋지 아니한 사람은 어디를 가나 그 본색을 드러내고야 만다는 말이기에 가정 교육의 중요함을 표현한 것이다. 그러나 가정에서부터 우리는 어떤 기준이 옳고 그름이 아닌 이익의 개념으로 옳고 그름을 판단하려는 판단의 기준이 바뀌어 가는 것이 아닐까? 이는 오직 나에게 이익이나 편함이 되면 옳고, 나에게 불이익이나 불편함이 있으면 그른 것으로 보는 것이 아닐까? 지금의 대한민국은 말과 행동이 선·악을 떠나고 거짓과 솔직함을 떠나니, 오직 기준이 나만의 이익과 편함에 매달린다면 이미 학교 교육은 실패한 교육이 되는 것이다. 그리고 이런 이들이 사회에 나와도 자신의 편함과 이익만으로 옳고 그른 기준으로 보게 되니 이들에겐 참과 거짓이 아닌, 오로지 편함과 이익이 나에게 '발생하느냐, 발생 안 하느냐'로 옳고 그름을 따지는 편함과 이익 추구형으로 매몰될 것이다. 이러한 매몰은 선악의 정의가 이미 어긋난 사람을 양성시키는 것이니 그가 참사람이나 인간으로 성장하길 바랄 수 있을까?

지금의 대한민국이 이러한 사람들로 득실거리는 사회라면, 선과 정의가 아닌 오로지 자신의 편함과 이익만으로 이 세계를 판단하는 판단 기준이 될 것이다. 이 같은 대한민국 사회는 이익이 많으면 훌륭한 사람인 거고, 이익이 적으면 그나마 괜찮은 사람인 거고, 이익이 없거나 음수로 떨어지면 한심하게 평가하게 될 것이다. 이는 무조건 이익으로만 상대의 능력을 평가하고 따지는 시대가 된 것이다. 이렇게 이익만을 추구하다 보면 이익에 가려 선과 정의가 보이지 않는 거짓과 참이 공존하는 전쟁터와 같은 혼란한 사회 틀을 만들어 가거나, 보게 될 것이다. 이익이 우선이란? 돈이 우선시되는 시대이다. 이러한 시대에선 인간들이 오로지 돈만을 위한 이익만을 챙기는 것이 주가 되면서, 이익이 참과 거짓들보다 우선되다 보니 상식과 보편 그리고 진리라는 개념이 이익으로 대체되는 사회가 될 것이다. 이러한 사회에서는 사람들 대부분이 이익을 우선으로 하니 이익이 곧 정의이자 참으로 보여지게 될 것이다. 이러한 현상은, 정의 사회 구현이나 조화로운 세상을 만든다는 것은 이익에 대해 방해가 되는 요소가 된다. 이러한 사회는 이익이 참이요, 정의이자 진리라고 생각할 것이다. 이런 생각을 하는 사회에서는 대부분 이익을 따르다 보니 금전만능 주의가 될 것이고, 나의 이익을 위해 참보다는 거짓이 횡행하게 되는 말세 현상으로 불리게 되는 것이다. 말세엔 많은 사람들이 이 세상을 거짓이 만연한 세상을 만들어 가니 지금의 사회는 불행한 사회로 전이될 가능성이 더욱 커지게 될 것이다. 이익이 우선이 되는 사회는 정직보다는 속고 속이는 부당한 사회가 만들어지게 된다. 이처럼 부당한 사회가 말세가 아닌 바른 사회로 가기 위해서는 이익의 개념이 공동체에서 정당한 가치를 얻기 위해 이익이 **의(義)에 바탕을 둔 이익**이 될 수 있도록 자신을 잘 가다듬어야 할 시대가 되어야 한다.

인간과 짐승

13.
먹는 것과 먹히는 것

내가 무엇을 먹는다는 것은 당연한 걸까? 당연하다면 자연의 법칙에 따라 내가 먹히는 것도 당연한 게 아닐까? 우리는 먹을 줄은 알면서 먹히기는 싫어한다. 왜 그럴까? 이기적 존재라 그럴까? 아니면 인간이 자연의 법칙의 최고점에 있다고 생각하기 때문일까? 필자의 생각엔 아마 주고받는 것에 익숙하지 않아서 그런 것이 아닌가 생각해 본다. 우리는 대부분 주는 것보다 받는 것에 익숙하다. 그러다 보니 자신이 먹는 것은 당연하지만 자신이 먹히는 것에 대해서는 부당하다고 생각하는 것은 아닐까? 먹고 먹히는 관계를 사회 통념으로 보면 먹는 자는 강자의 이익이고, 먹히는 자는 약육강식의 이론에 따른 약자라 할 수 있다. 공동체에서 드러나는 경제 개념으로 먹고 먹히는 관계를 살펴본다면 무엇을 주고 어떤 것을 받는 수수(授受) 관계는 돈을 주고 물건을 받는 매매의 의미이지만, 더 큰 의미로 보면 주고받는 물물교환이자 어떤 대가에 의한 보상의 관계이기도 하다. 내가 어떤 것을 먹었을 때, 먹는 것에 대해서 보상을 한다는 것은 다음과 같은 경우로 생각할 수 있다.

첫째, 돈을 주고 먹는 **구매**의 경우.

둘째, 물물 **교환**의 경우.

셋째, 돈을 주지 않고 자연 속에서 **자발적으로 취득해** 먹는 경우.

이때 자발적인 취득이라는 취득의 개념은 자연이 준 **혜택**으로만 봐야 하는가? 자연에서 가져왔으면 자연에 가져온 만큼의 **보상**을 해 줘야 공정한 것이 아닌가? 인간이 자연에 대한 혜택에 대해 자신이 줄 수 있는 보상은 자신을 자연스럽게 자연으로 보내는 회귀일 것이다. 자신이 자연스러운 회귀를 위해서는 먼저 사람이 자연에 일부가 됨을 인정해야 한다. 이러한 표현은 만물의 영장으로서의 인간은 자연을 지배하는 인간 중심의 서구적 자연관에서 인간이 자연 일부에 속하는 변화를 갖게 되는 동양적 자연관으로의 전환을 뜻한다. 동양적 자연관에 따르면 인간은 자연의 일부가 된다. 자연에서 그의 일부로 태어난 사람은 공동체에서 인간으로 성장하는 단계를 거치지만, 결국 죽음에 이르러서는 필연적으로 자연으로 돌아가야 한다. 사람 혹은 인간이 자연으로 돌아갈 때 그동안 자연으로 받은 혜택에 감사해야 하며, 자연에 대한 감사로 인간은 그에게 보상해 주어야 한다. 이 보상의 의미는 인간이 자연에서 입은 혜택에 대해 자신이 자연으로 회귀할 때 인간이 가져온 것만큼 자연에 베풀어야 한다는 의미로 해석되어야 한다. 인간이 자연의 혜택에 대한 보상이라는 개념은 인간과 자연 간의 넓은 의미의 상호 이익을 추구하는 것이다. 이러한 이치는 자연과 인간의 바람직한 관계에서 비롯되는 자리이타(自利利他) 사상이 아닌가? 자리이타의 개념, 경제적 개념이기도 하지만 원시적인 형태의 물물 교환이자 자연 생태계를 보존하려는 자연 친화적인 기본 사상이라 할 수 있다. 이 사상에 가장 적합한 형태는 자연의 혜택을 입고서 자연으로 보상해 주려는 인간의 바람직한 대표적인 모습으로, 몽골과 티벳 지방에서의 조장(鳥葬)이 가장 두드러진 것 같다. 사람이자 인간이 죽기 전까지의 자연에서 받은 혜택을 죽음에 이르러 마침내 새들에게 자신의 육신을 먹이로 주는 것. 아마 인간의 이기심이 조장과 함께 이타심으로 자연과 화해를 이루는 모습이 아닐까? 사람으로 태어나 인간으로 성장하면서 성장한 인간에게 언제나 이익을 가져오게 되었을 때는 '자연이나 타인이 되는 상대에게 어떻게 보상해 주어야 할까'를 한 번쯤은 생각해 보는 삶을 살자.

14.
현재의 모습

현재는 현재의 사회, 현재의 가치들이 드러난 모습이다. 현재의 모습은 현실에 처한 나의 상황이기에 이러한 모든 것은 우리 스스로가 결정한 사항들의 결과다. 지금의 결과가 긍정적 상황이든 부정적 상황이든 누구의 책임인가? 모든 결과는 내가 만들고 우리가 만들어 온 것이기에 나의 책임이자 우리들의 책임이다. 누구든 책임을 져야 할 때 책임지는 자가 없다는 것은 그 사회가 몰가치적이며, 비도덕적이며, 비상식적인 현상이 판을 치는 상도(常道)가 상실된 혼란한 사회인 것이다. 상도(常道)가 상실된 혼란한 사회는 나와 우리가 결정한 다수에 의해 만들어진 결과물로 이룩된 사회다. 오늘의 대한민국이 처한 현재의 민주주의는 '대한민국은 민주 공화국이다.'라는 정체성으로, 국민이 찍어 준 다수의 표를 얻어 만들어진 세상이다. 현재의 대한민국이 만들어진 모습은 책임 소재를 따질 때 직접적인 책임은 당선자 측인 행정부 수장에 있지만, 이들을 뽑아 준 유권자도 책임을 회피하지 못한다. 간접적인 책임은 패배를 한 패배자에게도 책임이 있다. 왜냐하면 패배로 인해 현재의 결과가 돌출하게 된 원인 제공자이기 때문이다. 그러나 최대의 책임은 국민인 유권자에게 있는 것이다. 국민의 한 사람으로 지지를 보내 준 유권자로서 행정부의 수장을 뽑았으면 결과에 대한 책임을 질 줄 아는 모습을 공동체 내에 보여 줘야 하는데, 지금의 대한민국은 모든 것이 따로 노는 듯하다. 대한민국 국민인 유권자들이 투표 결과에 따른 투표자의 인식은 뽑았으니 됐고, 바꿨으니 됐고, 미운 그들이 안 보이니 성취감만 있을 뿐

뽑힌 자들의 운영 능력에 대한 채찍질이 없다는 것은 공동체가 불행의 씨앗을 잉태하여 공동체의 불행이 발현되는 것을 보자는 것이다. 유권 자로서 스스로 선택한 결과가 잘못되었다고 느끼면 잘못된 결과에 대한 바른 방향 전환을 해야 하지 않을까? 잘못된 것을 알고서 방향 전환이 이뤄지지 않는다면 그 사회는 불행의 시간을 갖게 되는 것이다. 이러한 사회를 우리는 무도(無道)한 사회라 하며, 정도(正道)가 사라진 사회라 한 다. 정도가 사라진 혼란한 사회는 이미 거짓이 가득하고, 신뢰가 없는 공동체인 것이다. 이처럼 신뢰가 없는 공동체는 서로의 불신이 극에 달 하게 되는 거짓과 이간질 그리고 무책임이 만연된 사회인 것이다. 불신 과 무책임이 만연한 사회에서는 정도(正道)가 사라지고 사도(私道)가 횡행 하게 되며, 사도(私道)가 횡행하니, 공동체를 위해 해야 할 일에 대해 선 후 관계가 무엇인지 모르고 있는 것이다. 왜냐하면 정도(正道)가 사라진 현재의 사회 현상에서는 일을 추진할 때 많은 일들이 국민을 위한 공동 체 정책을 펴겠다는 눈가림식 대의명분을 내세우면서, 실제적으로는 기 득권의 사익(私益)에 따라 일 처리가 대부분 진행되기 때문이다. 이런 이 들은 자신들의 일에 대해 국민에게 지적받으면 지적하는 이들에게 책임 을 넘기려 하고, 실제적인 일 처리는 우왕좌왕하면서 자신만의 이익이 나, 집단만의 이익을 추구하려는 것이다. 그러므로 정도가 사라지면 이 익에 민감해진 사사로운 견해를 지닌 사도(私道)가 들불과 같이 일어나 공동체가 혼잡하게 드러나는 사회가 된다. 이러한 공동체 사회에서는 도 덕이 제 역할을 하지 못하게 된다. 도덕이 제 역할을 하지 못하니 공동 체가 부조화와 불의로 혼란해지게 된다. 그리고 도덕이 제 역할을 하지 못하는 이곳에서는 도덕을 지키는 이들을 고지식함, 바보, 멍청이, 쪼다 로 보려는 사회 현상이 팽배하게 되어 공동체가 잘 지탱되는 것이 아닌, 공동체의 혼란과 분란으로 인해 공동체가 붕괴 조짐을 보이면서 자기반 성보다는 남의 탓을 하는 이들이 많아지게 된다. 이러한 세상을 망조(亡

인간과 짐승

兆)라 하며, 정도(正道)가 사라지니 상도(常道)가 발현되지 못하고, 상도(常道)가 발현되지 못하니 사도(私道)가 드러나 불법이 횡행하게 되는 혼란한 공동체가 만들어지게 되는 것이다.

정도(正道)가 사라지니 상도(常道)가 보이지 않고, 상도(常道)가 사라지니 법(法)의 조문이 늘어나고 법(法)의 조문이 많아지니, 기득권과 강자를 위한 법(法)으로 전락하게 되어 법(法)이란 공동체를 위하여 만든다고 주장하지만, 결국 기득권과 강자들을 위한 이익의 숟가락이 되고 만다.

현재의 모습, 불안함이 없는 세상, 편안함과 안정이 넘치는 세상, 서로가 행복을 경주하는 세상, 이러한 세상을 만들고 싶은가? 그렇다면 말하고 행동하여야 한다. 잘못된 것을 개선하라 말하고, 개선되지 않는 것에 대해 행동으로 개선을 요구해야 한다. 이러한 요구는 정의로움을 찾는 것이며, 간디의 비폭력 무저항 운동이라 하며, 맹자의 역성혁명의 실마리가 되는 것이며, 공자의 대동 사회를 구현하기 위한 인의 실현이자 소크라테스의 맑은 영혼을 지키는 것이며, 플라톤에 의한 조화로운 국가의 탄생을 말하며, 석가모니가 말한 불성을 현현하는 작업이다.

고인이 되신 김대중 전 대통령께서는 2006년 10월 11일 전남대 강연에서 "**행동하는 양심**'이 되십시오. 우리의 마음속에는 '남을 나와 똑같이 **사랑하는 천사**'가 있고, '나만 생각하며 남을 **해코지하고자 하는 악마**'가 공존하고 있습니다. 그러나 우리 노력 여하에 따라서는 천사가 이기기도 하고 악마가 이기기도 합니다. 천사가 이기게 하기 위해서는 내 이웃을 사랑해야 합니다. 부모, 형제, 아내, 자식, 친구, 사회, 국민을 사랑하는 것이 이웃을 사랑하는 것입니다. 그러한 이웃 사랑에 치중하는 사람은 높은 자리에 올랐든 오르지 못했든, 부자가 되었든 못 되었든, 오래 살았든 못 살았든, 인생의 삶에 성공한 사람이 될 것입니다. 젊어서부터 국민을 위해 요구한 것이 **실천하는 양심**임을 우리는 알고 있을 것입니다."라고 연설하였다.

지금의 모습, 현실의 모습, 우리가 만든 모습이다. 잘못됐다면 구세주를 기다릴 것이 아니라 **'행동하는 양심'**으로 우리가 바꿔야 한다. 우리의 참여가 없이 누구도 자기를 대신해 지금의 현실을 바꿔 주지 않는다는 것을 명심하길 바란다.

15.
잃어버린 도덕을 찾아오자!

대한민국에서 도덕이 왜 나갔을까? 누가, 왜 도덕을 내보냈을까? 도덕이 자발적으로 나갔나, 아니면 도덕을 잊고 살아도 되기에 도덕을 창고에 넣어 두었나. 도덕을 찾지 못하면 대한민국 사회는 공동체 기강이 무너져 모두가 자기의 이익만을 추구하는 저속한 사리사욕 형태의 문화가 만들어질 것이다. 만일 도덕이 숨 쉬고 있다면, 도덕이 활동할 수 있도록 지켜 내지 못한다면, 많은 공동체의 긍정적인 부분들이 사라져 가게 될 것이다. 도덕을 지켜 내지 못하여 긍정적인 부분들이 사라지면, 대한민국은 공동체의 질서가 피폐해지고 무너지게 되어 부도덕하게 되는 무도한 사회가 될 것이다.

도덕이 사라지면 대한민국이 처참히 무너져 가는 공동체의 여러 곳에서 부패의 단면들을 보게 될 것이고, 부패의 단면이 증가할수록 대한민국 사회는 부도덕과 무도덕이 판치는 무도한 공동체를 보게 될 것이다. 현재의 대한민국, 결과에 대한 책임을 지지 않으려는 뻔뻔함은 결과를 책임지지 않기 위해 적용하는 법은 정의도 아니고 도덕도 아닐진대, 이러한 법을 주장하며 잘못을 남 탓으로 돌리는 태도들이 정부의 많은 곳에서 드러나고 있다. 책임질 줄 모르는 공동체, 무도한 공동체의 사회를 겪으면서 자라는 세대들은 지금의 현실을 보고 어떻게 생각할까? 아마 나만의 이익이나, 내 집단만의 이익을 얻으면 된다는 공동체의 무책임하고 비도덕적인 모습에서 자라나는 세대들은 비도덕적인 행위를 하였어도 불법이 아니면 된다는 것을 배우는 것일까? 법이 비도덕적인 것도 존재하기에 법은 정의가 아니라 하지 않는가? 그런데 배운 것이 법에 어긋나지 않는다면 해도 된다는 인식은 자라는 세대들 또한 책임질 줄 모르고, 자신이 책임져야 할 일들을 상대에게 덮어씌우려는 무도한 자세로 자신들의 삶을 꾸려 나가지 않을까? 이러한 사회를 타락한 사회라 말하며, 정도가 사라진 난잡하고 몰상식한 무법천지인 무도한 사회라 할 수 있다. 몰상식적이고 무책임한 의식으로 무장된 이들과 이간질과 속임수에 능한 이들이 자신들의 부도덕한 행위가 금전과 권력으로 지위가 대체되어 가는 것을 보고 이러한 것을 성공으로 인식한다면, 이사회는 이간질과 속임수가 팽배해져 무도하고 타락한, 저속하고 비열한 공동체가 만들어질 것이다. 이러한 사회를 정도가 사라진 무도한 곳인 비정상적인 가치들이 창궐하는 곳이자, 짐승과 악마들로 들끓는 부도덕한 사회라 할 수 있다. 지금의 대한민국이 이처럼 무도한 사회이기에 대낮에 칼 든 포악한 자가 거리를 활보하며 정상보다는 비정상의 출구를 찾으려 하는 자들이 늘어나고 있다. 그리고 대한민국 사회가 진실보다 거짓을 가지고 현실의 삶을 넘어가려는 무책임한 자세가 공동체에 대한 불신을 확산시켜 주고 있다. 또한 모두가 같이 불행해져야 한다는 처절한 사회 불만을 가진 사람들이 검은 버섯구름처럼 솟아나고 있게 된다. 무책임하고 부도덕한 대한민국의 사회가 공동체에 불만을 가진 이들을 양산하여 모르는 사람들에게조차 무차별 칼질을 자행하는 일이 발생하기도 한다.

대한민국의 현실이 지금보다 더 무도하고 나쁜 공동체가 되지 않기 위해서는 반드시 도덕을 찾아와 이들의 기력을 회복해 주어야 한다. 대한민국 국민 모두가 도덕을 찾아 각자의 도덕성을 회복하는 것, 그것이 공동체를 건강하게 만들고 국민을 바르고 건강하게 살아가게 할 수 있는 것이다. 이러한 국민으로 공동체의 구성원이 이루어졌을 때만이 건전한 대한민국을 만들어 갈 수 있으며, 건전한 대한민국이 되었을 때, 그때는 세계를 이끌어 가는 지도국이 될 수 있을 것이다.

인간과 짐승

16.
상식이 무너진 사회

상식이 무엇인가? 누구나 인정하는 것, 아니 누구라도 이해할 수 있는 것이다. 이는 어린아이들에게 잘하고 못하는 것으로 구분이나 분별을 요구하기 전에 아이들 스스로 자신의 언행에 대해 잘잘못을 알 수 있는 것 이것이 상식 아닌가? 또한 다른 이들이 말하지 않아도 자신의 양심에 따라 행하는 것들 아닌가? 이러한 행위는 말하지 않아도 양심에 따르는 정도의 것들이기에 상식이 되는 게 아닌가? 그렇다면 오늘날의 현실은 상식적인 사회인가? 지금의 사회, 다양하고 복잡한 사회라 한다. 지금의 사회는 시간이 지나면 지날수록 복잡한 것을 더욱 복잡하게 만들어가고 있는 세상이다. 확실히 알기 위해 구체화를 한다며 더욱더 세분화하는 학문과 갈수록 많아지는 법조문들은 무엇 때문에 더 많은 것이 만들어지고 있는가? 이렇게 많이 만들어지는 것은, 아마도 세분화 작업은 자신이 발 담은 사회에서 공공의 이익보다는 세분화하는 자신들의 이익을 추구하기 위해 제작하기도 하고, 혹은 개인들의 주장이 도덕의 범주를 넘어서는 무도한 것이 많아지기 때문에 무도함을 최소화하기 위해 법도 구체적인 제시를 통해 세분화하는 것이 아닌가? 누구나 이익을 추구하는 사회에서 자신의 이익을 추구하는 것이 무엇이 문제인가 하며 생각할 수 있다. 그러나 이익을 추구하되 자신의 이익이 자신 이외에 해가 된다면 그러한 이익의 추구는 잘못된 것 아닌가? 이익(利益)이란 '정신적으로 물질적으로 보탬이 되는 것'을 말하지만, 이것은 자신의 것에 더해지는 것을 뜻하기에 남의 것을 해하면서, 남의 것을 빼앗아서 늘리지 않으면서 이익이 더해지면 되는 것이다. 이처럼 이익이란, 이익이 의(義)에 기반이 되는 이익이 될 때 자리이타라 말할 수 있지 않을까? 자리이타(自利利他), 이러한 현상을 유발하는 것이 본래적으로 이익에 대한 상식의 개념이라 할 수 있지 않을까? 현재의 사회 현상은 이익을 추구하되 자리(自利)만 보이고 이타(利他)는 안 보이는 대부분의 모습에 자기만을 위하는 태도가 상식을 무너지게 하는 것이 아닐까? 나에 대한 이익이 상대가 누구라도 누구나 인정할 수 있는 이익을 가져가도 불편하지 않은 사회가 되었을 때 그 사회를 상식적인 사회라 할 수 있다.

오늘날의 대한민국은 자리이타(自利利他)를 상실하고 **자리(自利)만**이 남은 것처럼 보인다. 공동체에서 만나는 **자리(自利)만**으로 이익을 추구하는 자세는 많은 이들에게 상식으로 인정되지 못하고 있는 몰상식한 사회로 나아가는 지름길이다. 많은 국민이 **자리(自利)만**이 이익을 추구해 간다면 대한민국은 이미 정의로움과 상식이 사라진 나라일 것이다. 대한민국이 몰상식적인 사회, 비상식적인 사회, 이기적인 사회가 아니라는 것으로 현실을 극복하려면 나의 이익이 의(義)에 바탕이 되었을 때이다. 대한민국의 국민으로서 미래의 후손에게 부끄러움이 없는 삶을 살려면 우리의 삶이 공동체에서 드러나는 모든 이(利)가 의(義)가 바탕이 되는 사회가 되어야 한다는 것도 잊지 않아야 할 것이다.

17.
책임질 줄 모르는 사회

책임질 줄 모르는 사회에서 어떤 현상이 나타날까? 첫째, **남 탓**만을 하는 **현상**이 드러난다. 둘째, 합의나 조화, 상호 이익과 함께라는 **긍정적인 의미가 사라지게** 된다. 셋째, 나만이 그리고 **집단만이 이익을 추구**하게 된다. 넷째, 원인에 관한 파악을 하지 않고 **무작정 반대**만 하고, 결과에 대해서는 당한 자들의 몫일 뿐이라 하여 당한 자들만 비참하게 된다. 다섯째, **종교와 도덕이 무너지고** 오직 이익만을 위해 모든 것을 경주하는 **금전 만능주의**의 세상이 되어 간다. 여섯째, 종교와 도덕의 근본이 무너지니 가족 관계 역시 도덕이 아닌 돈에 의해 좌우되어 부모가 돌아가시면, 아니, 부모가 생존하고 있더라도 돈에 의해 **가족 간의 관계가 무너지고** 원수처럼 된다. 일곱째, **결과에 대한 책임을 지지 않으니** 힘을 대신하여 자신이 사용할 수 있는 모든 것(권력, 금력, 거짓말, 속임수 등)을 가지고 현실을 대처하게 된다. 여덟째, 도덕이 아닌 **법적인 문제만 따지니** 법적인 결과에 대해 승산이 있다면 어떤 식으로든 극단적인 자신만의 이익, 아니, 집단만의 **이익을 추구하는 현상**이 적나라하게 드러난다. 아홉째, **도덕과 윤리가 무너진 사회**가 되니 교육의 가르침이 전혀 먹히지 않는 먹이 싸움만 가득하여 자신의 이익**만**을 추구하는 현실로 나타나게 된다. 열째, 공동체가 먹이 싸움의 정글이 되었기에 사람 사회가 아닌 **이익을 추구하는 짐승들로 우글거리는** 사회가 된다. 이러한 열 가지의 무책임한 세상이 벌어지고 있는 곳이 당신은 어디라고 생각하는가? 이 글을 읽는 독자인 본인도 열 가지 사항에 대해 책임지지 않고 남만 비난하는, 무책임하고 비도덕적이며 **자기 의무는 없고, 자신의 권리만을 주장**하고 있지는 않은가? 5000년 역사의 동방예의지국이라는 명성이 있었던 과거가 소중하게 느껴지는 요즘이다. 예와 도덕이 사라진 오늘의 대한민국의 국민으로서 무책임하고 무도한 현실의 모습에 참담하고 부끄러운 생각이 든다. 지금의 대한민국이 미래의 대한민국으로 그대로 이어진다면 참으로 후손들에게 부끄럽지 않을까. 과거의 장점을 현재에 이어져 미래로 연결될 수 있도록 역사의 장점을 되돌아봐야 할 때이다.

18.
기준이 되는 것을 찾자!

기준이 무엇인가? 기준이란 '어떤 것에 대해 부족하지도 않고 과하지도 않은 상태'를 말한다. '기준에 맞다.'라는 것은 다음과 같이 표현된 의미로 살펴볼 수 있다.

첫째, 기울어짐이 없다. 둘째, 치우침이 없다. 셋째, 딱 맞다. 넷째, 정확하다. 다섯째, 하나의 흐트러짐이 없다. 여섯째, 상식적이다. 일곱째, 도덕적이다.

기준에 맞게 한다는 것은 어떤 것에 대해 부족하지도 않고 과하지도 않은, 정확하거나 딱 맞는 상태의 것으로, 양쪽에 치우침이 없는 것이다. 이는 기울어짐이 없는 정당함을 유지하여 가능한 서로에게 합의가 아닌, 합리적인 것에 도달한 것으로 살펴볼 수 있다. 서로에게 합리적이라는 것은 서로에게 유익함이 있다는 것인데, 이것은 '자리이타(自利利他)'로 표현할 수 있는 것이다.

반면에 기준이 정확하지 않다면, 기준이 기울어진 저울대라 하지 않는가? 기울어진 저울로 무엇을 잴 것인가? 기울어지면 편을 든다고 한다. 그러나 기울어지지 않은 저울이란 상식적이고 도덕적이다. 이것은 합리적인 가치로 사회에서 '중용(中庸)'이라 부르는 것이다. 필자는 합리적인 중용적인 삶이란? 누군가 '애기애타(愛己愛他)'를 실천하면서 자신과 상대에게 상호 이익이 실현되는 '자리이타(自利利他)'의 삶을 사는 것으로 생각한다. 그리고 이러한 중용적이고 자리이타의 삶을 사는 자라면 자기 삶의 기준이 흔들리지 않은 호연지기의 삶을 사는 것이다. 시기적으로 이러한 때를 공자는 불혹(不惑)으로, 맹자는 부동심(不動心)으로, '외부의 물질적인 유혹에도 마음이 흔들리지 않는 상태'를 말하는 것과 같다. 그러나 누군가 살아가면서 기준이 흔들린다면 그의 판단 기준도 흔들릴 가능성이 매우 크다. 기준이 흔들리면 정당함보다는 이익에 따른 **편당**을 짓고 자기 **이익(自利)만**을 추구하려는 욕구가 커지게 된다. 그러므로 기준이 흔들리면 이익(利益)이 의리(義理)에 기반을 두지 않기에 공동체에서 불편함과 다툼이 발생하여 싸움이 발생할 가능성이 크게 된다. 그러나 만일 기준이 정확하다면 합리적이기에 나**만**을 주장하거나, 서로가 불편하거나 다툼이 있는 불편부당과 불이익보다는 더불어 편안함, 조화로운 것을 형성할 가능성이 클 것이다. 따라서 정치를 할 때 합의를 요구하는 것이 아니라 합리적인 결과를 요구해야 국민과 나라를 위한 자리이타의 관점이 만들어지게 되는 것이다. 합의는 자기들만의 이익을 쫓는 결과가 되기에 불합리하다고 볼 수 있다. 바른 정치라면 합의하는 것이 아닌 합리적인 것을 따라야 정당한 것이다. 지금의 대한민국의 국회는 무슨 안건이든 여야가 합의를 해야 한다는 것은 불합리한 것이라도 괜찮다는 것을 드러내는 것이다. 따라서 국민을 위한다면 합의가 아닌 합리적인 결과를 내놔야 한다. 민의를 대변하는 국회가 정상적이라면 합의가 아니라 합리적인 결과를 도출하는 것이 정도이자 바람직한 것이 될 것이다.

필자는 오늘도 생각해 본다. 나의 기준이 정확한가? 나의 기준을 찾는 것 중용의 이념과 자리이타의 가치를 추구하는 의리(義理)적 삶을 살아가는 것이 된다. 기준이 있는 이러한 삶은 나를 밝히는 작업으로 '자기를 바로 보는 것'이며, 이 작업은 결국 사회를 정화하는 필터의 역할이자 다른 것에 병들지 않게 하는 면역력을 키워 주는 소금과 같은 필수적인 존재의 삶일 것이다.

기준을 바르게 잡고 싶다면 '자기를 바로 보아라'. 자기를 바로 볼 때 중용의 삶을 살아갈 수 있게 된다. 이 같은 중용적인 삶은 공동체에서 자리이타의 삶을 실천하는 것으로 드러나게 된다. 그래서 기준이 되는 것을 찾자는 것은 바람직한 결과를 지켜 내기 위해서 '자기를 바로 보는 것'이 된다. 자기를 바로 볼 때 '팔정도(八正道)'에 따르는 삶을 살아가는 것이 된다. 팔정도에 따른 삶을 가지게 하는 자기를 바로 보는 삶은, 정견을 지니는 바탕이 되는 것이고 또한 정의 사회를 구현하고자 하는 이상 세계에 한 발짝 더 나아가게 되는 것이다.

19.
나부터 변화하자!

사회 현상이 매우 어지러울 때 대부분은 사회의 다양한 잘못을 지적한다. 그러나 지적된 다양한 잘못된 현상의 원인이 무엇인지 그것부터 살펴봐야 현재의 당면한 결과를 고칠 수 있는 것이다. 114년 전 도산 안창호는 조선이 강제로 일제 지배하에 놓여지게 된 **경술국치일인 1910년 8월 29일**로 돌아갔을 때, 경술국치의 잘못된 결과를 가져온 최초의 원인으로 힘(국력)의 약화라 보았다. 도산 안창호는 대한제국의 국력이 약화 된 원인을 다음과 같이 찾았다. 첫째, **위정자가 솔직하지 못함**을 지적한다. 솔직하지 못함은 거짓을 유발하게 되었고, 그 거짓은 현상을 왜곡하여 자신이 처한 현실적 상황 판단을 정확하게 이해하지 못하게 했다고 보았다. 조선이 일제에 **한일합병조약 제1조**에 의하면 "**대한제국 전부에 관한 일체의 통치권을 완전히 또 영구히 일제에게 넘길 것**"이라는 조약에 의거 국권을 넘겨주어 한글과 민족의 정체성이 말살되는 강제적인 약 35년간의 치욕은 누구의 거짓말로 발생하였을까? 도산 안창호는 조선시대의 기득권층이 대한제국의 몰락되어 가는 과정에 있음을 백성에게 솔직하게 공표하지 않고 거짓말을 하여 속였다고 보았다. 왜냐하면 당면한 현실에서 기득권층이 대한제국의 멸망과 자신들**만**의 **편안함**과 **이익**을 창출하기 위해서 철저히 백성에게 거짓말을 하여 속이면서, 그들의 행위가 백성을 위한 것이 아니라 그들만의 **편안함**과 **이익으로** 바꾼 것이라 했다. 또한 당시 기득권층은 개화라는 명분 아래 일본의 힘을 빌려 경술국치를 통해 대한제국을 치욕스럽게 만들었다. 기득권들은 이 결과로 자신들만의 이익을 담보로 마침내 국권을 넘겨준 것으로 도산 안창호는 보고 있다. 지금의 대한민국 114년 전의 합일 합방을 전후한 대한제국의 모습과 74년 전의 6.25를 전후한 이념 싸움이 발생한 시기들을 도산 안창호의 시각으로 살펴보면 어떤 평가의 결과가 나오게 될까? 아마 도산 안창호는 현재의 대한민국에서도 기득권층이 국민을 기만하는 거짓과 속임수를 가지고 그들만의 **편안함**과 **이익**과 그들 집단만의 지속적인 기득권을 추구하는 친일적인 태도를 지향하는 것으로 볼 것 같다. 또한 도산 안창호가 살아 있었다면 지금의 대한민국 기득권층도 국민을 대상으로 거짓과 속임을 일삼으면서 법과 공권력으로 국민을 강제하여 국민에게 치욕과 모욕을 주면서 속이고 있는 게 아닌가 많은 걱정을 걱정할 것 같다.

우리는 백성으로서, 아니, 국민으로서 과거, 현재, 미래 중 어느 시대에 살더라도 물을 수 있어야 한다. 과거의, 현재의, 미래의 대한민국이 과연 국민에게 거짓 없고 정직한가? 아니면 기득권자들이 자기 이익만, 집단의 이익만 챙기는 것이 아닌가? 과연 현재의 지배 계층인 기득권자들이 국민을 위한 일들을 계획하고 실천하고 있는가? 도산 안창호의 경우, 거짓이 없고 솔직한 사회를 만들기 위해 평양에 **대성학교**란 교육 기관을 윤치호 선생님과 세우셨고, 1907년 유길준이 설립한 계몽단체인 **흥사단**을 1913년 5월 13일 미국 샌프란시스코에서 재결성한 **구국의 단체로** 거짓 없는 선비 정신으로 나라를 구하고자 하는 단체를 부활시켰다. 그러나 현재의 대한민국에서 도산 안창호의 관점으로 본 올바른 교육 기관으로의 대성학교가 있을까? 국민을 계몽시키고, 국민을 지켜 내기 위한 거짓 없고 청렴한 구국 단체가 있을까? 도산 안창호는 결국 다음과 같이 말한다. **'자신부터 거짓 없고 솔직한 사람이 되어라. 그렇게 해서 상대도 거짓 없이 나를 대하게 하라. 이런 현상이 확산하게 되면 거짓 없는 사회를 만들 수 있다.'**라고 확신하면서 나부터 솔직해지자. 나부터 거짓 없는 삶을 살자. 그리고 모든 결과의 원인은 자신에게 있음을 천명하면서 내가 바뀌지 않으면 주변이 바른 변화가 없을 것이기에 내가 바뀌어야 하고, 내가 바뀌는 변화가 점차 국가 전체에 달했을 때 세계를 선도할 수 있는 지도자 국가가 될 수 있다고 천명하고 있다. 현재 나의 모습, 아니, 당신의 모습이 거짓 없는 언행의 삶을 살고 있는가 성찰해 보고 도산 안창호가 주창하는 거짓 없는 언행의 삶을 살아가길 당부한 다.

　도산 안창호에 의한 거짓 없는 언행의 결과적 삶은 다음 세 가지로 살 펴볼 수 있을 것이다. 거짓말을 하지 않는다면, 첫째, 나를 편하게 만들 고, 둘째, 상대에게 신의를 갖게 해 주고, 셋째, 자신감 있는 상황 대처의 힘을 가지게 한다. 도산은 거짓을 말하지 않는 사람들이 모여 사는 국가 를 '정직하고 정의가 실현된 힘 있는 국가'라 말하고 있다. 그리고 이러한 국가를 지향하는 삶이 진정한 한 인간의 올바르고 바람직한 삶으로 가 르치고 있다. 필자 역시 어떤 목적이 담긴 거짓말은 하지 않아야 한다고 본다. 왜냐하면 거짓말은, 첫째, 나를 속여야 하는 것이고, 둘째, 상대를 속이는 것이고, 셋째, 공동체를 속이는 것이기 때문이다. 그러므로 거짓 말은 나를 혼란에 빠뜨리고 상대도 혼란을 야기되게 하며, 공동체 역시 불신으로 인한 혼란을 발생하게 하는 것이다. 이러한 거짓이 있는 세상 은 참된 것이 없는 거짓만 난무하는 불신으로 혼란한 세상이 될 가능성 이 큰 것이다. 도산 안창호는 거짓 없는 세상을 만들기 위해 '나부터 변 화하자.'라 강조하여 말하고 있다.

　　　　　　　　　　　　　　　　　　　　　　　인간과 짐승

20.
불교에서 선(禪)이란?

불교에서 선(禪)이란 무엇인가? 고려시대의 지눌스님은 자호가 목우자 (牧牛子)이다. 그는 선(禪)이란 '진정한 나를 찾는 길'이라 하였다. '진정한 나', '참나', '참사람'을 선(禪)이라는 길의 종착지에서 만나는 것이라 하였다. 이러한 만남을 위해서 불교에서는 선종과 교종이라 하여 세속적 아귀다툼을 하던 차, 지눌스님께서 자신의 저서인 수심결(修心訣)에서 돈오 (頓悟)와 점수(漸修)의 두 바퀴가 굴러야 마차가 정상적으로 구르듯이 둘은 병행되어야 한다고 주장했다. 과연 선(禪)이 무엇이길래 그들은 보이지 않는 것을 찾아 나섰으며, 찾기 위한 방법을 간화선(看話禪)이라 하여 수많은 언어의 희롱을 일삼았는가? 내가 본 불교란 비정상적인 사람을 정상적인 사람으로 만드는 작업의 종교이다. 말이 종교이지 정상적인 사람으로 가는 길로 안내하는 길잡이로의 안내서이다. 과연 나는 사람 중 정상적인 사람인가? 사람 중 비정상적인 사람인가? 이때 비정상적인이란 표현은, 사람으로 태어나 사람임을 포기한 동물이나 짐승이나 악마임을 말하는 것 아닌가? 불교를 제대로 알고 선(禪)을 제대로 했다면, 자신의 현재의 살아가는 모습을 바로 보면 알았을 것이다. 그러나 선(禪)을 수행하는 자들이 군이 다른 사람에게 가서 '제가 사람입니까? 아닙니까?'를 확인받아야 하는가?

부처님은 확인받고 싶으면 각자 자신의 언행을 살펴서 '자리이타'적인 삶을 살고 있는가를 살펴봐야 한다고 하지 않았는가? 지눌스님 역시 깨달음, 이는 모든 것으로부터 '마음이 자유로울 때'라 하지 않았는가? '마음이 자유로울 때'를 착각하지 마라! 마음이 자유로운 사람은 '자리이타'의 성정을 드러내는 자이고, 천상천하에 유일한 존재임을 아는 자이다.

이렇듯 자신의 존엄함을 아는 자가 타인에 대해 무시할 수 있는가? 누구든 깨달았다! 자랑질 말고 깨달으려고 노력하지 마라! 깨달음은 스스로 변화를 꾀하는 과정에서의 개혁의 산물이다. 그리하여 미륵(彌勒)을 찾는 것이 아닌가? 미륵(彌勒)이란 기다림에서 만나지는 것이 아니라 '자기 스스로 마음의 화살을 힘껏 당겨서 힘써 노력하여 개혁한 자', 이를 미륵(彌勒)이라 한다. 미륵이란 도를 깨닫고 덕을 실천하는 자이다. 이는 도덕적인 사람을 말하는 인간이라 할 수 있다.

그러나 스스로가 사람으로서 참사람인 '참나'를 알지 못하고 있는 자를 미개혁된 자를 미륵의 관점으로 보면 미개혁된 자라 할 수 있다. 만일 자신이 참사람인 '참나'를 알지 못하고 있는 자로서 개혁되지 못한 자라면, 스스로가 이미 자신이 미륵임을 알고서 더욱더 자기 개혁에 동참해야 할 것이지 한낱 언어에 매달려 아는 척을 하시지 말길 바란다. 불교를 망치는 길은 언어의 장난에서 생겨나기 때문이다. 그리고 불교를 흥하게 하는 길, 자신을 바로 봐 미혹한 자신을 스스로 개혁하여 자기를 바로 보는 길을 찾는 것이 흥하게 하는 시작이 된다. 불교를 옹호하는 자들로서, 불교가 그리 좋은가? 불교가 그리 안타까운가? 이와 무관하게 스스로 미혹한 자신을 개혁하길 바란다. 그것이 선을 수행하여 깨달음에 이르는 돈오(頓悟)의 길이고, 돈오 후 점수하여 자신의 묶은 때를 철저히 벗겨 내는 작업이다. 이는 자신을 개혁하여 자기를 바로 본 자가 점수를 통하여 보림을 완성하는 자로서 공동체에서 자리이타의 삶을 사는 것이다. 이러한 자리이타의 삶을 사는 자, 그것이 돈오(頓悟) 후 점수(漸修)의 완성을 이루는 것이다. 불교의 선(禪)이란 깨달음을 완성해 나가는 방법과 과정이다. 깨달음을 완성 후 이를 공동체에서 이용할 수 있다면, 그러한 자가 도덕적인 삶을 사는 자가 된다. 이러한 자는 공동체에서 애기애타를 하고, 자리이타의 삶을 실천하며 사는 자들의 모습에서 찾을 수 있다. 이러한 모습의 삶을 김대중 전 대통령의 '행동하는 양심'으로 볼 수 있지 않을까? '행동하는 양심'에 대해 좀 더 성찰하여 생각해 보자.

21.
왜 판단하는가?

판단이란 시비(是非)를 가리는 것이다. 우리는 무엇 때문에 시비(是非)를 가리는가? 옳고(是) 그름(非是), 혹은 거짓(非)에 대한 판단에서 옳음(是)의 의미는 바르다는 의미의 정(正)으로 표현할 수 있다. 옳음(是)과 바름(正)은 같은 의미의 다른 문자이다. 바름(正)이란 문자를 파자하면, 한 일(一) + 그칠 지(止)의 의미는 머무(그치)는 곳이 경계에 닿아 일정(한결)하게 지속되는 상태를 말한다. 이는 바름(正)이란 경계를 지키는 것으로, 경계를 넘거나 경계에 달하지 못하여 부정(不正)한 상태로 시비가 일어나는 것이 아니다. 왜 삶 속에서 바름(正)을 지키지 못하고 시비(是非)가 일어나는가? 그것은 바름을 지키거나 지키지 못하는 상태로 인해 시비(是非)가 발생하게 되기 때문이다. 바름을 지키지 못한 상태는 부정(不正)한 것인데, 이는 스스로를 자제하지 못하거나 욕심을 드러낸 상태이다. 반면에 스스로 자제하여 욕심(欲心)이 드러나지 않도록 하는 것은 공자의 극기복례의 상태를 뜻하는 것이 된다.

그렇다면 부정(不正)함이 드러나는 욕심(欲心)은 어디서 나오는가? 이는 바른 곳에서 벗어난 상태에서 바른 것을 알지 못하니, 그것으로 인해 부정하여 욕심이 발동되므로 당연히 시비(是非)가 있는 것이다. 바르지 않은 상태인 욕심(欲心)은 대체로 과한 것이라 할 수 있다. 과하여 경계를 넘어서니 지나친 욕심이 세상에 드러나면서 질서 있고 조화로운 극락세계가 혼탁해지게 되고, 천국이 지옥이 되며, 맑은 영혼이 오염되어 자리이타(自利利他)가 아니라 자기 이익(自利)만을 최고로 삼는 곳에서 욕심의

인간과 짐승

지나침이 드러나는 것이다. 지나친 욕심인 과욕, 이것은 마치 세상에서 자신만의 이익을 챙기려는 자리(自利)가 세상의 우상이 되었고, 또한 비종교의 종교화가 되니 도덕이 아닌 비도덕적인 것과 함께 금전 만능주의의 현실이 만들어진 것이다. 우리는 먼저 판단하기 전에 시비(是非)가 발생한 곳으로의 원인을 찾아보아야 한다. 시비(是非)가 발생한 곳을 찾아보면 그곳에서 반드시 욕심(欲心)이 살고 있는 것을 알 수 있을 것이다. 욕심(欲心)이 사는 집 그것은 시비(是非)가 발생한 곳의 원인이자 당신 자신만이 알 수 있는 곳으로, 맑은 영혼 혹은 양심으로 부르는 것이 제 역할을 하지 못하는 것이다. 그렇기에 '왜 판단하는가?'에 대한 답은 우리의 맑은 영혼이 오염되거나 양심에 어긋남이 생기면서 시비(是非)를 판단하는 것이 일어나는 것이다. 만일 항상 바름인 정(正)에 따르면 바름은 경계를 넘지 않기에 시비(是非)가 발생하지 않지만, 바름인 정(正)을 벗어난다면 늘 시비(是非)가 발생하기 때문에 판단이라는 것이 발생하게 된다. 그러므로 '왜 판단하는가?'라는 질의에 대한 답은 '자기를 바로 보지 못하는 자들에게 물어도 그들은 옳고 그름에 따른 선택을 해야 하기에 판단하는 것이라 답을 하는 것.'이라 할 것이다. 이렇게 대답하는 자들은 스스로가 똑똑하다고 여길 테지만, 소크라테스는 이를 무지라 하였고, 상대의 무지를 타파하려 산파술을 가르쳤다. 왜 판단하는가? 그것에 대한 답은 자기를 바로 보자는 순수한 맑은 영혼의 소리에서 찾아질 때 참다운 답을 얻게 될 것이다. 만일 누군가가 항상 바름인 정(正)에 따른다면 그는 늘 옳은(是) 것이기에 판단의 여지가 없게 될 것이다. 그러나 속세의 삶에서 선택한다는 것은 누군가 숨 쉬고 살아가는 길에서 해야 할 일이라 생각된다. 그러나 엄밀히 말하면 '선택한다는 것'이 무위(無爲)의 의미인가, 인위(人爲)적인 유위(有爲)의 의미인가에 따라 그 내용은 달라지지 않을까? 질문을 던져 본다.

22.
평범함, 그것이 일상이고 상식이고 도덕이고 종교랍니다

평범함, 보통 사람, 성인, 부처, 진인, 맑은 영혼을 유지하는 자란 이 도를 알고 덕을 베푸는 자이자, 이치를 깨닫고 종교의 진리를 아는 자이다. 평범함, 애기애인(愛己愛人), 자리이타(自利利他), '산은 산이요. 물은 물이라.', 나를 알면 상대를 아는 전술 등이 모두 평범한 참된 이치를 통한 삶 속에 녹아 있는 것이다. 단지 도(道)가, 깨달음의 진리가 평범한 속에 있다는 것을 아느냐 모르느냐, 그것이 문제일 뿐이다. 아는 자는 비범하지만 평범한 자로, 플라톤에 의하면 철인으로서의 철학자이고, 소크라테스가 말하는 맑은 영혼을 유지하는 것이며, 공자가 추구하는 성인이자, 항상 주체적이며 깨어 있는 채로 서민의 삶을 사는 자이고, 엘리아데의 성(聖)과 속(俗)을 아우르는 삶을 사는 자이고, 석가모니께서 죽기 전까지 설한 부처의 삶이라 말할 수 있는 것이다. 이러한 것을 모르는 자는 인간이나 사람이 아닌 동물이자 짐승이고, 악마와 같은 자로, 일상생활을 거짓과 기만으로 살고 있으며, 상대에게는 이간질과 괴롭히는 것을 즐기면서 자신의 마음을 헤집으면서 타인을 괴롭히는 것에 능한 자가 된다. 이런 것에 능한 자들이 스스로 남보다 출중하다고 생각하는 이들이고, 자신에게 다른 이보다 스스로 유능하며 잘났다고 생각하는 자아도취에 빠지는 '자뻑'이 많은 자이기에 타인이 자신보다 늘 못하다고 여기고 있는 자들이 된다. 그러나 이들은 공동체에서 함께 어울리는 것보다는 자만심이 가득 차 있는 태도를 지니기에 자신들이 사용하고 있는

인간과 짐승

언행이 무엇이 잘못인지 모르고 사는 자로서, 사람 미만의 존재인 짐승과 악마와 같은 부류들이 된다. 이렇게 '자기를 바로 보는 것'을 알고 모르는 차이를 극복하기 위해 교육이란 것이 있고, 가르침이 있는 것이다. 그러나 대한민국의 실상은 거짓이 이기고 이간질을 일상화하며, 자신의 이익과 집단의 이익만을 추구하는 이익에 매몰되어 있는 사회가 되었거나, 되어 가고 있다. 이러한 사회에서는 함께 더불어 살고자 하는 것이 점차 멀어지기에 선(善)과 정의(正義)가 차차 사라져 가게 된다. 그리고 점차 선과 정의가 살아지는 그곳에는 불선(不善)과 불의(不義)가 독버섯처럼 겉은 화려하지만 속은 다수를 죽이는 맹독으로 자리를 잡게 될 것이다. 이러한 곳이 우리가 살고 있는 오늘날의 대한민국이라 하기는 억울할까? 필자는 지금의 대한민국을 냉정히 이러한 면으로 철저히 성찰해 볼 때가 아닌가 생각해 본다. 조금이라도 이러한 대한민국을 바로 세우기 위해서 우리 각자는 모르면 알고자 하고, 잘못하면 개선하려 하고, 누군가 해(害)가 되는 것이라면 이를 상호 이익이 되는 것으로 전환하여 선한 마음과 정의가 일상이 되는 평범한 삶을 살아가게 해야 한다. 일상의 평범함, 그것은 선한 마음과 정의가 일상이 되는 것이다. 평범함, 그것은 선한 마음과 정의가 일상이 되는 것으로 세상을 바꾸는 진리의 길이자 도를 실현하는 자세임을 알아야 할 것이다. 따라서 평범함, 그것이 일상이고 상식이고 도덕이고 종교가 되어야 하는 것이다.

23.
생각에 끝이 있을까요

필자가 알기로 국내에서 큰 스님이라 불렸던 두 분의 스님인 성철스님과 숭산 행원스님은 모두 생각에 끝이 있다고 하였다. 큰스님이 '생각에 끝이 있다.'라는 것은 '생각이 그쳤다.'라는 것이 아닐까? 이때 말하여진 '생각'이라는 단어는 망상이 아닐까? 망상이 '멈췄다는 것'은 '일정한 한곳에 머물렀다.'라는 것으로 그쳐야 할 곳에 도달했다는 것이다. 이때 '한곳에 그쳤다.'라는 것은 '전일(專一: 오로지 한곳에 머무는 것)한 곳에 멈추었다.'라는 것이 일지(一止)가 아닐까? 전일한 곳에 멈춘 것, 그것은 '한 일 (一)+그칠지(止)=正(바름)'에서 벗어나지 않는 곳에 닿았다는 게 아닐까? 正(바름)에서 벗어나지 않는 곳, 그곳은 경계에 도달한 것이 된다. 따라서 경계를 넘지도 않고 미치지도 않는 상태가 아닌 이러한 일지(一止) 상태의 지속성을 우리는 '정등각(正等覺)'이라 부르면 어떨까? 생각이 멈추는 그곳, 아마 사람들이 그렇게 찾고자 하는 正(바름)이 아닐까 생각해 본다. 공동체와 내가 바름(正)에 머물러 살아가는 것, 그것을 정의(正義)라 부르는 것이 아닐까? 이러한 바름(正)에 다다르면 지혜가 샘솟는다고 한다. 지혜로운 자가 되고 싶다면 생각을 멈추어 보길 바란다.

인간과 짐승

　지식과 지혜의 차이를 아는가? 사전적 의미의 지식과 지혜의 차이는, 지식이란, 외부 대상과 접촉하여 그것에 대한 이해를 자신에게 흡수하는 것이고, 지혜란, 사물을 깨닫고, 그 인식의 관계를 잘 파악하는 내적인 능력 정도의 이해라 할 수 있다.

　아래의 도표로 본다면 다음과 같이 살필 수 있다.

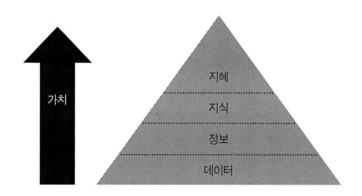

　일반적인 견해로 설명하면 지식인은 일반적인 학자나 이론가이며, 지혜인은 깨달은 자로서, 혹은 삶의 살아 있는 지식(경험, 체험)으로 충만한 실천적인 사람이라 할 수 있다. 지식인은 직접적인 경험보다는 책이나 정보 등 간접적인 경험에 더 충실할 수 있지만, 지혜인은 간접적인 경험보다 직접적인 경험에 충실하면서 간접적인 지식에 대해 옳고 그름을 확인하여 실천적인 삶에 적용하는 사람이라 할 수 있다. 이를 달리 표현하면, 지식이란, 흰옷에 고춧가루 국물이 튀었을 때 세탁기에 돌리고 햇빛에 널어 두면 된다는 것을 아는 것이라면, 지혜란, 고춧가루 국물을 먹을 때 흰옷을 입지 않는 것이다. 그러므로 지식은 '아는 것'이고, 지혜는 '깨닫는 것'이라 할 수 있다. 이를 유추해 보면 지식은 법이라 할 수 있고, 지혜는 도덕으로 해석할 수 있지 않을까. 어설픈 법의 잣대로 도덕을 뭉개 버리려는 세상이 요즘의 대한민국으로 생각된다. 작금의 대한민국의 현실적인 공동체의 흐름은 작은 지식(법)으로 깊고 심오한 근원적인 지혜(도덕)를 욕보이는 세상처럼 보인다. 이는 솔직함과 정직이 사라지고 속임수와 사기를 바탕으로 이익을 쟁취하려는 자가 많아져 그런 것 같다. 과거 제정일치 사회에서는 도덕과 법이 일치된 때가 있었다. 그때는 제사장이 말하는 종교가 곧 규칙이자 규율이었다. 그래서 종교와 규칙, 법과 도덕이 일치되는 제정일치 시기의 사회였다. 현재는 이들 간에 틈이 생겨 있다. 종교가 비도덕적이고, 법이 비도덕적인 부분들이 발생하고 있다. 왜냐하면 종교는 돈을 알게 되면 부패를 하게 되는데, 오늘날의 종교는 이미 돈을 너무 많이 알고 있기 때문이다. 그리고 법은 정의가 되어야 도덕과 일치될 수 있는데, 오늘날의 법은 기득권 중심의 도구가 된 지 이미 오래되었다. 그러기에 종교와 법이 도덕과 많은 틈이 벌어지게 된 것이다. 현실의 이러한 틈의 차이를 극복하기 위해서 인간적인 자기를 사랑하고 상대도 사랑하는 마음(愛己愛他)과 자신의 이익과 상대 이익을 함께 챙길 줄 아는 자리이타(自利利他) 정신이 필요한 때다. 왜냐하면 이 두 가지는 도덕과 일치되기 때문이다. 대한민국에서 도덕을 살리기 위해서는 앞으로의 교육이 지식 위주가 아닌 지혜를 근본으로 하는 참다운 교육이 실천될 때 학생들을 참사람으로 만들어 가는 교육이될 것이다. 이러한 교육이 완성될 때 대한민국은 한국인이자 세계인으로서 모든 인간에게 리더십을 발휘할 때가 올 것이다.

인간과 짐승

25.
착하게 산다는 것

착(善)하게 산다는 것은 바르게 산다는 것이고, 바르게 산다는 것은 바름(正)에서 벗어나지 않는 삶을 사는 것이다. 착하게 산다는 것이 바르게 산다는 것인데, 이는 자신을 바보로 보이게 하는 것이 아니라 자신을 신뢰하게 하는 방법이다. 현실에서 착하게 살면 왜 누구는 바보로 여기고, 누구는 신뢰 있다고 여기는 것일까? 이러한 차이는 전적으로 착하게 사는 사람들이 살아가는 방식이 어디에 있는가에 따라 상대방의 평가가 달라지는 것이 아닐까? 살아가는 방식이란 공동체 속에서 자신의 생활 태도라 할 수 있다. 착하게 산다는 것은 거친 땅을 잘 가꾸는 작업과 같이 개인을 잘 가꾸는 것이다. 스스로 자신의 성품을 좋게 만들어 가는 것을 나타내는 것이다. 자신의 성품을 좋은 성품으로 만들어 가는 사람은 바람직한 모습이 된다. 바람직한 모습의 사람은 자신을 잘 제어하고 다스릴 줄 아는 극기복례를 이룩한 자이다. 극기복례는 자율적인 행함으로 이루어지는 것으로, 스스로가 자신을 잘 통제할 때 착하게 바름에서 어긋나지 않는 삶을 사는 것이다. 바름에 어긋나지 않게 산다는 삶의 태도는 다른 사람들 눈에 그가 신뢰할 수 있는 사람으로 보여지게 될 것이다. 이러한 신뢰는 그에게 무슨 일을 맡겨도 잘할 수 있을 거라는 믿음을 만들 수 있게 된다. 착하게 산다는 생각은 그 사람이 바름에서 벗어나지 않으니 어긋나지 않는다는 것이다. 이는 개인적으로 바람직한 삶을 구현하는 자로서, 개인적으로 무슨 일을 맡기든 맡은 일을 잘 처리할 수 있는 잠재적인 능력이 있다고 보이게 될 것이다. 착하게 사는 사람이란 소극적인 사람이 아니다. 착하게 사는 사람이란, 자신의 삶을 바람직하게 이끌어 갈 수 있는 사람이다. 그렇기에 착하게 산다는 것은 많은 이들에게 신뢰받을 수 있다는 마음이 생기도록 하는 것이다. 그렇기에 많은 사람이 착하게 사는 사람과 친밀감을 더 가지려 할 것이다. 착하게 산다는 것은 누구나 행할 수 있지만, 타율적 제재로 인해 행하여지는 것이 아닌, 자기 스스로 선택으로 행해지는 자율적 착함은 시간이 갈수록 타인에게 믿음과 신뢰로 드러나게 할 것이다. 착하게 산다는 것은 밭을 일구는 작업이지만, 신뢰를 얻게 된다는 것은 일군 밭에서 작물을 거두는 작업일 것이다. 밭만 일구고 작물을 심지 못하여 작물을 거두지 못한다면 그것은 착하게 산다는 것에 대해 상대가 바보로 여기는 부분이 아닐까 생각한다.

인간과 짐승

26.
일상이 선(禪)입니다

상식이 종교고 일상이 선(禪)이다. 모든 종교는 불안을 극복하고 평정심을 찾아서 평안함을 느끼고 평정심을 유지하라고 한다. 그러나 핵심은 평정심이 아닌, 평정심을 유지케 하는 것을 발견하는 것이다. 그러기 위해 평정심의 주체인 자기를 바로 보아야 한다. 자기를 바로 보지 못하면서 평정심을 찾았다는 것은 단지 혼란한 마음을 억누르는 것일 뿐이다. 자기를 바로 보는 일상, 그것은 바로 내가 하나의 개인이 아닌 나와 전체가 하나 되는 길을 말한다.

선(禪)이란? 자기를 바로 보는 일상에서 비롯되는 전체와 개인이 합일되는 경지를 말하는 것이 아닐까? 평정심을 유지하고 싶은가? 그렇다면 '자기를 바로 보자'. 자기를 바로 보았을 때 전체와 내가 하나 되는 길을 열게 될 것이다. 이것이 천인합일을 이루는 것이자 진정한 평정심을 얻는 것으로, 평온한 마음 상태가 되는 것이다. 이때의 평온한 마음 상태의 '평온'이란? 나와 전체가 하나로 합일될 때 만들어지는 현상이 되는 것으로, 이러한 현상을 유지하기 위해서는 일상에서 자기를 바로 보는 지속적인 성찰을 하여야 나와 전체가 합일된 상태를 유지하게 되는 것이다. 그러기 때문에 나와 전체가 합일되는 작업은 일상에서 자기를 바로 보는 것을 습관처럼 하여 평상시 일상의 작업으로 만드는 것이 중요하다. 왜냐하면 천인합일을 이루는 자기를 바로 보는 그것이 바로 일상이고, 일상으로 하는 자기를 바로 보는 것, 그것이 선(禪)이 되기 때문이다. 알고 있는가? 평범함 그것은 상식이자 종교이고, 일상이 선(禪)이 되는 것이다. 일상이 선이라는 것은 각자가 평소에 자기를 바로 보는 성찰하는 삶 속에서 살펴지는 것이다. '자기를 바로 보는 것' 그것은 선(善)을 드러내는 것이자 의(義)를 실천하는 것이 된다. 이러한 선(善)을 드러내고 의(義)를 실천하는 것은 우리네 일상에서 바름(正)을 지키며 살아가는 것으로, 정도(正道)의 실현이라 할 수 있다. 정도의 실현, 그것은 일상의 생활 속에서 자신을 잊지 않고 자기를 바로 보는 성찰하는 일상이 지속될 때 그 일상은 선(禪)이 된다. 재차 강조하여 말하고 싶다. 평범함, 그것이 상식이며 종교이고, 일상이 선(禪)이 된다는 것을 잊지 말아야 할 것이다.

　　　　　　　　　　　　　　　　　　　인간과 짐승

27.
상식이 종교입니다

상식이 도덕이다. 상식이 보편성이다. 상식이 절대성이다. 상식이 종교다. 그러므로 '상식적=도덕적=보편적=절대적=종교적'이라는 것은 모두 같은 상태의 다른 언어 표현이다. 가끔 시대의 산물을 상식이라 여기는 사람이 있다. 그러나 시대의 산물은 그 시대의 문화로 발현된 것이지 상식이 아니다. 진정한 상식은 도덕이자, 보편성이자, 절대성이자 종교인 유일한 가치를 지닌 진리가 된다. 이러한 진리를 사람들이 지역의 실정에 맞게 만인에게 운영되는 것, 그것이 도덕이자 윤리다. 진리의 삶을 살고자 하는 것은 종교적인 삶을 살고자 하는 것이며, 종교적인 삶을 살고자 하는 것은 도덕적 삶을 살아가는 것이다. 이러한 삶은 진리를 종교로 표현하고, 현실에서 도덕으로 드러나는 것이다. 왜냐하면 도덕적인 삶이 곧 상식적인 삶이고, 보편적인 삶이며, 상식적이고 보편적인 삶이 종교적 삶이 되기 때문이다. 우리는 이러한 것이 진리의 다른 표현이기 때문에 이것을 진리라 표현할 수 있는 것이다. 상식의 다른 표현을 종교라 하고, 종교이기에 절대적이라 하고, 절대적이기에 보편적이라 하는 것이니 이것이 진리가 되는 것이다. 이들은 같은 내용의 다른 이름일 뿐이다. 상식이 실생활에서 적용되는 진정한 의미는 누구라도 인정하며 다툼이 없는 내용이기에 자리이타(自利利他)라 할 수 있는 것이다. 자리이타(自利利他)의 의미는 종교에서도 실생활에 참된 종교의 의미를 적용하는 종교적인 실천 방법이다. 이처럼 실생활에 적용되는 자리이타(自利利他)의 방법을 달리 말해 도덕이라 표현하며, 또한 보편성이 있다고 하는 것이다. 그러나 지구상에는 자리이타에 입각한 삶을 실천하지 못하는 비도덕적인 사람들이 많이 있다. 우리는 이러한 자리이타를 실천하지 못하는 많은 사람을 비도덕적인 사람으로 말할 수 있다. 그리고 비도덕적이며 비윤리적으로 보이는 사람을 죄인이라 부르고 있다. 죄인의 또 다른 이름은 몰상식적인 사람이다. 몰상식적인 사람들은 공동체에서 자신만을 자기 집단만을 위한 언행을 일삼는 자다. 이들은 자신의 언행이 양심에 따르는 것보다 양심에 위배당하는 것이 많은 사람이다. 공동체에 이러한 사람들이 많아질수록 종교는 더욱 성장하게 되는데, 왜 그럴까? 종교란 죄인을 용서하는 것이 아니라 교화를 하는 곳인데, 현실의 종교 단체는 죄인들을 더 죄인으로 만들어 가는 것이다. 왜냐하면 주일에 십일조의 헌금으로 자신이 지은 죄가 속죄된다고 생각한다면, 이는 과거 중세 시대에서 면죄부나 면벌부를 발행하고 있는 중세의 교회당(신전)과 같은 모습과 같은 것이 되기 때문이다. 종교는 죄인을 용서하는 곳이 되어서는 안 된다. 종교가 죄인을 용서하는 곳이 된다면 그 종교는 비도덕적이자 비윤리적인 집단이 되어 갔다고 말할 수 있어야 한다. 종교는 비도덕적이고 몰상식적인 사람들의 참회처가 되고, 참회한 자들이 상식으로 살아가는 태도의 변화를 일으키는 교화시키는 곳이어야 한다. 그러므로 종교는 죄인들의 도피처가 되어서는 안 된다. 종교는 깨끗한 삶을 사는 자들로서 구성된 상식적인 사람들이 자리이타의 삶을 구현하는 단체가 되고 모임처가 되어야 한다. 종교가 이렇게 자신의 위치를 바르게 잡아가게 되었을 때, 비로소 종교를 통해 많은 사람이 공동체를 조화로운 세상으로 만들어 갈 수 있을 것이다. 그리고 우리는 이러한 조화로운 세상을 천국, 유토피아, 불국토, 대동사회, 소국과민 등의 공동체로 말하게 될 것이다. 지금의 대한민국은 다종교와 다문화 시대를 살아가고 있다. 대한민국에서 다종교에 많은 사람이 몰리는 현상은 대한민국에 참종교가 아닌 거짓 종교로 인한 죄인이 많은 세상임을 알려 주는 것이 아닐까 생각해 본다.

인간과 짐승

28.
자유(自由)란 무엇인가?

자유(自由)란 서구 학술사의 맥락에서는 영어로 프리덤(Freedom)과 리버티(Liberty)의 번역어로 사용되고 있다. Freedom은 **의지한 대로 할 수 있는 능력**이며, **행위 할 수 있는 힘(The power to do)**을 가짐을 말하고, Liberty는 **자의적인 의지로 행해지는 억압을 봉쇄(Absence of arbitrary restraints)하는 것**에 관심을 가지기에 연루된 **모든 이의 권리를 고려**하는 것이 된다.

따라서 Liberty로서의 자유는 **자유를 행할 수 있는 능력**을 의미하는 동시에 **다른 이들의 권리에 따라 제약(Limited by the rights of others)을 받는 것**을 말한다. 자유의 개념은 두 가지로 구분될 수 있다.

첫째 단순히 '외부로부터 속박이 없는 상태'를 가리키는 것으로 '**~로부터의 자유**'를 가리키는 '**소극적 의미**'의 자유와, 둘째 '자신이 하고자 하는 바를 적극적으로 할 수 있는 상태'를 의미하는 '**~에 대한 자유**'를 가리키는 '**적극적 의미**'의 자유로 나눌 수 있다.

자유(自由)는 홀로 사는 이가 아닌 공동체의 일원으로, 사회 구성원으로서 자유(自由)의 의미를 살핀다면 **자유(自由)는 '자기로부터 비롯되는 것이다'**. 이 말은 공동체의 일원으로 자신이 행할 수 있는 것은 자신의 권리와 의무의 정도에 따라 있을 뿐이 된다. 이중 의무는 합당한 이유가 있지 않고서는 내 의지와 상관없이 100% 이행해야 하는 것이고, 권리는 개인의 요구에 따라 '0%~100%' 정도로 구분하여 행사할 수 있게 되는 것이다. 따라서 자유(自由)는 '**나의 권리 행사의 정도에 따라 자신이 요구**

한 퍼센트의 비율(권리 행사의 정도)을 가져가게 되는 것'을 말하는 것이 된다. 자유(自由)는 오늘날 모든 이에게 주어진다고 하지만, 실제로 자유(自由)가 주어지는 것이 아니라, 내가 찾아가는 정도만큼만 자유를 소유하게 되는 것이다.

그러므로 내가 나의 자유(自由)를 찾아가는 것이 귀찮다면 귀찮아하는 만큼 내 자유는 사라지게 된다. 이때 **'찾아가는 것만큼'**이란 의미는 각자 자신의 권리에 대한 행사의 정도가 된다. '오늘 당신은 어느 정도의 자유(自由)를 누리고 계시나요.' 이 문장의 의미는 당신에게 묻는다. '당신은 자신의 권리 행사를 어느 정도 하고 계시나요.' 그리고 '당신은 자신의 주권 행사를 100% 하고 계시나요.' 우리가 말하는 자유(自由)는 나 자신의 권리 중 각자가 행사할 수 있는 양만큼의 권리를 말하는 것이라는 것을 되새겨 볼 필요가 있다. 왜냐하면 국가는 '나를 보호하고 나의 행복을 가장 잘 실현할 수 있도록 해 줘야 할 의무'가 있으며, 각 개인은 '주어진 의무를 이행하면서 나를 위한 자유를 얻기 위해 국가에 100%로 내 권리를 요구할 수 있다.'라는 것을 명심해야 한다. 당장 이 순간 생각해 보길 바란다. 나의 권리 행사는 100% 행사하고 있는 진정한 자유인(自由人)인지, 아니면 부분적 자유를 누리면서 만족하고 있는 부분의 자유인(自由人)인지. 이때 비로소 우리는 진정한 자유를 찾게 되는 것이며, 자신의 권리를 100% 이행할 수 있는 자격을 얻게 될 때가 될 것이다. 결국 자유는 나의 선택의 결과에 따라 퍼센트(%)의 비율이 결정됨을 각인해야 한다. 100%가 아닌 100%의 미만일 때, 그때의 자유는 내가 포기한 만큼 정부가 마음대로 해도 된다고 용인해 주는 것과 같다. 그리고 이러한 용인은 정부로부터 자신을 함부로 할 수 있게 하는 빌미를 주는 것이 된다. 결국 이러한 빌미가 정치에 대한 무관심으로 나타나기에 이것으로 인해 독재의 싹을 키우게 되는 원인이 되어 독재자가 나타나게 될 수 있다는 것을 명심해야 한다.

29.
역사 속의 거짓은
망조의 역사를 만든다

역사 속의 거짓은 당 시대의 왕조를 망조의 역사로 만들어 왔다. 역사적으로 조작과 모략이 난무한 한반도는 스스로 망조의 길을 걸었다. 오늘날의 대한민국은 '무엇이 옳고, 무엇이 그른가'라는 현실적인 기준이 있는가? 그렇지 않은 것 같다. 기준이란 판단을 할 수 있는 근거로서의 힘이 된다. 그러나 기준이 혼란스럽다면 이미 기준은 사라져 버린 것이다. 작금의 대한민국의 현실은 기준의 혼란함 속에 머물고 있기에 무엇이 거짓에 기반이 되고 참에 기반이 되었는지를 국민에게 알지 못하게 만들어 가게 하고 있는 것 같다. 과거 몇 년간의 대한민국은 공정과 정의가 참이라고 하면서 맹공을 퍼붓다가는 시간이 흘러가면 맹공을 퍼부었던 그들이 무엇이 참이었고, 무엇이 거짓이었는지 스스로 알지 못하고 혼란에 빠지고 있다. 이러한 혼란은 국민의 판단 기준을 더욱 혼란스럽게 만들고 있다. 이러한 혼란에 일조하는 것은 대한민국의 대표적인 언론들이 아닐까? 의심해 본다. 한때 공정과 정의를 외치던 그들의 주장이 마치 사막 위에 세워진 모래탑이 태풍에 의해 사라진 것처럼 맹공했던 그 시간 이후의 모습은 언제 그랬냐 하는 듯이 그때의 그 사건들이 사라져 보이게 만들고 있다.

현실 속에 현재 진행형의 사실이 있음에도 불구하고, 그 사실들의 진행 상황들이 법정에서 계속되고 있는데도 불구하고 국민에게 그 사건들이 진행되고 있는 결과가 참으로 가고 있는지, 거짓으로 드러나고 있는

지를 전혀 알 수 없게 만들어 가고 있다. 왜냐하면 과거에 공정과 정의로 주장했던 그들의 것이 제대로 드러나고 있는지 궁금하지도 않게, 국민에게 소외될 정도로 언론이 무관심하게 만들었기 때문이지 않을까? 이러한 언론의 행위는 국민의 알권리를 혼란스럽게 만들어 자신의 정당한 권리를 주장할 수 없게 만들어 가는 일례이다. 자유는 어디서부터 오는 것이 아니라, 나로부터 발생하는 권리라 하였다. 언론을 믿지 말고, 자신의 판단 기준을 정확히 할 때 자신의 권리에 비례해서 자유를 지니게 됨을 잊지 말자.

지금은 유사한 형태의 사건과 유사한 형태의 사태와 같은 것들에 대해 과거에 나라를 들썩일 정도로 공정과 정의로 난리를 치던 그들도 전혀 나타나지 않고 또한 과거처럼 초기에 그 많던 보도도 작금엔 없다는 것에 놀라울 뿐이다. 그때는 공정과 정의가 있고, 작금에는 공정과 정의가 사라졌는지 거대한 반응을 일으켰던 그들은 사라지고, 나타나지를 않고 있는 이유는 무엇일까? 과거에 난리를 치던 그 시간 속의 공정과 정의는 중요했고, 작금의 공정과 정의는 중요하지 않거나 사라졌는가? 대한민국은 거짓의 난무로 인해 발생한 가치의 혼란 속에 공정과 정의를 드러냈었고, 공정과 정의를 주장하던 자들이 공정과 정의라는 가면 속에 자신들의 잘못을 숨기고 정권을 잡기에만 혈안이 되었던 것이 아닌가? 그렇다면 그때의 공정과 정의는 인위적으로 발생시킨 난리법석으로 봐야 하지 않는가?

도산 안창호에 의하면 거짓이 조선에 오적을 낳았고 거짓으로 인해 1910년 8월 29일, 경술국치의 조약을 맺게 되어 일제 35년이라는 치욕적인 시간을 보냈다고 일설을 하였다. 그렇다면 지금의 대한민국은 도산 안창호가 조심하라던 거짓의 힘에 대해 과연 어떤 대처를 하고 있는가? 거짓이 공정과 정의의 탈을 쓰고 지금까지 대한민국을 지배하고 있지는 않았는가? 대한민국에 공정과 정의라는 거짓의 탈을 잘 만들어 씌워 주었던 멋진 도구가 없었다면 국민이 속을 수 있었을까? 국민을 위한 도구인데, 국민을 속여 먹는 도구로 활용되는 것은 언론과 법이라는 것 아닌가? 개인이 하는 생각의 결과일까? 필자는 개인의 생각으로 치부할 정도는 아니라고 본다. 결국 믿을 수 없는 사람이 문제이긴 하지만, 문제가 있는 사람들조차 괜찮은 인간으로 멋지게 덧칠해 주는 것은 언론과 법이 아니었던가? 대한민국의 국민으로서 자신의 삶을 온전하게 보존하기 위해서는 지금의 공정과 정의라는 탈이 거짓이었던가, 아닌가에 대해 반드시 성찰해 봐야 하지 않을까? 그래야 공정과 정의가 거짓의 탈을 쓰고 대한민국을 휩쓸던 시대를 후대가 분명하게 기억할 수 있어야 하고, 국민이 과거의 성찰을 통해 바람직한 판단을 할 수 있는 힘을 가질 수 있도록 지속적인 노력을 해야 할 것이다.

30.
대한민국이라는 동네는

지구라는 동네는 5가지 오방색으로 이루어졌다고 한다. 그것은 파란색(목), 빨간색(화), 황색(토), 흑색(금), 백색(수)이다. 지구의 오색 조화 속에 만들어진 다양한 많은 국가가 그들만이 지니는 공동체 삶의 현장이 있다. 다양한 많은 국가 중에 대한민국은 어떤 나라인가? 사람과 사람의 만남을 '서로 관계를 맺는다.'라고 하며, 이러한 관계를 바람직하게 맺는 사람을 '인간'이라 부르게 된다. 사람이 도와 덕의 단계를 거쳐 인간이 되는 단계에는 반드시 거쳐야 할 과정이 있다. 사람에서 인간이 되는 과정에는 각 개인들의 내적 선함과 외적인 정의를 실천하는 과정이 있게 된다. 이 두 과정을 드러내어 한 인간으로서 공동체의 일원이 될 때, 우리는 그를 바르게 사는 사람, 참사람이라 말할 수 있다. 그리고 이러한 사람들로 인해 공동체가 분쟁과 다툼이 없는 조화로운 삶이 구현되는 세상을 만들어 가게 된다. 반면에 자신의 내재된 선과 그의 외적 실천인 의를 지키지 못하고 불선과 불의를 행하는 사람은 자신과의 내적 관계를 잘못 맺는 것이고, 외적 관계 역시 잘못 맺고 있는 것이 된다. 이러한 관계는 자신과의 관계가 부적절한 상태이고, 자기 이외의 모든 것들과 맺는 관계도 부적절한 상태라 말할 수 있다. 이러한 부적절한 상태의 관계에 익숙한 자들은 내적 선을 보존하고 외적 의를 실천하는 데에 있어 미숙한 관계를 지니는 데 익숙한 자들이 된다. 이들이 맺고 있는 관계의 미숙함을 바람직한 관계로 바꾸기 위해서는 두 가지 방법이 있다. 그것은 **교육**을 통한 바람직한 것에 대한 가르침을 받는 것과 교화를 위한 **교**

정이다. 교육과 교정의 기본 원리는 반드시 바람직한 관계를 위한 저변에 윤리 혹은 도덕 또는 상식이라는 것에 바탕을 두어야 한다. 왜냐하면 윤리와 도덕 그리고 상식은 모든 사람과의 공감대의 토대가 되기 때문이다. 윤리와 도덕 그리고 상식을 바탕으로 하는 이러한 공감대는 많은 사람과의 바람직한 관계를 설정하는 바탕이 되며, 또한 사람과 사람들의 관계적인 삶이 바람직한 관계로 인해 인간들의 바람직한 공동체를 형성하는 기틀이 된다.

'인간'이라는 단어를 사용하게 되면서 사람은 공동체의 일원이 되는 것이며, 윤리와 도덕 그리고 상식을 바름과 바르지 못함의 기준으로 삼게 되는 것이다. 공동체의 일원으로서 인간은 윤리와 도덕과 상식을 지니게 되며, 이를 지키는 방법으로 공동체를 해하지 않는 자리이타(自利利他)의 정신을 갖게 된다. 자리이타란 '자기도 이롭고 타인도 이로운 상부상조 정신'으로 선을 내재화하고 의를 실천하며 조화를 형성하는 정신이다. 대한민국은 과연 조화를 형성하는 나라인가? 대한민국은 선과 의가 횡행하는 나라인가? 대한민국은 자리이타가 이뤄지고 있는 나라인가? 대한민국은 윤리적·도덕적·상식적인 나라인가? 지금의 대한민국은 분쟁과 투쟁이 난무하는 부조화의 나라이자 불선과 불의가 선(善)과 의(義)와 혼합되어 있는 나라이다. 이는 마치 불선과 불의가 거짓의 선과 의로 탈을 만들어 쓰게 된 나라가 아닌가 할 정도로 극심한 가치의 혼란이 가중되고 있는 나라인 것 같다. 선과 의가 윤리와 도덕 그리고 상식이 있는 나라에서는 조화로움이 자연히 생성되지만, 대한민국과 같은 불선과 불의가 위선의 탈을 쓴 선과 의로 꾸며져 있는 사회라면, 윤리적이고 도덕적이고 상식적인 인간들이라면 이 사회를 걱정하고, 심하게는 혐오의 대상으로 삼을 수밖에 없게 될 것이다. 과거는 현재가 형성되는 동력이 되고, 현재는 미래가 형성되는 동력이 된다. 과거를 부정하는 것이라면 현재의 출발은 제로 상태에서 출발하는 것이 된다. 이는 과거의 성장이 없는 시대로 만들어 간다는 것은 현재를 과거 이전의 시대로 끌고 가거나 과거로 끌고 가는 악순환이 지속될 수 있다는 것을 알아야 한다. 이와 마찬가지로 현재의 설정이 과거에 지나온 시간의 정도에 기반하지 않는다면, 현재의 시간은 지속성이 아닌 새로운 것으로 처음이 되어 전진보다는 후퇴의 역사로 갈 가능성도 있을 것이고, 또한 후퇴의 역사로 가게 될 것이고, 미래 역시 후퇴된 역사에서 비롯될 가능성이 높을 것이다. 현재의 대한민국은 과거를 긍정하고 있을까? 아니, 철저하게 부정하려고 한다. 왜 그럴까? 아마도 윤리적 도덕적 상식적인 생각이 없는 불선과 불의에 익숙한 조직이어서 그렇지 않을까? 불선과 불의에 익숙한 조직은 어떻게든 자신을 드러내고 싶어 하기에 그들은 참이 아닌 참처럼 보이는 거짓을 자주 행하게 된다. 왜냐하면 조화롭지 못한 현실은 다툼도 분쟁도 발생할 수 있기에, 이러한 것들이 갈등으로 드러나게 되면 자신의 불선과 불의를 거짓의 선과 의로 뒤덮어서 자기 얼굴을 가리는 위선의 가면이 필요하기 때문이다. 지금의 대한민국 공동체에서 부조화의 발생은 거짓과 위선이 횡행하는 세상이자 공동체가 조화롭지 않다는 것을 증명하는 것이다.

과거 단군이 지배한 고조선시대는 팔조 법금으로 공동체를 다스렸다. 단지 8개의 조항으로 다스려진 공동체는 사회가 8개 정도의 조항만으로도 공동체의 조화를 형성해 나갈 수 있었다. 왜냐하면 그 시대의 개인은 윤리적이고, 도덕적이고, 상식적인 사람들이었기 때문이다. 오늘날의 사람들이 고조선시대의 선조들보다 더 똑똑한 사람들인가? 아니, 전혀 그렇지 못하다. 현재의 대한민국은 사악한 종교, 사악한 교육, 사악한 정치 등으로 이 사회의 주된 부류를 형성해 가고 있다. 사악함이 지나치다면 간교함으로 바꿀까? 근대 조선 독립을 주창하였던 도산 안창호는 이런 말씀을 하셨다.

"조선이 망하게 된 것은 그 시대의 위정자들이 거짓을 난무하게 만든

인간과 짐승

시대였기에 망한 것이다. 위정자들의 거짓스럽고 솔직하지 못함이 국가를 망조로 만든 것이다. 그에 의하면 '거짓은 곧 힘을 갖지 못하는 것이고, 힘이 없다는 것은 지키지 못하게 되는 것이고, 지키지 못함은 망함을 가져오는 것이며, 망함은 곧 민족을 노예로 만든다.'"

일제 식민지를 겪고도 대한민국은 선(善)과 의(義)에 입각한 정직을 지키지 못하면서 불선함과 불의함의 모습을 보여 주고 있는 것이 요즘의 대한민국이 아닌가? 이러한 것을 극복하기 위해 도산 안창호 선생님은 각자가 변화와 혁신을 해야 한다고 주장한다. 그의 변화와 혁신은 자신을 거짓이 없는 변명을 하지 않는 정직하고 솔직한 인간이 되는 것으로 개인들이 자기 개혁을 해야 한다는 것이다. 더러움은 오염되기 쉽지만 깨끗함은 지키기가 어려운 것처럼, 불선과 불의 그리고 거짓과 변명 등은 행하기는 쉬워도 선과 의를 지키며 거짓 없는 솔직함으로 변명 없는 삶을 살기는 어려운 것이다. 선과 의 그리고 거짓 없는 삶을 사는 사람이 되려면 이것들을 반드시 실천하여 내 몸에 익숙하게 만들어야 한다.

지금의 대한민국은 20년도 아닌, 30년도 아닌, 40년도 아닌, 50년도 아닌 100년을 후퇴하려는 모습이 보여 매우 안타까운 현실이다. 대한민국의 역사를 역행시키지 않으려면 지도층이 솔선수범하는, 거짓 없고 변명 없는 선과 의만을 행하고 참만을 말하는 습관을 길러야 한다. 거짓없고 변명하지 않는 지도층이라면 대한민국의 공동체는 단군이 고조선 시대를 살아갔었던 시대에서의 세계 최고의 문화창달이 된 시대처럼 조화로운 국가를 만들 수 있을 것이다. 사람으로 태어나 스스로 선과 의에 바탕을 둔 거짓 없고 변명 없는 삶을 살아가는 자신을 만들어 간다면, 그러한 개인들이 만드는 공동체는 현실의 낙원으로 구현되지 않을까? 사람이란 탈을 쓰고 분쟁과 갈등을 만들어 가는 이들은 불선(不善)한 사람이자 불의(不義)한 사람이며, 공동체의 조화를 깨는 자들임을 명심해야 한다. 도산 안창호의 말처럼 "나부터 거짓 없는 사람이 되자.", 소크라테스의 말처럼 "영혼의 순수함을 지키는 자"가 되자 그리고 "이익을 보거든 의로운 것인가?"라는 의미를 먼저 살피라는 안중근 의사의 말처럼 의에 입각한 자리이타의 삶을 사는 자가 되자.

대한민국은 눈 떠 보니 선진국이다. 선진국으로 국민이 만족한 삶을 살기 위해 가져야 할 태도로 거짓이 없는 나라, 변명 없는 나라에서 이익이 의에 합당한 정책을 펴는 공동체의 생활 터전을 만들어 가도록 해야 한다. 만일 거짓과 변명이 팽배한 사회가 되고 불선과 불의가 난무한 공동체가 되는 대한민국이라면 대한민국은 인간들의 삶의 장이 아닌 사람의 탈을 쓴 짐승들의 삶과 다름없는, 정글에서의 약육강식처럼 죽고 죽이는 전쟁터가 될 뿐이다. 전쟁터가 만들어진 이상 죽어야 끝난다면, 또다시 죽인 자가 죽어야 하는 연쇄 사슬이 이어지는 미래로 만들어질 것이다. 이 같은 세상에서 사는 국민이라면 사람으로서 태어나 인간으로 살아가는 공동체로 진화하는 것이 아니라, 사람으로 태어나 동물 혹은 짐승이나 악마가 되는 퇴행을 할 것이다. 이처럼 불선과 불의가 횡행하는 세상이 된다는 것은, 인간이 아닌 사람의 탈을 쓴 짐승과 악마와 같은 마귀들이 대한민국을 욕보이는 세상이 된다는 것은 불 보듯 뻔한 것이 아닌가. 대한민국이 짐승과 악마들이 설치는 곳이 아닌 인간들이 살아가는 동네로 만들어 가야 행복한 공동체가 만들어지게 될 것이다.

인간과 짐승

31.
정치인의 등급과 한국 사회

과거로부터 현재에 이르기까지 동·서양 선조들은 인간의 등급을 1등급, 2등급, 3등급 등으로 나눴다고 표현할 수 있다. 그들이 말한 1등급 인간은 덕(德)이 있는 사람이다.

그들이란 공자와 석가모니와 예수 그리스도와 노자, 소크라테스, 플라톤 그리고 아리스토텔레스 등이 될 것이다. 우리의 조상으로는 가깝게는 원효와 지눌, 퇴계와 율곡, 정약용과 이순신 그리고 도산 안창호 같은 분들이 있다. 그리고 2등급 인간이란 의(義)로운 인간이다.

덕(德)이 있는 인간을 찾으려 했으나 찾아지지 않으니 의(義)로운 인간을 찾게 된 것이다. 대표적인 사람이 스승인 공자가 인(仁)을 말하며 사회를 개혁하려 했으나 성공하지 못하자, 맹자는 의(義)를 강조하며 사회를 개혁하려 했다. 맹자의 강력한 사회 개혁을 위한 대표적인 의지의 표현이 역성혁명(易姓革命)이다. 민주사회, 즉 국민이 주인인 현대에서 벌어진 역사적인 사건으로 대표되는 것이 박근혜 정권의 퇴진과 문재인 정권의 피 흘림이 없는 정권교체이다.

서양의 대표적인 사상가인 아리스토텔레스는 플라톤의 철인정치에 대하여 새로운 정치 지평으로, 정의로운 사회를 구현하는 것이라고 표현하고 있다. 그러나 맹자의 의(義)로도 사회 개혁이 안 되자 의롭게 보이는 것을 대신할 수 있는 법(法)치를 한비자는 주장하게 된다. 법(法)으로 국가를 운영하는 자들, 그들이 3등급 인간이다. 국가를 다스리는데, 1등급 인간이 운영하는 나라는 다스리는 자가 있는지 없는지를 모르고 평안한 일상생활을 누린다고 했다. 이를 동양에서는 요순시대라 하지만 필자는 고조선의 단군왕검의 시대가 아닌가 생각해 본다. 이러한 사회를 대동사회, 천국, 불국토, 소국과민 등으로 표현하는 것이다. 2등급 인간이 운영하는 나라는 정의로운 사회라 하여 이익보다는 의(義)에 입각한 이익(利益)을 추구하는 사회로 정의가 실현되는 나라라 했다. 3등급 인간이 운영하는 나라는 법(法)으로 다스리는 사회라 했다. 법이 의(義)에 근본한다면 그 나라는 2등급 인간들에 다스려지는 것과 흡사한 결론을 낼 수 있을 것이다.

그러나 3등급의 인간은 이미 의(義)보다는 이(利)에 밝은 자들이라 그들의 도구로 전락한 법(法)이라는 칼을 자신들의 이익을 위해서 공동체에 휘두를 것이다.

그리고 그들은 법(法)이 정의(正義)이자 공정(公正)의 상징이라며, 모든 공동체의 기준이 된다고 주장할 것이다. 그러나 법치를 주장하는 이들 대부분은 의보다 이익에 함몰된 자이기에 정의롭지 못한 법을 정의의 칼이라는 거짓 도구로 휘두르는 경우가 많다. 이제 대한민국은 다수의 국민이 투표로 행정부를 선택하였다. 잘못된 선택으로 덕(德)이 다스리는 나라도 아니고. 정의(正義)로 다스려지는 나라도 아닌, 법(法)으로 다스려지는 3등급의 정치 나라가 되었다. 우리가 선택한 3등급의 정치 수준의 나라에서는 법(法)으로 지배하는 나라 대부분은 정의롭지 못한 법(法)으로 자신들을 지지해 준 사람들에게 반드시 요구할 것이다. 법(法)에 위배되었으니 공정하게 죗값을 치르라고. 이제 우리가 겪어야 할 일들은 모두가 일상적 언행을 하기 전에 나의 언행이 법(法)에 위배되었는가를 살펴야 하는 세상이 온 것이다. 법으로 지배하는 세상, 이러한 세상에 대해 다시 말하지만, 정의(正義)가 법(法)이 아님을 알아야 한다. 법이 도덕과 일치하는 가치를 지니지 않는다면 법이란 기득권의 **이익의 숟가락**이며, **강자의 이익**임을 잊지 말아야 한다. 그렇지만 3등급 정치에서는 법치(法治)를 주장하는 이들이 법(法)이 정의(正義)라 하며, 국민에게 이 법을 지키지 않는다면 그들은 국민의 언행에 족쇄를 채울 수 있을 것이다. 정의와 법이 등가였을 때 2등급 정치인이지만, 정의와 법이 불일치될 때 그들은 3등급 정치인이 되는 것이다. 지금의 대한민국은 아마도 3등급에 해당하는 나라가 아닐까 생각해 본다.

32.
민주주의(民主主義) 시대에 따른 오륜(五倫)의 해석

2022년은 민주사회이다. 민주(民主), 이 단어는 '국민이 주인이다.'라는 단어이다. 좀 더 강하게 말하면 '유권자(즉, 투표권자)가 주인'이라는 말이며, 더욱더 강하게 말하면 '내가 주인이다.'라는 강력한 표현이다. 이 시대의 주인으로서 오륜(五倫)에 대해 알아보고 그에 따른 오륜(五倫)의 의미를 해석해 보려 한다. 오륜(五倫)이란? '삼강(三綱)과 더불어 유교에서 기본이 되는 도덕 지침을 말한다.'라고 되어 있다. 오륜(五倫)을 오교(五教)라고도 한다. 대한민국의 이천 서씨 집안에 절효공 거가십훈이란 것이 있다. 이 십훈의 맨 처음 문장이 부치강상(扶植綱常), 돈서오륜(惇叙五倫)이다. 부치강상은 삼강과 오상을 돈서오륜은 오륜을 말하는 것이다. 이는 삼강과 오상을 지키고 오륜을 돈독히 하여 질서를 지키라는 의미이다. 한 집안에서도 이럴진대 하물며 공동체 사회에서는 당연히 요구되어야 하지 않을까? 오륜(五倫)은 인생에 있어서 대인 관계를 5가지로 정리하여 사람들 간에 서로 지켜야 할 의무를 규정한 것으로, 오상(五常)과 함께 유교 윤리설의 근본을 이룬다. 《맹자(孟子)》에는 부자(父子: 부모와 자식)·군신(君臣: 임금과 신하)·부부(夫婦: 남편과 아내)·장유(長幼: 어른과 어린이)·붕우(朋友: 친구)의 관계와 이와 대응해 친(親)·의(義)·별(別)·서(序)·신(信)으로 규정하고 있다. 이는 다섯 가지의 인륜(人倫)이다.

① 군신(君臣) 사이의 의리: 군신유의(君臣有義)

② 부자(父子) 사이의 친애(親愛): 부자유친(父子有親)

③ 부부(夫婦) 사이의 분별(分別): 부부유별(夫婦有別)

④ 장유(長幼) 사이의 차서(次序): 장유유서(長幼有序)

⑤ 붕우(朋友) 사이의 신의(信義): 붕우유신(朋友有信)

《중용(中庸)》에서는 이것을 오달도(五達道)라 이르고, 군신관계(君臣關係)를 중시하여 첫째로 들었으며, 이하 부자·부부·곤제(昆弟=兄弟)·붕우의 순서로 꼽고 있다. 바람직한 공동체를 구성하기 위해서는 다섯 가지 모두가 중요하지만, 공동체를 바르게 이끌어 가려는 사회에서는 그만큼 군신관계(君臣關係)를 중요하게 여기고 있다. 오륜(五倫)에 대한 해석으로 중용(中庸)에서는, 첫째로 든 군신관계(君臣關係)부터 살펴보도록 하겠다.

1) 군신유의(君臣有義)

민주사회가 아닌 절대왕정 때는 군신(君臣)의 관계에서는 군(君)이 신하(臣下)에게 충성을 요구하였다. 그러나 민주사회에서는 국민이 주인인 사회로서, 국민인 내가 주인이 되는 것으로 군(君)의 위치에 변화가 있는 것이다. 지금의 군(君)과 신하(臣下)는 선출직 혹은 공무원에 해당되는 것이다. 이는 임명권자가 국민이길래 군주(지금의 선출직들)가 의(義)롭지 못한(不義의) 국가 운영을 한다면 임명을 취소할 수 있다고 맹자(孟子)는 역성혁명(易姓革命)을 주장하였다. 이에 대한 사례를 박근혜 대통령의 탄핵과 문재인 대통령의 선출을 보고 배우고 또한 알 수 있는 것이다.

2) 부자유친(父子有親)

　부모와 자식 간에 친함이 있어야 한다는 말이다. 이 문장에서 친(親)함이란 부모는 자식에게 친애(親愛)함이 있어야 하고, 자식은 부모에게 효친(孝親)이 있어야 함을 강조한 것이다.

　부모는 자식을 사랑하고 자식은 부모에게 효도하라는 것을 강조한 표현이다.

3) 부부유별(夫婦有別)

　부부에게는 분별됨이 있다는 것인데, '분별'이라 함은 각자 주어진 신체적 특성에 따라 역할이 여성이 해야 할 일과 남성이 해야 할 일을 말하는 것이고, 그 외는 각각이 존엄한 개별적인 인간으로서 각자의 능력에 따른 능력별 대접을 받을 권리가 있음을 말하는 것이다. 그렇다면 '여성이 해야 할 일과 남성이 해야 할 일'이란 각각의 성별에 따른 역할이 아니라 각자에게 부여된 의무로 말할 수 있다.

4) 장유유서(長幼有序)

　동양(한국어) 특징은 존대어가 있다는 것이다. 존대어는 각각에 대한 분별함의 표현이다. 그래서 나이가 적은 사람은 어른을 공경(恭敬: 조심하고 예의 바르게 행위 하는 것=예절)하라 하였고, 어른은 어린 사람들에게 교육이나 경험적 가르침을 통해 지혜스러움을 알려 줘야 할 의무가 있음을 보여 주고 있다. 그러므로 동양에서는 어른과 아이들과의 관계에서

　　　　　　　　　　　　　　　　　　　인간과 짐승

질서 있는 관계로 표현되어 있으며, 이것을 실생활 속에서 드러나도록 하는 것이 장유유서(長幼有序) 이다. 이는 형제 간에 있어서도 적용이 된 다 하겠다.

5) 붕우유신(朋友有信)

친구들 사이에는 신의(信義)가 있는 것이다. 여기서 신의(信義)란 친구의 언행(言行)으로서 언어(言語= 말과 글)를 믿을 수 있는 것과 행실(行實)이 의(義)로운가를 표현하는 것이다. 그러므로 친구로서 그의 말과 행동이 신뢰가 가지 않는다면 붕우(朋友)라 할 수 없는 것이다.

오륜의 **친(親)·의(義)·별(別)·서(序)·신(信)**은 **바람직한 관계를 설정**하는 데 반드시 챙겨야 할 사항이고, 또한 오륜이 지켜지는 공동체는 아름다운 질서와 조화를 이룩한 대동 사회이자 천국이며, 불국정토인 용화세계이자 소국과민의 세상이라 할 수 있는 것이다. 오륜이 지켜지는 단군 시대의 고조선과 같은 사회를 대한민국에서 다시 만들어야 할 것이다.

33.
종교와 철학
그리고 사상이란?

　종교와 철학 그리고 사상의 공통점과 차이점은 무엇일까? 종교란? 종
교의 대표적인 것은 4대 종교로, BC6세기의 불교, 유교, AD0세기의 기
독교, AD6세기의 이슬람교이다. 이들 4대 종교는 왜 발생하게 되었을
까? 아마도 그 당시 사회 개혁을 위해서는 제대로 된 성찰만이 동시대의
개혁을 이룰 수 있다고 주장을 한 개인적인 주장에 많은 사람이 동조하
고, 그들만의 공동체를 구성하게 되면서 조직을 형성하게 되었을 것이
다. 이렇게 구성된 집단이 같은 가치를 지향하는 사람들끼리 공동체적
인 삶을 살아가는 종교적인 단체를 만들었을 것으로 추정된다. 이들 단
체는 석가모니, 공자, 예수그리스도, 모하메드라는 사람들에 의해 주장
되었던 내용이 많은 사람에게 사회적 공감을 주면서 넓은 지역으로 전
파되었으며, 또한 이들을 옹호하는 구성체가 더 큰 조직을 형성하게 된
것이다. 4인들이 주장하는 공통 내용은 변화하지 않는 유일한 가치의 진
리를 설한 것이다. 이 집단들은 공동체의 일원으로 진리(참된 이치)에 따
른 삶으로는 서로가 조화롭게 사는 것이며, 이를 위해서 각자가 선(善)함
을 유지하고 의(義)를 실천하여 자리이타(自利利他)의 삶을 구현해야 한다
는 것이다. 이들의 이러한 가르침을 옹호하고 지지하는 사람들로 인해
공동체 구성에 동조한 사람들끼리 결집하여 형성된 집단이 종교의 시작
일 것이다. 이 집단들은 유일한 가치인 진리를 그들의 지역 문화의 특성
으로 발현된 것이 4대 종교라고 생각된다. 4대 성인들이 주장하는 진리

와 선함 그리고 의로움은 4대 종교의 근본이 되는 실천 교리가 되게 되었다. 그리고 교리의 원천은 절대적이고 완전한 것이라 하여 절대자, 신(神), 법(法), 천(天), 완전성, 절대성이란 지역에 따른 개념을 부여하는 것이다. 이들 각 개념의 성질은 '순수하고 완전한 선'이자 '절대적인 선'으로 '순수함의 극치'를 말한 것이었다. 진리에 바탕을 둔 이 개념들은 각 종교의 바탕이 되었고, 또한 순수함의 극치이자 완전한 선으로 드러나는 완전성을 지닌 것이 된다. 이것은 천상에서 절대계의 조화로움과 그 속성인 선함과 의로움이 지상에서 천상의 뜻으로 내재된 조화로운 세계를 지상에 만들고자 하는 세계관(지상에 완전하고 조화로운 세계를 만드는 것)을 드러낸 것이다. 불교는 인도, 유교는 중국, 기독교는 이스라엘(유대교에서 비롯된 것이 아닌가), 이슬람교는 사우디아라비아에서 종교적 문화로 형성되었다. 이들 4대 고등종교는 공동체 집단이 가장 활성화된 시기인 인류의 4대 문명지에서 정신문화로 발생한 것이다. 4대 고등종교의 발생지로는 지역적으로 인도 인더스강 문명, 중국 황하강 문명, 메소포타니아 티그리스·유프라테스강 문명, 이집트 나일강 문명사회이다. 당시 이 공동체 사회에서 바르고 정당한 사회를 구성하지 못하고 기득권들의 부패와 당 시대적인 사회의 부패를 바로잡기 위해 개인들의 자기 성찰을 강조하면서 출발한 것이 4대 종교일 것이다. 이들 종교의 발생은 공동체가 발달하여 부패함이 극에 달한 집단 서식지인 곳이다. 사람이 많이 살 수 있는 곳이라 강을 끼고 있는 문명이 되는 것으로 4대 문명지가 되거나, 그와 밀접한 지역이 된다. 대부분 종교는 자기를 바로 보는 내면의 작업인 자기 성찰이 기본이 되고 있다. 성찰이란 관찰에서 비롯된 것으로, 좁게는 자신을 대상으로 하는 내적 관찰이고, 넓게는 사회와 자연 그리고 우주에 대한 외부에 대한 관찰이다. 성찰이란 자신에 대한 관찰, 사회에 대한 관찰, 자연에 대한 관찰, 우주에 대한 관찰 등에 바탕을 둔, 그것들에 대한 사람의 내적 되새김의 작용에서 출발한 것이기도 하다.

내적 되새김이란 일종의 자기반성이나 사회, 자연, 우주에 관한 근본 원리에 대한 궁금증의 해소로 이해할 수 있다. 이러한 성찰을 통해 우리가 얻을 수 있는 것은 무엇일까? 성찰이란 작업은 그 결과가 우리에게 편안함과 안식을 주고, 사회의 성찰은 공동체의 부패상을 확인하고 공동체의 바람직한 방향으로 갈 수 있는 원동력을 제공하며, 자연에 대한 성찰은 자연과 더불어 살아가는 지혜를 얻게 되는 것이며, 우주에 대한 성찰은 우주의 근본 혹은 기원에 대한 예측을 가져다주는 것이었다.

그렇다면 성찰을 통해 얻는 편안함에 대한 보존과 그에 대한 행위를 어떻게 선과 의라고 정의하고 개념 정리를 하였을까? 아마 성찰을 잘하는 이가 자기 이외의 상대들에게 설명하려고 만든 단어가 아닐까? 마음의 평정, 편안함, 안식을 각자에게 주어지는 것으로 **보존하는 것**, 그것을 **선**(善)함이라 하고, 선함이 바탕이 되어 행해지는 행위는 불안함이 없는 행위라 마음의 평정함이 **지켜지는 행위**가 **의(義)**가 될 것이다. 어떤 이가 자신에게 내재된 선함을 상대에게 바르게 드러내는 것을 '자신의 선함을 드러내는 작업'인 행위 개념으로 표현되게 하는 것을 의(義)라 정의하였고, 이렇게 표현된 의를 바른 의(義)인 정의(正義)라 표현하여 선함이 드러나는 올바른 행위라 하지 않았을까? 자신의 성찰로 드러난 편안함의 결과인 내적 선함과 선함이 정의로 드러나는 행위의 올바름인 의는 조화로운 공동체 사회를 만들기 위해서는 필수적인 것이 된다. 따라서 편안함을 주는 선함과 상대에게 선함을 바탕으로 행동하는 정의로움은 모두가 함께 지키고 이행할 수 있다면 공동체에서 조화의 완성을 이룩될 수 있을 것이라 여겨진다. 이것은 성찰을 완수한 사람이 자신의 성찰 결과를 공동체에서 생활하는 모든 이들과 공유하려고 했던 것이고, 선(善)함과 의(義)의 근원은 '자연의 있는 그대로'라는, 무위자연(無爲自然)이라는 그러한 상태를 유지하였을 때 인간과 자연의 공존이 이뤄지기 때문에 자연과 우주의 변화되지 않는 모습이 있는 그대로의 선함의 완전성으로 표현된 것이 아닐까? 따라서 인간의 선함은 자연과 우주의 그 대로의 모습을 이어 내린 것이고, 자연과 우주의 대표적인 선함을 정확히 정의 내릴 수 없기에 '**그 무엇**'이라 표현이 가능한 것이다. 이러한 '그 무엇'을 인격적인 표현으로 절대자 혹은 신이라 부르도록 인간 스스로 개념을 정의한 게 아니었을까? 자연과 우주의 '그 무엇'을 절대자 혹은 신이라는 인격화를 통해 이들이 인간에게 품수한 것이 선함이라 한다면 품수해 준 그것은 선함의 완전성, 즉 절대적인 선 자체가 되는 것이다. 그러므로 선함은 무형계와 유형계의 모든 것을 관통하는 줄기가 되는 것이고, 선함이 바탕이 되는 선한 집단의 형성을 종교 집단이라 할 수 있다. 이들 집단 중 가장 성대하고 우리에게 인정받는 종교가 4대 고등 종교인 것이다. 이러한 종교는 완전한 선함으로부터 품수된 선함을 이어 받는 자들이 모여서 만든 것이 되고, 이와 마찬가지로 모든 만물 역시 완전한 선함으로부터 선함이 품수된 것에 해당한다. 완전한 선함으로부터 품수되는 것이기에 완전성, 절대성에서 품수되어 내려온 것으로 드러낼 수 있기에 위로부터 아래로 내려오는 아래로의 방향성을 가진 것이라 할 수 있다.

소크라테스는 공자와 석가모니 그리고 예수 그리스도와 마호메드와 더불어 세계의 성인(聖人)으로 추앙받고 있다. 그런데 소크라테스는 왜 고등종교의 종교적인 교주로서 리더가 되지 못했을까? 소크라테스는 동시대의 인물들이 자신도 제대로 알지 못하면서 남(상대)을 가르치는 기만적 행위와 부도덕적이고 부패한 사회 현실에 대해 냉철한 지적을 하였다. 그리고 젊은 청년들이 잘못된 가르침으로 인해 바른 삶을 살기보다는 바르지 못한 오염된 삶에 대한 위험성을 경고하면서 그들에 대한 가르침으로 자신에 대한 성찰을 강조하였다. 이러한 성찰의 강조는 젊은 청년인 그들에게 바른 삶을 살아가도록 가르침을 전하려 하였을 것이다. 소크라테스가 청년들에게 자기 성찰에 대한 강조는 바람직한 삶을 추구하는 동시대 청년들이 지배 계층에 대한 저항을 불러일으킬 소지가 있었을 것이다. 그렇기 때문에 지배층이 자신들의 기득권을 보호하기 위해 소크라테스를 사회 혼란을 발생시키는 원인 제공자로 만들었을 것이다. 당시 기득권층들은 소크라테스가 바른 가르침을 주지만 공동체를 혼란스럽게 하여 사회를 혼란하게 만들 수 있다는 사회 혼란의 책임을 물어 처형하게 된 것이다. 소크라테스는 플라톤과 플라톤의 제자인 아리스토텔레스의 고대 사상가들을 제자로 두고 있지만, 이들은 후대에 종교가가 아닌 철학자이자 사상가로 칭송받고 있다. 그렇다면 종교와 철학의 차이는 무엇일까? 근본적으로 사색과 탐구의 원천은 철학이라 할 수 있으며, 이러한 철학의 근원에 종교가 있게 된다. 그러나 공동체 집단의 활성화로 인해 철학에서 종교는 신(神), 절대자, 천(天), 완전성, 절대성에서 비롯된 근원으로부터 분리되어 나온 것이라 할 수 있고, 철학은 인간이 살아가는 데 있어 중요한 인생관, 세계관 따위를 탐구하는 학문으로 공동체의 삶을 조화롭게 만들어 가는 이상향을 구축하는 데 있는 것이다. 철학적인 탐구는 자신의 성찰과 우주에 대한 탐구와 영원히 변하지 않는 것으로의 진리에 대한 궁금증을 해소하고자 하는 문을 열고 들어가는 입구라 할 수 있다. 이 입구를 들어서면 자신을 바로 보는 것과 우주에 대한 근원과 바람직한 자기 삶의 모습과 우주의 관계성을 살펴보는 것이라 할 수 있다. 이러한 것은 인간이 진리를 향한 탐구 욕구에서 비롯된 게 아닐까? 자신에서 출발한 성찰과 성찰을 바탕으로 하는 인간관계는 한편으로는 남자와 남자(여자와 여자), 남자와 여자, 내가 속한 가족 그리고 공동체에의 일원으로 관계가 이어지는 사람들과의 관계와 다른 한편으로는 인간과 자연의 관계 그리고 자신과 우주의 관계로 확장이 되면서 각 개인이 갖는 위치인 정위(定位)에 대한 탐구가 연결되는 것이 아닐까? 이러한 탐구의 결과가 인문과학, 사회과학, 자연과학으로 구분되면서 탐구의 세분화가 이루어진 것이다. 인문과학이란 '인간의 역사와 문화에 관한 학문을 통틀어 이르는 말'로서, 인간의 내재적인 탐구와 인간 간의 다양한 관계를 말하는 것이고, 사회과학이란 '인간 사회의 여러 현상을 과학적, 체계적으로 연구하는 경험 과학(經驗科學)을 통틀어 이르는 말'로서, 경제적 이익의 달성과 공동체를 바람직하고 조화로운 삶으로 구현할 수 있도록 하는 것이고, 자연과학이란 '자연계에서 일어나는 현상을 연구 대상으로 하는 과학'으로, 인간과 자연의 조화로운 삶을 구현하여 인간과 자연의 완전한 조화를 형성하고자 하는 것이다. 이렇듯 다양한 학문으로 발전된 연구의 가치를 지닌 것이 철학에서 출발된 것이다. 그렇다면 사상은 무엇일까? 사상은 '첫째, 사회, 정치, 인생 등에 대한 일정한 견해나 생각이고, 둘째, 사고 작용의 결과로 얻어진 체계적이고 논리적인 의식 내용'이라 할 수 있다. 이는 개인들이 지니는 자신들만의 생각으로 펼쳐 보는 사회관, 정치관, 인생관 등으로 살펴볼 수 있다. 따라서 사상이란 공동체 속에서 살아가려는 자들의 몸부림 혹은 외침을 탐구하여 적어 나가는 이들의 탐구 결과라 말할 수 있지 않을까? 종교와 철학 그리고 사상의 근본적인 줄기는 '진리와 선 그리고 의'로 이어져 통과되는 세로의 축이라 할 수 있으며, 이러한 세로축은 우주와 자연 그리고 인간을 이어 가는 연속성이 결과를 드러내 보여 주는 것이다. 종교에서 이 세로축을 동서양으로 나누어 볼 때, 서양은 절대자로서 신, 혹은 완전성에서 비롯되어 만물에 품수되어 있는 신의 뜻이라 할 수 있으며, 동양에서는 천(天)의 마음이 곧 민심이라 하여 민의에 어긋나지 않는 것으로, 민심의 근본이 하늘의 뜻이고, 선한 마음이고, 선한 마음의 행함을 의라 여기며, 민심이 곧 천심이자 선과 의를 행하여야 한다고 주장하고 있다. 또한 사상은 공동체의 삶을 살아가면서 그에 따른 바람직한 삶을 마련해 나가기 위한 현실적인 삶의 태도를 만들어 나가는 것이다. 이들의 공통점은 선함과 의가 관통되는 점을 가지고 있으며, 차이점은 종교는 완전한 선의 하방향의 구조이고, 이것이 신학으로 발전된 것이며, 철학은 인간 중심에서 완전함을 추구하는 상방향의 학문이라 할 수 있다. 사상은 인간이 사는 사회를 탐구하며 종교와 철학에서 요구되는 인간 사회를 구현하고자 하는 바람으로 나타나는 구조이다. 공동체의 일원이 되어 보다 적극적인 사회에 대한 변화를 추구하는 체계는 지역에 따른 각각이 특성에 따라 체계를 구성하게 된다. 이러한 구성을 각각의 범주로 살펴본다면 사상이 현실 문제에 대한 적극적인 대처이고, 철학은 이론을 제기하며 현실에 대한 대처를 추구한다면 종교는 도덕적인 틀에 바탕을 둔 원론적인 요구를 하게 되는 것이다. 따라서 범주의 틀은 '사상 〈 철학 〈 종교'로 포함 관계의 크기가 다름을 나타낼 수 있을 것이다. 그러나 이들 셋은 모두 바람직한 사회를 구축하고자 하는 일치점을 지니고 있다. 그러나 각각의 삶의 터전인 지역 입장에 따른 사회적 상황의 현실 속에서 그들만의 지역 사회에 참여하는 제각각의 역할이 있음도 알 수 있다.

34.
개인과 공동체를 이끄는
힘은 무엇인가?

개인과 공동체를 이끄는 힘은 무엇인가? 법인가? **법**은 이끄는 것이 아니라 잘못되어 가는 방향으로 가는 개인과 공동체를 막는 억제책으로서의 **도구**가 되는 것이다. 도구는 **수단**이 되지 목적이 되지는 못한다. 도구를 잘못 사용하는 자는 이기적인 욕심이 많거나 사리사욕에 눈이 멀어질 때가 된다. 도구를 사용하는 자가 비도덕적이고, 비윤리적이며, 비상식적인 삶을 사는 자들에겐, 그들의 전유물로 이용되는 법이란 도구는 흉기가 되게 된다. 지금의 대한민국을 보라! 도구로서 법의 역할은 불의를 척결하고 정의를 세우는 일이다. 이러한 법이 지닌 숨겨진 힘은 인간에게 모든 것을 움직이도록 하게 하는 보이지 않는 힘이 있다. 이러한 보이지 않는 힘의 원천인 법이 인간에게는 권력이 되는 것이다. 권력이되는 법은 공동체에서 정의의 칼날이 아닌 권력의 도구로 활용될 수도 있다. 권력자들이 법을 그들의 이익의 숟가락으로 이용을 하게 되면 반드시 불공정이 발생하게 되는 것이다. 이런 의미에서 고대 그리스의 소피스트인 트라시마코스는 '법은 권력자들에게 이익이 될 뿐 통치받는 사람들에게 정의로운 듯이 공표할 뿐이다.'라고 표현하였다. 그러므로 법이란? 표면상 국민을 위하는 척을 하지만 실제는 강자의 이익인 것이다. 법의 운용은 도덕적으로 바른 자가 아니라면 언제든지 활용자가 누구이냐에 따라 법의 가치는 달라지는 것이다. 지금의 대한민국은 법이 공정한가? 트라시마코스가 한 표현이 대한민국에서도 법의 범주가 벗어나지 않을 것이다. 법이 도구로 활용될 때 정의를 구현해야 맞는 것이지만, 지금의 대한민국 현실에서 보여지는 법은 강자의 이익과 강자의 옆에서 기생하고 있는 주변 사람들만을 대변하는 것처럼 보인다. 현실에서 법이 강자들의 칼날임을 알면서도 법으로 해결하려는 사람들의 심리는 무엇일까? 아직 대한민국엔 법에 따른 정의가 살아 있다고 보는 것일까? 진정한 정의로운 사회라면 법 이전에 도덕적인 것으로 일이 마무리되어야 하는 것이다. 도덕은 개나 주라 하고 법만을 찾는 이들 정말 정의가 법임을 믿는 것인지 궁금하다. 법은 정의가 아니기도 하다. 그러나 정의가 법이 되는 사회가 된다면 그 공동체 사회는 도덕적인 사회가 될 것이다. 도덕적인 사회 우리가 고대부터 현재까지 추구하는 사회인 것이다. 법을 활용하는 이가 많아지는 사회에서 과연 법을 수단인 도구로 활용하는 것이 옳다고 여기는 것일까? 만일 옳다고 믿는다면 이들이 말하는 법은 정의에 입각한 것이라 믿고 싶다. 그러나 현실에서의 법이라는 것이 선함과 정의를 옹호할 것이라 믿고 있는 이들은 서민밖에 없을 것이다. 법은 철저히 강자의 이익으로, 있는 자(기득권)들의 전유물이다. 혼탁한 공동체일수록 법은 있는 자들의 도구일 뿐이지 서민들을 위한 선함과 정의를 추구하는 도구가 아니라는 것을 깨달아야 한다.

　법! 이것이 횡횡하는 세상은 비도덕적이고, 비윤리적이고, 비상식적인 것들이 공동체를 장악하고 있는 세상이 아닐까? 지금의 대한민국은 도덕적이고, 윤리적이며, 상식적인 사람들이 살고자 하는 삶을 비웃듯이 법! 법! 법! 하는 순간 공동체는 선(善)과 의(義)가 힘을 못 쓰는 세상이 되었다는 것을 말하는 것이 아닐까? 혼탁한 세상에서 법은 선함과 정의의 방패가 아니라 돈(금권력)과 권력과 힘(무력)의 칼자루일 뿐이다. 혼탁한 대한민국이지만 돈(금권력)과 권력과 힘(무력)은 법을 이용한 일시적인 효과로 공동체를 지배하는 수단이 되겠지만, 지속적인 지배의 효과를 지니진 못한다. 왜냐하면 시간은 항상 그래 왔듯이 선함과 정의의 편이기 때문이다. 그렇다면 지금의 혼탁한 대한민국을 바꾸기 위해 우리는 무엇을 해야 하는가? 지금의 대한민국은 선함과 정의가 횡횡하지 않은 세상이라 제일의 개혁 과제는 법을 입으로 담으며, 선함과 정의를 이야기하는 가식적인 자들이 자신들의 이익을 추구하여 공동체를 잘못 이끌고 있음을 직시할 때이다. 마치 법이라는 도구를 브랜드화하듯이 하여 법을 이용한 양두구육과 같은 삶을 사는 자들을 공동체에서 찾아내어 공정한 법적인 잣대로 처벌한 후, 개인과 공동체에서 선함과 정의가 법에 의해 드러나도록 해야 한다. 이러한 현상은 공동체에서 자연히 드러나는 삶으로서 노자의 무위자연의 삶과 공동체에서 인의(仁義)가 자연스러워지는 공자의 대동사회의 삶을 드러내는 것과 공동체에서 자비가 자연스럽게 몸에서 넘치는 석가모니의 불국정토인 용화세계를 만드는 것과 공동체에서 선함과 정의가 자연스럽게 넘치는 예수의 천국의 삶을 만들어 가야 하는 삶이라 할 수 있다. 이때 비로소 개인과 공동체는 도덕적이고, 윤리적이며, 상식적인, 자연스럽고 바람직한 조화로운 삶을 살게 될 것이다. 이러한 바람직한 삶은 개인과 공동체에 자연스러운 질서가 유지되어 조화로운 삶이 만들어지는 인간 본연의 공동체의 삶을 살아가는 기회를 얻게 되는 것을 말하는 것이다.

35.
왜 플라톤은 철인정치를
주장하였을까?

왜 플라톤은 철인정치를 주장하였을까? 고대 아테네를 거쳐 중세와 근대 그리고 현대에 이르기까지 공동체의 혼란은 시차를 두고 지속적으로 야기되어 오고 있다. 공동체의 혼란이 극복되는 역사 속에서 정치가 발전해 오고 있다. 공동체가 왜 혼란이 지속되는 걸까? 아마도 혼란이 지속되는 것은 인간의 욕심이 공동체가 구성된 이래 공동체의 '모두가 더불어 서로를 보호하기 위한 제도'라는 공동의 가치를 지키지 못하기 때문일 것이다. 왜냐하면 공동체에서 공동체 일원들은 자신을 보호하기 위해 집단이 형성되었기 때문이다. 형성된 이 집단을 국가라 하여 국가의 일원인 국민이 되는 조건으로 자신의 권리를 국가에 양도해 주었다. 그러나 권리를 양도받아 국가를 운영하는 일부의 권력자들이 자신만의 이익을 위한 금권과 무력의 야욕을 가진 자들로 변질되어 나타나기도 한다. 이렇게 나타난 이들은 자신들의 기득권 자리를 차지하기 위해 공공의 이익이라는 의(義)가 아닌 자기만의 이익을 위한 **가식적인 의(義)**를 표방하면서 국민을 현혹시키는 사례들이 발생한다. 이러한 사례가 원인이 되어 공동체에 혼란이 발생하게 되는 것이다. 이 혼란 속에서 그들이 국민의 안전한 권리를 보장해 주겠다면서 거짓을 표방하고, 자신만의 기득권을 수호하는 모습은 마치 국민에게 양고기를 팔겠다고 하면서 개고기를 파는 자들과 같은 이율배반적인 모습을 보여 오는 것과 같다. 이는 기득권층이 자신만의 이익과 그들 집단만의 이기심을 위한 탐욕을 채우기 위해 국민의 공동체가 믿고 양도한 권리를 그들만을 위한 도구로 사용했기 때문이다. 이러한 기득권층은 국민이 안전한 권리를 위해 맡긴 법(法) 운용을 공동체의 안전을 위한 윤활제로 활용되어야 하는데도 그들의 이익과 자신들의 불법을 합법화하는 도구로 더 적극적으로 활용되는 자신들만을 위한 법 운용을 하는 것이다. 이러한 기득권층의 행위는 법을 가지고 운용할 때 정의에 따른 법의 운용이 아닌 법의 불법적인 잘못된 운용은 국민에게 피해가 가는 잘못된 결과물을 가져오게 되는 것이다.

이와 마찬가지로 대한민국에서 이루어지는 법 운용이 마치 잘못된 것이 법으로 용인되는 사회인가 하는 의심을 일으킬 정도로 공정성이 훼손되어 잘못된 법 적용이 행해져도 정당화가 되는 식의 결과가 도출되기도 한다. 왜냐하면 국민과 시민들에겐 법은 따라야 한다는 사회적인 규약이 있기 때문이다. 이러한 법의 잘못된 결과는 공동체 사회에서 커다란 가치 혼란을 가져올 수 있게 하는 것이다. 만약 이러한 가치 혼란이 공동체에서 발생되었다면, 그것은 불법이 합법화되는 과정으로 오랜 시간 인정됨에 따라 사회는 더욱 불법이 정당화인 것처럼 보이는 착시 현상이 발생하게 될 것이다. 이러한 착시 현상의 결과는 국민에게 불법이 판치는 사회가 사회의 본래 모습처럼 인식되게 될 것이다. 이렇게 인식된 사회는 불법이 법의 정당성처럼 보이기에 공동체는 더욱더 부패가 진행되어 가는 사회가 될 것이다.

플라톤의 철인정치는 아테네의 이러한 부패한 현실을 극복하기 위해서는 기득권층의 권력과 돈 그리고 무력을 지닌 자가 아닌 다른 자로서, 이런 것에 초연한 사람인 철인이 공동체를 다스리게 되면 그의 다스림은 진리, 즉 선함과 정의에 바탕이 된 국가로 운영될 것이라 확신했기에 철인정치를 주장했을 것이다. 플라톤은 당시 그리스 아테네의 아픔인 소크라테스 사망에 큰 충격을 받았다. 플라톤은 소크라테스를 사망하도록 한 정치인과 법조인들의 무지함을 비난하기도 했다. 아울러 무지한 그들이 도구로 사용한 법과 법의 운용들이 자신들만의 이익을 위한 이기적 도구로 활용되는 것에 분노를 느꼈을 것이다. 이러한 분노는 그들이 법을 도구화하여 이익의 수단으로 활용되는 것이 공고히 되는, 기득권화가 되는 과정을 보면서 깨달은 것이 아닐까? 작금의 대한민국은 마치 플라톤이 생존했던 아테네의 사회상과 같은 모습이 아닌지 되돌아볼 필요가 있다. 법의 도구를 활용한 사람이 국민을 위한 것이 아닌 자기만의, 혹은 자기들만의 권리를 위한 법을 이용하려는 자가 대통령이 되고자 하는 시대라면 이것은 그리스 아테네의 소크라테스를 죽이는 자들과 무엇이 다를까? 만일 지금이 이 같은 시대라면 플라톤의 시대와 지금의 대한민국은 동일한 가치의 혼란과 선함과 정의가 공동체에서 사라지게 된 국가가 될 것이다. 그렇다면 이 시대를 다스려야 하는 자는 법을 운용하는 법조인, 즉 도구인이 아니라 철학을 가진 자로서 국민의 권리와 의무를 정확히 챙기며, 국민에게 그의 권리를 보호해 주고, 의무를 이행하도록 자상하게 알려 주는 교육을 실천하는 이가 되어야 한다. 이는 플라톤의 생각이자 오늘날 대한민국의 자화상 아닌가? 그나마 국민의 권리와 의무가 포괄적 의미에서 어느 정도 보호되고 있는 것은 통치자가 폭정을 행사하지 않기 때문이다. 세밀한 부분으로 살펴보면 이미 대한민국은 공동체의 기본이 법조계와 감사원이라는 국민을 위한 도구 기관이 국민을 위한 도구의 역할이 아닌, 법과 감사를 통한 권력의 행사로 인해 국민이 아닌 기득권을 보호하는 선봉대로 보인다. 이들로 인한 그 피해는 국민이 입게 된다. 왜냐하면 기득권을 지키기 위해 국민을 탐하면서 국민을 탐하지 않는 것처럼 언론으로 거짓 포장하여 외양은 양고기지만 속은 개고기인 것을, 양고기가 아닌 것으로 언론이 도배질을 하기 때문이다. 이는 언론 또한 정의의 파수꾼이 아닌 도구인과 함께 살아가면서 국민을 속이는 자인 한 패거리가 되는 것이다. 정치계와 법조계 그리고

인간과 짐승

언론계에서 국민을 속이는 자들은 그만의 국민을 위한 파수꾼 역할을 담당하는 척하면서 국민 앞에서는 법적 도구인으로, 자신의 이익을 챙기기 위한 전형적인 양두구육의 술수를 쓰고 있는 전방에 나선 사기꾼들의 나팔수이다. 현재의 대한민국 소크라테스가 죽임을 당한 고대의 아테네의 사회 환경과 비슷한 상태가 아닐까? 이제 대한민국을 올바르게 관리할 관리 책임자로서 선함과 정의를 일으킬 수 있는 진리의 철학자가 다스리는 나라가 될 시기가 도래했다는 것은 대한민국의 정신적인 부패가 창궐했다는 것을 말해 주는 것이며, 이러한 정신적 부패를 막지 못하고 극복하지 못한다면 대한민국의 미래는 전진이 아닌, 적어도 50년 내지 100년의 후퇴가 예정될 것이다.

대한민국의 현실이 국민의 도구인 법이 바른 도구가 아닌 권력자의 권력 행사만을 위한 도구로 사용될 정도로 부패가 극에 달한 세상이라면, 대한민국은 플라톤이 애통해하던 소크라테스의 죽음 앞에 바로 서 있는 것과 같이 대한민국도 철인을 찾아야 하는 시대가 된 것이 아닌가? 철인을 찾아야 하는 길, 그것이 현재의 대한민국에서 요구되는 이 시대에서 우리가 찾아야 하는 새로운 길이라 생각해 본다.

36.
잘못은 누구의 몫인가?

바르지 못한 선택으로 결정한 것을 '잘못'이라 하지 않는가? 잘못의 의미를 실수로 대체하여도 그 실수 또한 잘못된 선택이다. 모든 선택의 결정은 누구에 의해 이끌어졌다 하여도 그 선택의 문제는 자신의 몫이 된다. 따라서 잘못된 선택을 하게 된다면 자신은 하기 싫었는데 주의의 강압에 못 이겨 선택했다고 선택의 주체가 주장하면, 우리는 그의 주장에 대해 어떤 판단을 내려야 하는가? 선택의 문제는 정(正)과 부정(不正)의 사이를 선택하는 일이 아닌가? 따라서 일상의 대부분에서 선택은 잘한 것은 정(正)이요, 잘못된 것은 부정(不正)이기에 선택하기 전, '과연 나의 선택은 정(正)한 것일까? 부정(不正)한 것일까?'를 살펴보는 것이 중요하다. 왜냐하면 정(正)한 것은 바람직한 결정이자 좋은 결정이며, 선하고 의로운 행위가 되어 양심에 거리낌이 없기 때문이며, 이러한 정(正)한 것은 중도에서 벗어나지 않는 자리이타이자 상호 이익이 동반되는 것이라 할 수 있다. 나의 이익의 관점으로 선택을 한 것이라도 그 이익이 의로운 것이라면 그 선택은 정(正)한 것이며, 선한 것이자 의로운 것이라 할 수 있다. 만일 강압에 의한 결정이 과연 자리이타와 상호 이익에 기반이 되지 않는 것이라면, 그것은 선택하지 않는 과감한 용기가 필요할 것이다. 왜냐하면 강요된 선택은 대부분이 공동체를 훼손시키는 모략이 되거나 강요한 자만의 이익이 될 수 있기 때문이다. 따라서 잘못된 선택은 강요되었든 강요되지 않았든, 선택의 문제에 있어서 책임은 전적으로 강요된 것이라 할지라도, 그에 대한 책임은 언제나 자신의 몫이 되기 때문이다.

인간과 짐승

당신은 어느 것을 선택하겠는가? 정(正)한 것인가? 부정(不正)한 것인가? 당신의 상황이 어떠하든 당신이 처한 상황 속에서 무엇을 선택하든, 그것은 당신의 몫이 되는 것이다. 그렇기에 국가가 난국에 처할 때 국가를 위해 자신의 목숨을 버리는 희생과 헌신의 자세가 나올 수 있는 것이다. 현실에서 정과 부정이 아닌 모호함을 택했다 하더라도, 모호함이 선택자에게는 최선의 정으로 선택한 것이라 할 수 있다. 또한 누군가 나는 선택하지 않았다고 주장하는 자가 있다면, 선택을 안 한 것이 그에게는 최선의 정함이라 여긴 선택이 되는 것이다. 그러므로 우리의 삶은 언제나 정(正)과 부정(不正)의 선택을 요구받는 삶을 살아가고 있는 것이 된다.

37.
이 뭣고?

온전함이란? 온전함은 **'본바탕 그대로 고스란히 갖추어져 있음'**을 의미한다. 따라서 원래 상태를 그대로 보존된 것을 말한다. 전일함이란? 전일함은 **'온전하다'**라는 의미와 같은 것으로, **'하나의 전체로서 통일을 이루고 있는 것'**을 의미한다. 온전함과 전일함이란? 다르게 해석될 수도 있지만, 필자는 같은 의미로도 설명될 수 있는 단어라고 본다. 왜냐하면 '하나의 전체로서 통일을 이루고 있는 것'에서 전혀 변동이 없는 경우일 때 온전히 보존되어 있는 것으로 표현되기 때문이다. 따라서 온전하고 하나의 전체로 통일을 이루고 있다는 것은 전일함에서 머무는 '한 일(一) + 그칠 지(止)'의 합성으로의 바름이라는 정(正)을 의미한다. 이 정(正)을 일지(一止)의 상태로 말하는 것이다. 전일함에서 멈추는 것(止)은 궁극적인 곳에서 멈추는 것으로, 궁리(窮理)의 결과물이라 할 수 있다. 그러므로 궁극적인 곳이란 궁리의 끝으로 온전함을 지닌 곳의 상태가 된다. 이는 온전한 상태가 원형의 모습인 절대적인 것으로 드러나는 절대성을 의미하는 것이 아닐까? 절대적인 것은 순수함의 극치인 '완전한 선'으로 표현되기도 한다. 그렇다면 일지(一止)의 상태는 온전하고, 전일하며, 궁극적인 '완전한 선'인 절대성을 의미하는 것이 된다. 그러므로 일지(一止)는 곧 완전한 선(善)의 상태에서 머무는 것이다. 이는 일상생활에서 누군가가 불선(不善)을 행하지 않는다면 일지(一止) 상태의 삶을 따르려는 모습으로 볼 수 있다. 그러므로 일지(一止) 상태의 삶은 선한 상태의 삶을 진행하려는 태도로 사는 것이 아닐까? 이러한 일지(一止) 상태로서 선을 지향하고자 하는 태도는 조화를 이루는 온전한 상태의 자연(自然), 즉 '스스로 그러한 상태'의 모습이 된다. 스스로 그러한 상태의 모습은 자연이 행함이 없는 행위인 무위자연(無爲自然)을 말하는 것이 된다.

그러나 유위(有爲), 즉 행(선을 실천하는 것)함이 있는 삶을 살기 위해서는 무위(無爲)의 세계인 일지(一止) 상태에서 유위(有爲)의 세계인 선함으로 바르게(正) 드러날 때, 자연스러움은 내적으로는 선(善)이, 외적으로는 의(義)로 드러나게 되는 것이다. 이러한 유위의 드러남은 인간의 삶 속에서 진행되는 활동이 선행(善行)으로서 의로움(義)의 모습이라 할 수 있다. 일지(一止)의 상태를 행하는 것, 그것은 선(善)이 의(義)로 드러나는 것이며, 바름(正)을 실천하는 것이기에 이를 정의(正義)라 하는 것이며, 정의의 실현을 '정도(正道)'라 하는 것이다. 그러므로 정도(正道)는 내적 선함(善)이 행위인 의로움(義)을 통해 발현되는 것이고, 선함(善)이 온전함, 전일함이기에 온전함과 전일함은 적멸적정(寂滅寂靜)의 고요함의 상태가 되는 것이다. 이처럼 고요함으로 표현되는 것이 '온전한 선, 완전한 선, 전일한 것, 궁극적인 것'으로 표현될 수 있다. 그리고 이렇게 표현되는 것을 '그 무엇이라?'란 표현으로 명명(名名)이 될 때, 선불교에서는 명명이 되는 순간 방망이 한 대를 맞아야 한다고 했다. 그러면서 "아직도 내려놓지 못하였는가?"라는 소리침을 받을 것이다. 방하착(放下著)하라 하며 방하착을 하는 주체에 대해 어디서 온 물건인가? 다시 묻는다는 것이다. '방하착하는 주체 그놈이 무엇인가?'란 질문이 '이 뭣고?'가 아닌가. 묻는 네 자신에 대한 물음, 이를 '이 뭣고?'라는 질의로 표현할 때 입을 떼는 순간, 이 역시 방망이 한 대가 될 것이다.

우리는 '이 뭣고?'를 자신에 대한 물음으로 전환될 때 '이 뭣고?'를 찾는 길은 내적으로 선(善)이며, 외적으로 의(義)인 길을 찾아서 선(善)을 쫓아 들어가면 선(善)이라 명명할 수도 없는, '완전한 선'인 적멸적정(寂滅寂靜)의 고요함인 '이 뭣고?'가 드러나지 않을까? 생각해 본다. 우리가 행하는 의(義)의 실천은 선(善)을 지키는 길이며, 선(善)을 지키면 내적인 평안함이 유지되게 하는 것은, 유지되는 순간 완전한 선(善)인 절대성과 일치되는 순간이 아닐까? 이 순간이 잠시나마 적멸적정(寂滅寂靜)의 고요함을 맛보는 시간이 아닐까 생각해 본다. 그리고 **생각의 끝**이라는 곳이 이곳에 달한 것을 말하는 것은 아닌가도 생각해 본다.

38.
앞의 번잡함보다
뒤의 고요함을 살피자

행복은 앞이 아닌 뒤에 있다. 행복은 앞의 어지러움(복잡함, 번잡함)보다는 뒤의 고요함 속에 숨겨져 있다. 우리의 일상의 삶 속에서 보고, 듣고, 말하고, 생각하는 속에 번잡함이 있을 뿐이고, 행복은 고요함 속에 인도되는 바름(正) 안에 있음을 살펴보자. 바름(正)은 파자하면 '일(一)'과 '지(止)'의 합이다. '일(一)'이라 함은 '고요함'으로, '전일하다, 온전하다'라는 의미이다. '지(止)'라 함은 '그치다, 도달하다'라는 궁극적인 곳을 의미하는 것이 된다. 그렇다면 바름(正)이란? '온전함에 도달하는 것'이자 '전일함에 이르는 것'이다. 온전함과 전일함이란 것은 궁극적인 곳의 상태를 표현한 것이다. 궁극적인 것에 이른다 함은 궁리로서 깨달음에 이른 것이 아닐까? 깨달음에 이른다면 지혜가 발현된다고 했으니, 바름이란 지혜가 발현하는 바람직한 모습의 하나일 것이다. 발현된 지혜를 개인과 공동체에 적용하는 것이 '행한다, 실천한다.'의 의미이다. 따라서 온전함에 이르러 발현된 지혜를 자신과 공동체에서 실천하는 것은 전일함에 이르러 바름(正)을 지키며 발현된 지혜와 같은 것이다. 온전함과 전일함을 지키는 것, 고요함에 머무는 것이자 지혜가 자신과 공동체에 발현하는 것이다. 온전함과 전일함에서 비롯되는 지혜의 실천 이것을 우리는 정도(正道)를 따른다고 하지 않는가? 그러므로 정도(正道)는 온전함에 이르고, 전일함에 이르러 샘물처럼 솟아나는 깨달음의 지혜를 공동체에 실천하는 것이다. 이러한 지혜를 정도라 하고, 정도는 번잡함에서 나타나지 않고 단순하고 고요함의 다른 표현이라 할 수 있다. 단순함과 고요함을 유지한다는 것, 그것은 자신이 정도(正道)에 따라 잘 살고 있음을 말하는 것이다.

39.
깨달음이란 무엇일까?

    욕심을 비워야 깨달아지는 것인가? 정말 비워야 깨달아지는 것일까? 그렇다면 왜 깨달음은 비워야 하는 한 길만 있는 것일까? 깨달음이란 산의 정상을 오르는 길이 다양하듯이, 깨달음의 산을 오르는 길도 다양하지 않을까? 상구보리(上求菩提)란? '위로 보리(깨달음)를 구함'이란 뜻으로, 궁극적인 깨달음을 구하는 것으로, 궁리처이다. 깨달음을 구하는 것, 그것은 '나'를 '바로 보는 것'이라 하지 않는가? 내가 나를 바로 보기 위해 '성찰'이라는 방법도 있고, 맑은 영혼을 보존하여 '영혼의 본래 모습'을 살피는 것도 있지 않나? 소크라테스는 플라톤에게 '영혼을 있는 그대로 보존하라'고 하지 않았나? '영혼을 있는 그대로 보존하는 것'은 불선(不善)에 물들지 않는 것 아닌가? 그렇다면 우리는 일상에서 '선(善)'을 보존하고 의(義)를 행하는 것'이 영혼을 있는 그대로 보존하는 것이 아닐까? 일상의 삶에서 '선(善)을 보존하고 의(義)를 행한다' 하는 것은 선(善)을 보존하고 의(義)를 행하는 것에 익숙한 삶이 되지 않을까? 깨달음(得道)이란 것이 궁극적인 선(善)의 근본을 보는 것이라면, 선(善)을 보존하고 의(義)를 행하는 것에 익숙한 삶을 사는 자가 비우는 자보다 더 일찍 깨달을 수 있지 않을까? 전통적인 상구보리 하화중생(上求菩提 下化衆生)은 깨달은 후 중생을 구제한다는데, 중생의 삶과 함께 어우러지는 상구보리(上求菩提)도 있지 않을까?

    비우는 것보다 선(善)을 보존하고 의(義)를 행하는 것으로 자신의 삶을 가득히 채워 나가는 것, 그것이 깨달음을 향하는 길이자 깨달음의 본래 면목을 볼 수 있는 지름길이 아닐까? 욕심을 비우는 방법도 좋지만, 자신에게 내적 선과 행위인 실천으로 의를 가득 채우는 자들이 우리 주변에 흔하진 않지만 있지 않은가? 이들은 세상의 소금과 같은 존재로 살아가는 이들일 것이다. 공동체에 소금과 같은 존재들이 많다면 그 공동체는 불국정토의 용화 세상이자 미륵 세계가 되며, 천국, 무위자연, 대동사회로 가는 길목이 아닐까? 깨달음의 본래 면목 자기를 바로 보는 것이라 한다. 자기를 바로 보고 실천하는 것, 하화중생하는 것이 된다. 깨달음은 하화중생의 결과를 지향하기 위한 뿌리가 되는 것이다. 그러므로 깨달음, 그것은 기준이 흔들리지 않는, 강력한 뽑히지 않는 기준이 되는 깊게 박힌 뿌리와 그에 따른 기둥이 되는 것이다. 결국 깨달음은 하화중생의 결과를 찾아가는 정도의 길에 근원처가 되는 것이다. 깨달음의 실천이란 정도의 실천이고, 정도의 실천은 하화중생을 이룩하여 지극한 조화를 실현하는 미륵세계, 용화세계, 대동사회, 천국, 소국과민인 것이다. 깨달음이 '궁극하다'의 의미라면 깨달음이 드러나는 선행과 의로움을 실천하는 정도(正道)에 따른 조화의 삶을 살아가 보길 바란다. 혹시 나를 알게 될지…….

40.
현실의 부조리를 바로잡아 조화로운 삶을 구현하는 것이 종교이지 않을까?

─────────

    종교는 믿음에서 우러난다고 한다. 그러면 왜 믿어야 할까? 믿음의 전제는 석가모니, 예수그리스도, 마호메드, 공자, 노자 등의 깨달은 자들의 언행을 기록한 것에 대한 가르침이기 때문이 아닐까? 종교는 무조건적인 믿음이 아니라 이들이 언급한 것에 대한 것을 믿어야 하는 것인데, 이들이 무엇을 언급했을까? 생각건대 자신들이 믿고 행한 체험처의 것을 언급하지 않았을까? 그러나 종교가 집단화가 되면서 귀족화 세속화를 이루며 '믿으시오' 한다면 그 종교가 과연 바람직한 종교일까? 모든 종교와 철학과 사상은 당 시대의 부조리를 바르게 구현하기 위한 그들의 사회적 간섭에서 출발한 것이라 할 수 있다. 간섭이 바르기 때문에 정의(正義)라 하는 것인데, 이러한 정의는 선함에 기대여 행해지는 것이지 욕망과 욕구 그리고 기득권을 유지하기 위해 행해지는 것이 아니다. 종교적인 사회 간섭은 궁극적으로 정의 구현에 있는 것이다. 그러나 역사적으로 대부분의 기득권은 기득권층을 군건하게 만들기 위해 양두구육의 내용(선과 정의를 내세우며 이득을 취하는 것)과 기득권의 이익을 위해 거짓과 사기로 점철되었던 것이 이 세상 아닌가? 종교와 철학, 사상은 이러한 부조리를 바로잡기 위해, 그 당시 사회를 바로잡기 위한 소금으로 나타난 것이 아닌가? 지금까지 어떤 종교가 고등종교로 자리 잡았다면 그 종교들의 믿음의 바탕에 선과 의가 저변에 자리 잡고 있었을 것이다. 그렇지 않았다면 모든 종교는 기득권화가 되어 부조리의 대명사로 자리를 잡게 되었든가, 아니면 사이비 종교일 가능성이 클 것이다.

종교란? 당 시대의 사회 부조리를 바로잡으려고 사회의 개혁과 개선을 통해 바람직한 공동체를 형성해 가려는 그 시대의 소금으로 역할을 담당했었다. 그러므로 종교의 믿음이란 신앙으로서 진리와 선함 그리고 의(義)에 입각한 믿음이 되지 않으면 안 된다. 그러나 그것이 아니라면 종교는 단지 말장난과 이익을 추구하는 양두구육의 사이비 종교가 되는 것이다. 사이비 종교는 온전한 사람으로 태어난 이들이 바람직한 삶을 살기보다 이익과 편안함에 매몰되어 편협한 자신의 기득권을 유지하기 위한 도구로 종교를 이용하거나, 전쟁터와 같은 정글의 삶에서 도피처로 종교를 이용하는 자들일 것이다. 이러한 사회에서는 공동체 사회임에도 불구하고 그들의 삶은 마치 정글의 삶과 같은 약육강식의 다툼의 장이라 할 수 있으며, 또한 이들의 삶은 주린 배를 채우는 것으로 만족하지 않고 이익에 대한 욕심이 창대하여, 죽어서도 가져가지 못하는 것에 대한 끊임없는 욕망을 지닌 자들일 것이다. 이러한 욕망은 선하고 의로운 이들과 약하고 보호를 해 줘야 하는 사회의 약자 계층의 삶을, 자신만의 이익이라는 이름으로 파괴하는 삶을 살아가는 자들일 것이다. 그러나 이 시대의 참다운 종교인·철학자·사상가들이라면 이 시대의 진리가 살아 있음을 보여 줘야 한다. 살아 있는 진리는 정도(正道)에 따른 선함과 정의(正義)의 의리(義理)를 구현하여 공동체에 조화로운 삶을 살아가도록 하는 것을, 참종교라면, 참종교인이라면 이 사회에서 보여 줘야 할 것이다. 오늘의 대한민국에서 참종교이자 참다운 종교인이 어디 본 적이 있는가? 여기서 **참**이란? 선(善)과 의(義)와 정(正)을 따르는 것을 말하는 것이 된다. 따라서 참종교인이라면 그는 선(善)과 의(義)와 정(正)을 따르는 자인 것이고, 참종교라면 교리가 선(善)과 의(義)와 정(正)을 따르는 내용이 되어야 할 것이다. 그러나 종교와 종교인의 모습은 그들이 선(善)과 의(義)와 정(正)을 따르는 것이란 실천을 통해 세속에서 확인되어야 하는 내용이다. 우리는 이렇게 실천을 통해 세속에서 확인된 것이라면 비로소 그들이 참종교이자 참종교인임을 알 수 있게 되는 것이다.

41.
종교란 무엇일까?

종교란 무엇일까? 종교(宗敎)의 사전적 의미를 살펴보면 '신이나 초자연적인 절대자 또는 힘에 대한 **믿음을 통하여** 인간 생활의 고뇌를 해결하고 삶의 궁극적인 의미를 추구하는 문화 체계. 그 대상·교리·행사의 차이에 따라 여러 가지가 있는데, 애니미즘·토테미즘·물신 숭배 따위의 **초기적 신앙 형태**를 비롯하여 샤머니즘이나 다신교·불교·기독교·이슬람교 따위의 세계 종교에 이르기까지 **비제도적인 것**과 **제도적인 것**이 있다.'라고 정의되어 있다.

종교(宗敎)의 종(宗)은 '마루 종'으로, '일의 **근원**, **근본**, 사당, 가묘, 종묘, 우두머리, 가장 뛰어난 것.'이란 의미들이 있으며, **교(敎)**는 '**가르침 교**'로 '교령, 가르치다, **하여금**'이라는 의미가 있는 것이다. 따라서 **종교**는 '**근본으로 하여금, 근본에서 비롯된 것, 근본의 가르침**'으로 해석될 수 있을 것이다.

근본의 가르침인 종교는 신뢰를 주는 이들을 중심으로 집단 공동체를 이루어 단합된 모습의 종교 사회의 구성체를 형성했다. 여기서 신뢰를 주는 이들의 대표적인 사람으로는 공자, 석가모니, 예수, 마호메트, 노자 등의 선지자들이라 할 수 있다. 이들의 근본 가르침은 모두 진리를 바탕으로 하고 있다. 이들 종교에서 각자가 말하는 진리가 서로 다른 진리일까? 그렇지 않을 것이다. 진리는 **단 하나의 개념**으로 말해지는 진리, 그 자체의 표현일 뿐이다. 그러므로 진리란 참다운 이치로서 **유일한 가치**라 할 수 있다. 인간들이 말하는 진리가 석가모니의 진리와 공자의 진리가

인간과 짐승

다르다면 이들 중의 하나는 진리가 아닐 것이다. 아니, 둘 다 진리가 아닐 수도 있을 것이다. 그러나 앞서 표현했듯이 **진리(眞理)**란 **참된 이치**로 유일한 가치를 지닌다는 표현으로, 단 하나일 뿐이다. 그러나 각 종교의 지역 문화 특성상 표현되는 언어가 각기 다양한 단어로 표현될 수 있는 것이다. 그렇기 때문에 각 지역 문화에서 나타난 다양한 언어로 표현된 진리가 서로 자기의 진리가 참된 진리라 하여 내 것만이 참된 진리라고 주장하는 것은 아닐까? 이에 대해 어떻게 생각하는가? 만일 어떤 종교가 내 것이라고 주장한 순간, 내 것만이 참진리라 하여 종교로 인한 전쟁이 벌어졌었고, 현재도 끊임없이 벌어지고 있고, 미래에도 벌어지게 될 것이다. 그러나 이러한 각 종교에서의 주장은 유일한 가치라는 진리라는 언어로 인해 자기 것은 맞고 다른 곳에서 나타난 진리는 참진리가 아니라고 표현하는 것은 진리에 대한 혼선이 있는 것이 아닐까? 이와 마찬가지로 마호메트의 진리와 예수의 진리가 다르다면, 이 또한 둘 다 진리가 아니거나 어느 한쪽은 진리가 아닐 것이다,

진리는 석가모니, 공자, 노자, 마호메트, 예수 그리스도가 주장하는 것이 유일한 가치이기에 모두 같은 것이어야 한다. 그렇게 되려면 진리라는 것은 유일한 가치로서 누구에게나 인정받기 위해서는 언제나 보편적이자 상식적인 것이 되어야 한다. 여기서 보편적이라는 의미는 누구에게나 인정받는 것이기에 모든 종교에 똑같이 적용되어야 하는 것이다. 예수에게는 적용되고 석가모니에게 적용되지 않는다면, 그것은 진리가 아니라 **진리를 가장한 것**이 될 것이다. 석가모니, 공자, 노자, 마호메트, 예수 그리스도가 살아온 지역도 다르고, 환경도 서로 달랐다. 그러므로 환경이 다른 곳에서 추구하는 삶의 생활 방식이 달랐기에 이들이 살아가는 곳에서의 대부분은 그들만이 사용한 삶의 언어와 생활 방식을 가지고 진리를 표현하게 된다. 또한 종교란 이들을 따르는 사람이 많아지면서 집단이 점차 커지기 시작했을 것이라 표현했다. 그리고 석가모니, 공자, 노

자, 마호메트, 예수 그리스도 같은 이들은 집단을 대표하는 사람이 되면서 이들을 중심으로 공동체가 조직의 체계를 갖추기 시작했을 것이다. 이들을 중심으로 집단 공동체의 형성은 석가모니, 공자, 노자, 마호메트, 예수 그리스도가 조직의 중심이 되어 이끌어 가면서 그들이 원하던, 원하지 않았던 추종자들에 의해 교주화가 되었을 것이다. 아니, 되어 버렸을 것이다. 이들 교주는 집단에서 신뢰하는 언행을 하면서 이 공동체 사람들에게 **신뢰**를 주게 된 것이다. 공동체 사람들이 이들의 언행에 대해 신뢰를 갖게 되자, 사람들이 이들에 대한 **믿음**이 생기게 된 것이 아닐까? **이러한 믿음이** 공동체 집단을 단단하게 결집하여 더욱 커진 집단을 형성하게 되었을 것이다. 집단들은 공동체가 같은 믿음을 실천하는 신행 단체를 형성하게 되어서 같은 믿음을 지닌 자들끼리 믿음을 이어 가는 결집체가 만들어지게 된 것이다. 이것으로 인해 시간이 지나면서 초기 선지자들이 죽은 이후에도 자연스럽게 그들의 가르침이 교단을 통해 전달되도록 만들어지고, 신도들이 따르게 되어 종교로서 역할을 하게 된 것이다.

종교로서 역할이 비제도적인 것과 제도적인 것이 있다고 했다. 제도적인 것은 불교, 기독교, 이슬람교, 유교, 도교 등이라 할 수 있는 고등종교에 대한 것이다. 반면에 초기 신앙 형태나 샤머니즘의 틀은 비제도적인 것이 되는 것이다. 그러나 엄밀히 살펴본다면 석가모니, 공자, 노자, 마호메트, 예수 그리스도는 진리를 설파한 이들이지 자신을 신격화한 이들이 아니다. 이들이 설파한 진리는 그들의 삶의 장소가 모두가 다르다. 그렇기 때문에 그들은 각 종교가 발생한 지역에 따른 그곳의 문화에 맞는 언어로 **진리**를 설하였을 것이다. 진리를 설할 때의 설명은 언어와 문화 차이로 인해 본질적으로 같은 가치를 지니지만, 언어적으로 표현된 단어가 서로 다를 뿐이라고 말할 수 있다. 각 종교는 공동체에서 **진리**와 인간을 연결하는 매개의 통로이자 소통처이다. 그리고 각 집단의 **종교**는 그들의 삶의 환경에 따른 각자의 표현으로 이루어진 진리와 인간의 관계에 따른 **문화의 하나**일 것이다. 그러므로 **각 종교**는 인간들이 살아가는 발생지에 따라 **제각각 자신들의 삶의 환경에서 드러난 각자의 인간 관계적 문화 체계**가 되는 것이다.

어느 종교든 자신의 종교가 옳다고 주장하는 것은 문화의 다양성을 인정하지 못하겠다는 편협한 사고의 발로이자 모든 종교가 주장하는 자비, 사랑, 인, 무위자연 등의 다툼 없는 사회를 구현하는 것에 반하는 것이 된다. **종교**는 **진리를 대변하는 것**이며, 진리는 보편적이고 절대적인 것이니 진리를 표현하는 종교는 누구에게나 **참**으로 보이게 되는 것이다. **참**에는 다툼과 불화가 없고 '함께와 더불어'라는 의미를 강조하는 조화로운 공동체를 이루는 것이 된다. 조화로운 공동체를 만들기 위해서 종교는 사회를 바람직하게 만들어 가는 역할을 하는 것이지 분열과 다툼을 조장하는 것이 아니다. 왜냐하면 종교는 진리를 바탕으로 나타내는 것으로, 진리는 보편적이고 절대적인 가치를 지닌 것이자 성격상 순수하고 완전한 선(善)이자, 실천 개념으로는 의(義)가 되기 때문이다. 모든 종교는 진리에 뿌리를 두고 있다. 진리에 뿌리를 둔 종교는 완전하고 순수한 선에서 현현된 공동체를 정의(正義)로 다스려지기 때문에 다툼이 없는 조화의 자연스러움을 드러내게 된다. 그러므로 종교는 내적 선함을 매개로 공동체 사회에 정의(正義)를 실현하는 것이 된다. 이러한 정의 실현은 개인적으로는 내적 선함을 유지하고, 외적으로는 행위 개념인 의(義)를 적극적으로 실천하는 삶이 된다. 이러한 개인들의 삶은 모두가 공동체 일원으로 더불어 살아가는 자리이타(自利利他)의 사회를 구현되게 하는 소금과 같은 이들이라 할 수 있다.

진리는 종교의 또 다른 표현이자 근원의 것이라 할 수 있다. **진리가 종교를 매개**해서 공동체 사회에서 제대로 된 표현은 내적인 선함과 외적으로 드러나는 실천 행위가 정의로운 것이라 할 수 있다. 진리를 매개한 종교들이 만들어 가는 완성된 세속의 공동체는 조화가, 자리이타(自利利他)가 이루어진 **무위자연(無爲自然)의 세계**가 될 것이다. 여기서 무위(無爲)의 개념은 **진리의 모습**을 표현한 것이며, 자연(自然)이란 것은 **진리의 상태**를 세속에서 스스로 그러한 모습으로 질서 있는 정위(定位)된 상태를 보여 준 것이라 할 수 있다. 그리고 이러한 세계는 불교의 불국정토인 용화세계, 유교의 대동사회, 기독교의 천국, 노자의 소국과민의 개념이지만 이는 이름이 각기 다른 종교가 **세속의 공동체에서 진리가 실현된 모습**일 뿐이다.

인간과 짐승

42.
이렇게 살아야 하지 않을까?

태어남이란 씨앗이고, 자라남이란 성장이고, 바르게 자라난 자란 성찰된 자고, 성찰된 자는 **도를 이룬 자**이다. 도를 이룬 자로서 상대와 함께하는 삶에 정의 사회를 구현하는 자는 바람직한 삶을 전개하는 자니 **덕을 실현하는 자**가 된다. 도를 깨닫고 덕을 실천하는 자로서 **자리이타를 실천하는 자**는 바람직한 설정을 하며 살아가는 **도덕적이자 윤리적인 관계적 성공을 이룬 자**가 된다. 관계적 성공을 이룬 자는 마침내 정의 사회가 완성되게 하는 자로서, **바른 삶의 실현이자 조화의 삶을 구현하는 자**가 되는 것이다.

조화의 삶을 구현하는 것은 **공동체에 완성된 사회**를 이룩하는 것이니 완성된 사회는 **조화의 완성**이 된다. 이렇게 공동체를 조화로운 사회로 만들어 나간 것을 기독교에서는 천국이고, 불교에서는 불국정토인 미륵세계이자 용화세계이며, 유교에서는 인이 실현되는 대동사회이고, 도교에서는 무위자연의 삶으로 표현할 수 있는 세상이다. 공동체에서 살아가는 자들이 이러한 삶을 살아가기 위해서는 생활하면서 자신을 성찰하는 삶의 자세를 1분 1초라도 놓치면 안 될 것이다. 나를 알지 못한다는 것은 내가 무슨 짓을 하고 있는지 모르는 것이고, 내가 무슨 짓을 하는지 모른다는 것은 양심이 없는 것이고, 양심이 없다는 것은 이미 맑은 영혼을 보존치 못하는 것이 된다. 맑은 영혼을 보존치 못한 그런 자를 동물, 짐승, 악마 중 하나인 괴물이라 표현할 수 있다. 그러므로 사람으로 태어난 것을 정말 귀한 기회인 줄을 모른다는 것은 스스로 사람으로 태어나 사람이길 포기하는 것이라 할 수 있다. 만일 자신에게 사람으로 태어난 것이 좋은 기회가 온 것을 모르고 자신을 성찰하는 것을 포기하는 순간이 온다면 그 사람은 인간이 아닌 동물의 삶을 살게 되거나 짐승이나 악마로 변이될 가능성이 높은 것이다. 사람으로 태어난 것은 태어난 모두에게 축복이다. 그러므로 사람으로 태어난 것이 진정한 축복이 되기 위해서는 자신을 성찰하여 도를 이룬 자가 되어 덕을 실현하는 자인 바람직한 관계를 맺을 줄 아는 도덕적인 사람이 되어야 한다. 이러한 도덕적인 사람이 되었을 때 비로소 만물의 영장인 한 인간으로서 삶을 살아가게 되는 것이다.

43.
정치와 정치인

1) 정치(政治)

정치에 관한 의미를 다음 세 가지로 살펴보도록 하자.

첫째, 정치는 통치자나 정치가가 사회 구성원들의 **다양한 이해관계를 조정**하거나 **통제**하고, **국가의 정책과 목적을 실현**시키는 일이다.

둘째, 정치는 **개인이나 집단이 이익과 권력**을 얻거나 늘리기 위하여 사회적으로 **교섭**하고 **전략적으로 활동**하는 일이다.

셋째, 정치(政治)를 문자로 살펴보면, **정(政)의 의미**는 '정사(政事) 정'으로, '나라를 다스리는 일, 바루다(비뚤어지지 않도록 곧게 한다), 부정(不正)을 바로잡다, 법규, 정사(政事)를 행하는 사람, 임금, 관리들이 된다. **치(治)의 의미**는 '다스릴 치'로, '다스리다, 관리하다, 바로잡다, 평정하다, 수리하다, 다스려지다, 다스려지는 일이나 그 상태'를 말하는 것이다.

우리는 무엇이든 제대로 살피기 위해선 원칙, 즉 기본에 충실해야 한다. 그런 의미에서 정치의 첫 번째 의미를 중심으로 살펴보기로 한다. 정치란 **다양한 이해관계를 조정**하고 **통제**하여 **정책과 목적을 실현하는 것**이다. 이 문장을 세 부분으로 세분화하여 살펴보면 다음과 같이 살펴볼 수 있을 것이다.

첫째, **다양한 이해관계를 조정**하는 것인데, 다양한 이해관계란 '모든 사람이 어떤 상황에 처했을 때 그 상황에 처한 사람들 간에 **자리이타의 관계를 형성하여 조화를 완성**하는 것'이다. 이 의미는 유교의 대동사회,

불교의 불국정토인 용화세계, 도교의 무위자연, 기독교의 천국을 말하는 상태를 이룩하는 것이라 할 수 있다.

둘째, **통제**인데, 통제의 의미는 '일정한 방침이나 목적에 따라 행위를 제한하거나 제약함'으로, 통제의 기본적 방향은 '일정한 방침이나 목적'에 따라 할 수 있다는 것이다. 이때의 **'일정한 방침이나 목적'이라 함은 바름을 지향하는 대동사회, 용화세계, 무위자연의 삶, 천국을 지향**하는 것이라 할 수 있다.

셋째, **정책과 목적을 실현시키는 일**은 대동사회, 용화세계, 무위자연의 삶, 천국을 목적으로 하여 **공동체에 실현과 이룩함을 위한 정책**을 만들어 가는 것이 정치의 기본 사명이다. 이러한 정치적 목적을 달성하기 위해 위대한 성인들(석가모니, 공자, 노자, 예수, 소크라테스, 플라톤 등)은 사회를 바르게 개혁하려고 노력하였으나, 바르지 못한 권력자들에 의해 방해받아 바른 사회와 바람직한 공동체를 형성하지 못하였다. 오늘날도 많은 이들이 바른 사회와 바람직한 공동체가 만들어 가고자 단군의 경천애인과 홍익인간, 원효의 화쟁론과 세계일화사상, 대종교의 인내천, 칸트의 영구평화론, 큉의 세계윤리구상, 갈퉁의 평화론, 에피아와 누바스움의 세계시민주의 등으로 많은 이들이 노력하고 있으나, 실현되지 못하고 있다. 이는 공동체에서 사람들이 불선이 선에 대한 저항이고, 불의가 정의에 대한 저항이고, 바르지 않은 이들이 바른 것에 대해 저항하고 있기 때문이다. 그리스 아테네에서 소크라테스는 바른 사회를 만들기 위해 사회의 개혁보다는 바른 개인을 만들어 가다 보면 사회가 바르게 될 것이라 믿었던 것 같다. 그리하여 바르지 못한 이들에게 '너 자신을 알라.'라는 문장으로 말하여 왔었고, 조계종 종정이셨던 성철스님은 '자기를 바로 보자.'라고 말씀한 것이다. 이는 자기 성찰을 통한 도(道)를 깨달아야 하는 것이다. 이것은 동·서양을 막론하고 모든 성인(聖人)이 주장하였고, 또 주장하는 것이다. 도(道)란 자기를 아는 것이다. 소크라테스의

인간과 짐승

'맑은 영혼을 유지하라.'는 것과 성철 스님의 '자기를 바로 보자.'란 말씀은 도를 알기 위한 방법으로 제시한 것들이다. 왜냐하면 도(道)를 알아야 그다음 상대에게 도에 대한 지혜를 베풀 수 있는 덕이 실현되기 때문인데, 이때 도를 깨닫고 덕(德)을 베푸는 것을 도덕(道德)이라 표현하고, 이러한 도덕의 실현은 애기애타를 바탕으로 자리이타의 정신으로 구현되는 것이다.

플라톤은 도덕을 실현할 수 없는 사람은 완성된 공동체 사회인 대동사회, 용화세계, 무위자연의 삶, 천국을 만들어 갈 수 없기에 정치를 하지 말아야 한다고 했다. 그는 정치를 해야 하는 사람은 철학자로서 깨달은 이로 지혜로운 자가 해야 함을 주장한 것이다.

맹자는 공동체 사회를 바르지 않게 만들어 가는 군주는 민의를 왜곡하였기에 이 군주는 개혁의 대상이 되니, 최고 통수권자를 바꾸는 혁명을 해도 된다고 역성혁명(易姓革命)을 주장했다. 맹자의 이러한 역성혁명(易姓革命)의 주장은 왕조의 성을 바꿔야 한다는 것으로, 새로운 왕조를 구성하자는 것이다. 마르크스 역시 인간 존중을 하지 않는 자들에 대해서는 폭동으로 그들의 주장을 개혁해야 한다고 했다. 이러한 주장들은 정치에 참여하는 모든 사람은 반드시 바르지 못한 사회를 바르게 만들어 가야 한다는 당위성을 주장한 것이다. 정치의 역사는 세계의 역사적 발전으로 살펴보면 발전적 진보의 역사라 할 수 있다. 진보의 역사는 민의가 바탕이 되어 바른 세상인 선(善)이 지켜지고, 정의(正義)가 실현되어 가는 과정이다. 다만 바르지 못한 이들이 지속적인 방해를 일삼기 때문에 이 세상에 대동사회, 용화세계, 무위자연의 삶, 천국이 더디 실현되어 가고 있을 뿐이지만, 결국은 현실에서 실현될 때가 있을 것이다. 그러므로 현실의 정치는 조화로운 세계를 구성하려는 **인간**과 자신**만**의 이익이나 집단의 이익**만**을 위한 **짐승**들과의 전쟁터라 할 수 있다. 결국엔 **인간과 짐승** 싸움에서 시간이 지나면서 반드시 인간이 승리할 날이 올 것이다.

2) 정치인(政治人)이란?

선(善)이 지켜지고 정의(正義)가 실현되는 대동사회, 용화세계, 무위자연의 삶, 천국을 만들어 가는 데 일조하는 사람들이어야 한다. 민의를 천심으로 알고 정의 사회를 구현하며, 자리이타의 정신으로 다양성을 인정하며 조화의 완성된 세상을 만들어 가는 이가 올바른 정치인이라 할 수 있다. 그러나 현실은 정치를 하는 정치인 중 거짓으로 자신을 꾸며서 국민을 현혹시켜 당선을 목적으로 하는 자가 많은 것이 통탄스러울 뿐이다. 바른 정치인은, 첫째, 자신을 속이는 짓을 하면 안 된다. 이 말은 거짓 언행을 일삼는 자는 유권자가 뽑으면 안 되는 것이다. 왜냐하면 유권자가 자신에게 솔직한 정치인을 뽑았을 때 그의 언행을 믿고 바람직한 형태의 공공의 이익을 가져다줄 것이기 때문이다. 도산 안창호는 '대한제국의 기득권자들이 1910년 8월 22일, 경술국치의 조약이 체결되었으나, 일주일간 발표를 미루다가 1910년 8월 29일, 경술국치를 발표한 후 일제 35년간의 나라 없는 설움을 경험하게 된 것은 당시의 기득권층인 내각총리대신 **이완용**, 시종원경 **윤덕영**, 궁내부대신 **민병석**, 탁지부대신 **고영희**, 내부대신 **박제순**, 농상공부대신 **조중응**, 친위부장관 겸 시종무관장 **이병무**, 승녕부총관 **조민희** 8명 친일파 대신이 조약 체결에 찬성하고 협조한 결과였다. 그리고 이 8명은 한일 병탄 조약 체결 이후 공을 인정받아 조선 귀족 작위를 수여받았다.'라는 것을 통탄하였다. 도산 안창호는 한일 병탄 조약 체결은 대한제국의 기득권자들인 8인이 자신의 이익과 편함을 위해 국권을 넘긴 것으로 보고 있다. 이러한 행위에 대해 도산 안창호는 이들이 철저히 백성에게 거짓말을 한 결과로 보고 있다. 이러

인간과 짐승

한 견해는 국가 간, 개인 간의 다툼과 분란은 결국 거짓으로 인해 다툼과 갈등이 발생하면서 국가 간은 전쟁하게 되고, 개인 간은 싸움하게 된다고 했다. 따라서 정치인은 올바른 정치를 하려면 반드시 거짓말을 하면 안 되고, 정치인이 거짓을 말하는 순간, 그 피해는 국민이 입게 됨을 명확히 지적한 분이다. **도산이 바라본 정치인은 정직한 사람이 정치를 해야 하지 거짓을 말하는 자는 절대 정치인이 되면 안 된다**고 주장하고 있다. 2024년 총선이 다가오고 있다. 총선 후보자 중 **스스로가 정직하지 못하거나, 거짓을 일삼거나 사기의 전과가 있다면 스스로 물러나야 한다**는 것이 도산 안창호의 말씀이다. 왜냐하면 이들은 국민을 위해 일한다고 거짓을 말하면서 자신들의 이익을 챙기기 때문이라고 생각되기 때문이다. 정치인의 목적은 국민을 위한 정치를 할 때 공공의 이익과 자리이타의 삶이 구현될 수 있게 될 것이다. 누군가는 국민의 지지가 1%가 된다 하여도 자신이 하고 싶은 대로 하겠다는 말은 국민을 무시하고 독재를 하겠다는 말과 다름없는 것이다. 이는 모든 정치인 중 국민의 뜻에 어긋나는 정치를 하겠다는 자는 민의에 어긋난 독재를 하겠다는 표현으로 받아들여도 무방한 이야기가 될 것이다.

일반적으로 정(情)이란? '뜻 정'의 의미이지만, 세부적으로 들어가면 '욕심, 바람, 심기, 본성, 고요함' 등의 의미가 있다. 특히 '**인정(人情)**'이란? 다음의 세 가지 의미로 살필 수 있을 것이다.

첫째, 남을 **동정하고 이해**하는 따뜻한 마음.

둘째, 사람이 **본디 가지고** 있는 감정이나 심정.

셋째, 세상 사람의 **마음**.

필자는 정(情)을 파자하면 **정(情)**은 **심(忄=心)+청(靑)**으로 구분될 수 있다. 이때 忄(심방 변)은 心(마음 심)과 동일한 글자의 의미이고, 靑(푸를 청)은 '고요하다'는 뜻이 있다. 고요하면 풍파가 없으니 '편안하다'는 의미와 통하게 된다. 그러므로 **정(情)의 의미**는 마음이 고요한 상태로, **마음이 편안함**이란 것으로 해석될 수 있다. 이러한 의미의 정(情)은 개인의 것이 아니라 **상대가 있기에 그로 인해 느껴지는 개념**이다. 그렇다면 **인정(人情)은 세상 사람의 마음이고 상대를 이해하는 마음**이다. 이러한 마음은 나의 마음이 안정된 상태로 상대와 상호 소통하는 것이라 할 수 있다.

한국인은 **경천애인(敬天愛人)**과 **홍익인간(弘益人間)**을 통치의 근본으로 삼았던 단군이 설립한 나라인 고조선의 후예이다. 경천애인은 도를 깨닫고 타인들과 바른 삶을 함께 향유하는 도덕적인 삶의 자세로 볼 수 있다. 이러한 삶의 자세는 불교의 **상구보리(上求菩提) 하화중생(下化衆生)**이고, 유교에서 천인합일의 도(道)를 깨달은 후 덕(德)을 실천하는 삶인 **인(仁)**이라 할 수 있다. 단군의 후예로 한국인의 삶은 단군이 이룩한 고조선시대부터 홍익인간(弘益人間)과 같은 의미인 '함께, 더불어'라는 것을 타인과 함께하는 삶의 조화를 이룩하며 살아오려고 노력한 민족이다. 단군의 자손이 시간이 흐르면서 잦은 DNA의 혼합으로 순수 혈통이 이민족과 혼합되어 내려오고 있다. 이것은 순수한 의미의 단군 자손과 그렇지 못한 이들과의 다툼으로 만들어져 갔던 사회에서 태어난 다양한 생명체의 모습은, 오늘날 이민족과의 혼합된 공동체 사회에서 함께 살고 있는 현실에 드러난 모습과 같다고 할 수 있을 것이다.

지금도 우리 사회는 단군 자손과 외세의 혼혈인들과의 생각 차이를 극복하면서 '경천애인과 홍익인간'의 정신을 이어 나가려는 내부 투쟁을 하는 것이 아닌지 의문이 든다. 단군의 후예인 한국인은 '경천애인과 홍익인간' 이념을 바탕으로 대종교의 인내천 사상으로 이 시대를 살아가고 있다. 그리고 정감록에선 이 시대를 구원해 줄 사람인 정도령이 나타날 거라 하는데, 정말 이를 기다리는 민족일까? 역사적으로 볼 때 구세주로 인한 세상의 개혁이 이루어졌다면 이미 부처나 예수 그리고 공자, 노자 등과 같은 이가 나왔을 때 이루어졌을 것이다.

현재 대한민국은 도덕과 윤리가 점차 사라져 가는 시대가 되었다. 이 시대에 경천애인과 홍익인간 그리고 인내천 사상은 도덕과 윤리를 바로 세울 수 있는 큰 줄기가 될 수 있을 것이다. 만일 고조선의 기본 사상인 경천애인과 홍익인간이 범세계적으로 확산이 된다면 **경천애인(敬天愛人)으로는 종교를 아우를 수 있으며, 홍익인간(弘益人間)은 도덕과 윤리**를 재건할 수 있을 것이다.

종교를 아우르고 도덕과 윤리를 바로 세울 수 있다면 이때의 인간은 인내천 사상으로, 인간이 곧 하늘이라는 극도의 인간 존중과 천지자연과 하나 되는 천인합일의 상태를 현실에서 형성하게 되는 것이다. 이는 한민족이 단군의 자손으로서 정신적인 K-문화를 세계 만천하에 드러내어 세상의 혼탁한 영혼을 구원하는 주인공이 될 수도 있을 것이다.

이러한 한민족은 단군의 자손이자 인정(人情) 많은 민족으로 다문화인들과 함께하는 세계인으로서 대동사회를 주도하며 구현할 수 있는 세상의 구원자가 될 것이다. 그러므로 정(情)이란 세계인이 기본적으로 가져야 할 모두가 공유될 마음이라 할 수 있다.

45.
국민을 파는 자와
국민을 편드는 자

국민을 **파는 자**란 자신만의, 집단만의 **이익을 위하는 자**이고, 국민을 **편드는 자**란 국민을 대신한 **대의를 지키는 자**이다. 국민은 국가가 형성된 이래 현재까지 민의가 하늘의 뜻이라 하여 민의가 국가를 운용하는 기반이 된다고 민주주의를 말하여 왔다. 이러한 **국민이 하늘**이란 **민내천(民乃天)**의 표현은 국가를 통치하는 모든 위정자가 말하고 있었다. 그러나 대한민국은 현재까지 위정자들이 과연 민의가 국가를 운영하는 기반이 되었는가? 대한민국이 해방 직후 지금까지의 국정을 운영한 정부 수반을 살펴보면 다음과 같다.

1-3대 이승만 대통령,
4대 윤보선 대통령,
5-9대 박정희 대통령,
10대 최규하 대통령,
11-12대 전두환 대통령,
13대 노태우 대통령,
14대 김영삼 대통령,
15대 김대중 대통령,
16대 노무현 대통령,
17대 이명박 대통령,

18대 박근혜 대통령,

19대 문재인 대통령,

20대 윤석열 대통령이다.

지금까지 13명의 대통령과 함께 대한민국을 지켜 가고 있는 국민이다.

이승만 대통령 땐 4.19혁명이,

윤보선 대통령 땐 5.16 군사 쿠데타가,

박정희 대통령 땐 부마항쟁이,

최규하 대통령 땐 12.12 사태가,

전두환 대통령 땐 광주사태가,

노태우 대통령 땐 6.29 민주화 선언이,

김영삼 대통령 땐 문민정부로 IMF가 발생되었고,

김대중 대통령 땐 남북공동성명과 IMF의 극복하였고,

노무현 대통령 땐 언론자유강화와 권위주의의 상실과 남북 대화와 착한 사람이 이긴다는 시대정신을 강조하였으며,

이명박 대통령 땐 4대강 토목공사와 청계천의 복원 그리고 대중교통의 개혁과 광우병 사태의 발생이 있었고,

박근혜 대통령 땐 세월호 사태와 국정농단이 발생되었고,

문재인 대통령 땐 언론의 자유가 OECD 국가의 1위였지만, 언론의 평가는 OECD 국가의 꼴찌라 하였다. 또한 코로나19 방역은 OECD 국가의 최고의 방역 국가이자 우리만 모르고 있었던 선진국이 되어 있었다. 남북 대화를 통한 북한에서 연설을 한 대한민국의 최초의 대통령이자, 정전 상태를 평화 협정으로 만들어 전쟁이 없는 평화가 이룩한 대한민국을 만들려 했던 사람이다. 19대 대통령을 겪으면서 우리는 국민을 파는 자와 국민을 편드는 자의 집단이 누구인가를 살필 수 있는 기준을 살펴보자. 이제 우리는 20대 윤석열 대통령의 시기이다. 오늘의 20대 정

부는 국민을 파는 자와 국민을 펀드는 자, 과연 어디 쪽에 있다고 말할 수 있을까? 모든 국민이 생각해 봐야 할 시간이다.

46.
지옥 가는 길과 천국 가는 길

지옥 가는 길과 천국 가는 길. 길을 떠나기엔 언제나 첫걸음이 필요하다. 지옥이란 길과 천국이란 길을 떠날 때 스스로 출발을 하면서 이들의 길을 들어가는 입구를 찾아야 한다. 출발은 내가 하는 것이지만, 지옥과 천국을 들어가는 입구는 하나이자 같은 입구가 된다. 그 입구는 자신의 마음이며, 마음의 입구에 들어서면 길이 나오게 된다. 입구에 들어서는 것은 자신에 관한 성찰이고, 길을 떠나는 것은 자신의 언행에 관한 지속적인 성찰을 하는 것이다. 자신의 언행을 따르는 성찰의 길에서 이 길로 들어선 사람이 바른 성찰을 할 수 있는 정도의 길을 걷게 된다면 환한 태양인 진리의 빛을 보게 되어 자신의 삶을 선과 의리에 합당한 삶을 살게 되는 천국의 길을 가게 될 것이다. 반면에 자신의 언행에 관한 바른 성찰을 하지 못한 이는 불정도(不正道) 길인 사도(邪道)를 걷게 되기에 많은 악마의 유혹과 잡념이 따르게 되며 죄를 짓는 지옥의 길을 걷게 되는 것이다.

누구든 사람으로 태어나 성찰이란 길을 들어섰으면 가는 길에 목숨을 걸고 정도의 길을 가야 환하게 밝은 진리의 빛을 보게 되겠지만, 악마의 유혹에 흔들려 욕심을 따르는 바르지 못한 길을 간다면 그 욕심에 흔들려 '나만의, 혹은 나의 집단만이'라는 지옥의 길을 가게 된다. 누구든 성찰을 통해 정도의 길을 가는 자는 두 발 닿는 곳이 모두 천국이 되지만, 유혹에 흔들려 정도의 길을 가지 못하는 자는 가는 곳마다 아수라인 지옥도가 될 것이다.

인간과 짐승

누구든 성찰이란 입구를 찾기도 힘들지만, 입구를 찾았다 하여도 들어가긴 쉽지만, 제대로 나오긴 더 힘든 목숨 건 신념이 필요한 작업이다. 내가 가는 길이 바르게 가는 길이면 그곳이 천국이 된다. 그러나 내가 유혹에 흔들려 바르지 못한 곳으로 가게 되면 그곳이 아수라인 지옥이 되는 것이다. 따라서 지옥 가는 길과 천국 가는 길은 '자신의 선택과 끊임없는 성찰을 통해 굳건한 신념과 용기만으로 지속하게 갈 수 있는가, 없는가에 달려 있게 되는 것이다. **지옥 가는 길과 천국 가는 길**. 당신은 마음이란 입구에 들어섰는가. 들어섰다면 성찰의 길을 가 보길 바란다. 그러면 나의 길의 끝이 어디인지 알게 될 것이다. 그때 비로소 자신이 살고 있는 곳이 천국인지 지옥인지 깨닫게 될 것이다.

2022년 4월 17일, 보궐 선거가 끝났다. 결과는 차치하고 한 번쯤 생각을 해 봐야 할 것이 있다. 과연 '나는 공공의 이익을 위한 바람직한 관계 설정을 하였는가?'이다. 공동체 사회의 목표는 모두가 편안하고 조화로운 삶을 구현하여 다 함께 불편함이 없이 잘 사는 것이다. 이렇게 하기 위해서는 '있는 자'는 양보와 배려를 통해서 '없는 자'들에게 혜택이 돌아갈 수 있도록 해야 한다. 이것이 사회 복지 실현이기도 하다. 공동체 사회의 공익을 위해서는 나도 편안하고 상대도 편안하게 하는, 공동체 모두에게 편안한 결정인 자리이타(自利利他) 정신을 실천해야 한다. 과연 나는 나의 이기(利己)를 위해서 행동했을 때, 그 이기적인 행동이 공익에 부합이 되었다면 공동체의 조화로운 삶에 기여를 한 것이 된다. 여기서 이기적인 것이 공익에 부합된다면, 그때의 이(利)는 의(義)가 되는 것이다. 그러나 순전히 나만의 이기를 위한 결정이라면, 이러한 결정은 공동체의 부조화를 가속시킬 뿐만 아니라 공동체의 발전보다는 후퇴를 목격하게 될 것이다. 이럴 때의 이(利)는 불의(不義)가 되는 것이다. 이러한 불의에 대한 이익의 사회적 확장은 공동체 발전을 위해 앞으로 나아가기는 힘겹지만, 공동체의 퇴보에 따른 후퇴 속도는 매우 신속하게 진행될 것이다.

대한민국의 국민이자 단군의 자손으로 '경천애인'과 '홍익인간'이라는 대의를 가진 민족으로 이 땅에 인내천이라는 조화로운 사회를 구현하기 위해서는 개개인이 '바람직한 관계 설정'을 할 수 있도록 몸에 익혀야 한다. '바람직한 관계 설정'은 자신의 이익을 보면 그것이 바른 것인가를 살펴보고, 나의 결정이 상대를 불편하게 한다면 불편하지 않도록 하는 것이 좋겠지만, 그렇지 않다면 그 상대에게 가능한 피해가 덜 가도록 하는 결정을 해야 하는 것이다. 우리가 결정한 후 그 결정에 따른 행동을 한 결과가 나왔다면, 온전히 그 결과를 그대로 수용해야 한다. 수용이란 의미는 '과거에 비난이 아닌 앞으로 어떻게 하면 더욱 공익 발전을 위해 내가 무엇을 해야 하는가'를 신속히 결정하여 그 결정에 따른 책임을 지고, 퇴보가 아닌 다시 앞으로 나가는 행동이다. 이런 행동은 더디게 하면서 과거의 잘못된 것을 들추기만 하는 것은 들추는 자가 어리석은 과오를 범하는 것으로 보기 때문에, 과거의 것만을 들추는 이런 결정이 이루어지지 않는다면 더욱 바람직한 공동체를 이룩할 수 있을 것이다.

우리에겐 헤겔이 던져 준 숙제가 있다. 숙제란? 사회는 정·반·합의 변증법을 따라 **지속적인 발전**을 꾀하여야 후손에게 당당해질 수 있는 것이다. 또한 도산 안창호는 '한민족은 주둥이로 판단하고 실천하지 않는다.'라고 말하며, 주둥이로 말을 한 자인 그 사람이 먼저 한민족의 해방과 통일을 민주주의를 지킬 수 있는 **무실역행**(務實力行)에 힘쓰라 하였다. 도산 안창호에 의하면 이미 과거의 사건들을 가지고 왈가왈부하는 이들은 현실에서 책임을 회피하고, 현실을 과거로 되돌리려는 이들이라 하였다. 도산 안창호는 이러한 이들을 사회를 보다 발전적인 틀로 만들기보다 과거의 물귀신으로 공동체에 혼란을 가져오는 것이라고 치부하였다. 왜냐하면 도산에 의하면 과거를 왈가왈부하는 이들은 깨어 있지 못하고 자신만의 자신들만의 이익을 추구하려는 몽매한 사람으로 보기 때문이다. 우리는 과거로 돌아가질 말아야 한다. 그러기 위해서는 각자가 자신에 대해 성찰하며, 스스로가 공동체의 주인공으로서 언제나 깨어 있으라 한 부처님의 말씀을 다시금 기억하고 되새기는 날이 되었으면 좋을 것이다. 2024년 2월 아시아축구대회 4강전에서 대한민국의 전사들은 전진패스를 했어야 하는데, 백패스를 하면서 앞으로 나가진 못하고 2

골을 주고 말았다. 과거로의 회귀는 이와 마찬가지의 결과를 가져다만 줄 것이다. 축구는 게임이었지만 정치는 국민의 삶을 담보하는 것이다. 지금의 정부 문제가 발생하면 과거에 묻혀서 이유를 대고 있다면 무수한 백패스를 하는 것이 아닌가. 이런 대한민국이라면 절대 앞으로 나아가질 못하고 퇴행의 결과만 가져올 것이다. 어려워도 한 발 한 발 앞으로 나아가야 하는 것은 핑계가 아닌 새로운 도전이 되어야 국민의 삶도 좋아지게 될 것이고, 국력도 신장이 될 것이다. 명심하시라 자신이 한 일에 대해 핑계를 대는 자들이라면 자신이 있는 그 자리가 당신들의 옷이 아니라는 것을……

48.
법과 정의

대한민국에는 법무부 산하의 검찰과 법원이 있다. 이들이 자신의 직업에서 만드는 결과로 드러나는 것은 검사에게는 구속 여부와 판사에게는 판결로 인해 나타난다. 이들 결과가 공정한 것인가 아닌가에 따라 대한민국의 국가가 정상인지 비정상인지 판단할 수 있게 된다. 만일 결과가 불공정하면 정의와 공정을 혼란되게 하여 국민 각자의 판단을 흐리게 하는 시대가 도래되게 할 것이다. 검찰과 법원은 법을 바탕으로 자신들의 권리보다는 국민이 부여한 의무를 철저히 잘 수행해야 하는 것이 우선인데, 현실은 의무 이행보다는 지나친 권리 주장을 강하게 드러내고 있는 것이 아닌지 매우 의심스럽다. 아마 이 두 조직은 국민을 위해서 법에 따른 판단보다는 그들 조직을 우선하는 것이 아닌가 하는 의문이 생길 때도 있다. 그렇다면 법은 무엇일까? 법은 '물의 흐름이 스스로 가는 데로 자연스럽게 흐르는 것'을 말한다. 따라서 법은 이러한 사회의 흐름을 막는 것이나 막힌 것들을 뚫어 주는 역할을 하는 것이 법의 바람직한 역할이 된다. 그러나 검찰과 법원은 국민을 위한 조직임에도 불구하고, 그들은 법을 움직이는 운전자의 역할자임에도 불구하고, 그들은 이미 법의 주인이 된 것처럼 차주가 된 삶을 살아가고 있지 않나 착각할 정도의 삶을 살아가고 있다. 운전자와 차주의 역할은 엄연히 다른 것이지만, 너무나 오랜 세월을 운전자가 차주처럼 행동하다 보니 스스로 차주가 되었다고 착각하는 것이 아닌가? 현재의 대한민국의 공동체 조직에서 검찰과 법원이 자신들을 운전자가 아니고 차주로 생각한다면, 역할에 대한 것을 깨우쳐 주는 사람은 운전석의 옆자리가 된다. 운전석의 옆자리는 배심원이 아닐까? 우리는 법이 정의인 줄 아는데, 법은 정의가 아니고 공동체에서의 법은 정의를 닮아 가려는 것이다. 그러나 법이 정의가 되려면 정의란 것이 법이 되었을 때, 그때만이 가능하다. 대한민국 사회에서 법적인 판단을 요구하는 이들은 법이 정의가 아니고 정의를 가장한 법이 되기 때문에 자신들에게 유리함을 가져올 수 있는 자들만이 법을 자주 찾게 되는 것이다. 엄밀히 말하면, 법은 국민의 편이 아니지만, 정의는 국민의 편이 된다. 국민은 법이 정의라고 착각하면 안 된다. 소크라테스는 법이 정의가 아님을 알고 있었던 사람이다. 소크라테스는 플라톤과 제자들이 잘못된 법은 따르지 않아도 되니 도망을 가자 하였으나, 소크라테스는 도망가지 않고 죽음을 택하였다. 이에 대해 일본의 법철학자 오다카 도모오가 1930년대에 출판한 그의 책 『법철학(法哲學)』에서 실정법주의를 주장하면서 "소크라테스가 독배를 든 것은 실정법을 존중했기 때문이며, '악법도 법'이므로 이를 지켜야 한다"라고, "악법도 법이므로 이를 지켜야 한다"고 쓴 내용이 마치 소크라테스가 한 말처럼 와전된 것이다. 사실 소크라테스는 '악법도 법이다.'라는 말을 하지 않았다. 소크라테스의 죽음이 의미하는 것은 다음과 같은 의미로 살펴볼 수 있겠다.

첫째는 소크라테스는 실정법주의자로, 자신은 악법으로 인해 독배를 마셨지만 그가 보인 행동이 잘못된 법에 대한 경고라 생각된다. 소크라테스는 당시 시민들에게 악법은 고쳐져야 한다는 죽음의 항변일 수도 있다.

둘째는 '법은 정의가 아님을 알려 주는 행동을 보여 준 것이다.'라고 생각할 수 있다. 마지막으로 독배를 마신 것은, 지키지 않을 때 사회의 혼란이 야기되니 법이라는 것은 약속이기에 지켜야 한다는 말일까? 법은 지키라고 있는 것이지만, 현실은 법을 운전하는 이들이 제멋대로 난폭한 운전을 하면서 그것이 법이라고 주장하는 것이다. 이것은 국민에게 법을 지키라 하면서 불법을 받아들여야 한다는 강요처럼 생각된다.

맹자는 폭군을 내쫓는 것, 즉 역성혁명도 할 줄 알아야 한다고 했다. 검찰과 법원이 운전자가 아닌 차주로서 역할이 바뀌어 있다면, 그들을 다시 모범 운전자로 바꿔 줘야 한다. 그러기 위해서는 대한민국의 판결에서 배심원제도는 반드시 필요한 것이다. 법은 정의가 아니다. 그렇지만 정의는 언제나 법이 된다. 왜냐하면 정의는 내적으로 선을 머금고 있으며, 정의는 남을 해치지 않는다. 그렇기에 정의는 선이 아닌 불선함과 부정의를 꾸짖을 뿐이다. 법이 제대로 역할을 하는 것을 알려면 선과 의가 내재 되었는가를 살펴보면 된다. 법은 내 편 네 편을 가리는 것이 아닌, 바람직한 결정을 하는 것이 법이 되어야 한다. 절대로 법은 정의가 아니고, 정의가 법이 되어야 하는 것이다. 정의가 지켜지는 사회가 되려면 사회가 도덕성을 회복한 도덕적인 사회가 되어야 한다. 공동체 사회가 도덕적인 사회가 되려면 권리와 의무보다 예(禮)가 회복되어야 한다. 예가 회복되면 예를 바탕으로 권리와 의무를 찾아야 한다. 이때 비로소 법과 정의가 제대로 자리를 잡게 될 것이다. 예가 사라진 지금, 도덕이 무너지고, 윤리가 무시되고, 법에 정의가 없게 된 것이다. 이런 사회를 우리는 무법천지라 부르는 것이다. 지금의 대한민국은 무법천지가 아닌가. 대한민국의 국민이라면 한 번쯤 생각해 볼 때다. 법의 주인은 국민이다. 왜냐하면 법은 국민을 위한 실정법이 되어야 하기 때문이다. 그러나 현실의 법은 강자의 이익이거나 입법권자들의 이익의 숟가락이 되기도 한다. 이런 와중에 법을 운영하는 법조계의 검사와 법관은 자신들이 국민의 의지를 대행하는 기관이 되어야 국민에게 자신들의 의무를 다하는 것이 된다. 그러나 요즘의 대한민국은 검사와 법관이 국민을 주인이 아닌 그들의 부속물로 보고 있는 것이 아닌지 의심스러운 대한민국이다.

49.
도덕이란 무엇일까?

도덕(道德)은 선하게 살고 옳은 일을 하는 것일까? 도덕은 도(道)와 덕 (德)으로 나누어 설명해야 한다. **도(道)는 스스로 깨달아 깨달음에 이르는 경지**를 말하는 것이다. 이것은 자각의 경지에 도달했을 때 도가 무엇인지 알고, 깨달음이 무엇인지를 알고 자기의 본래 모습을 확인하는 작업이라 할 수 있다. 그렇다면 덕(德)은 무엇일까? 덕은 쌓는다고 한다. 장수 중에 용장과 덕장이라는 표현을 사용하고 있기도 하다. **덕(德)**이라는 것은 도를 깨달은 자가 타인과의 관계를 바람직하게 설정한 것이다. **상대와의 바람직한 관계를 설정해 만들어 가는 것**이 덕을 쌓는다는 것으로 표현되는 것이다. 그러므로 덕은 **도를 깨달은 이가 타인과의 관계를 바람직하게 맺는 것**이라 할 수 있다. **득도 화하중생(得道 下化衆生)**이 도덕이 된다. 그렇다면 **도덕적인 삶**이란 무엇일까? 도덕적인 삶이란, 자기를 바로 보고 바로 본 자기가 타인과의 관계를 바람직하게 맺는 관계라고 할 수 있다. 그렇다면 **바람직함**이란 무엇일까? 그것은 나도 상대도 불편하지 않은 관계로서 서로가 편안한 관계를 말하는 것이고, 서로 간에 불이익이 없는 공통의 이익을 이루는 관계라 말할 수 있다. 이것을 기독교에서는 **황금률**로, 공자는 **서(恕)**로 표현하고 있다. 이러한 관계가 이치에 합당한 것으로 표현될 수 있다. 자기의 권리 주장만이 난무한 이 시대에 도덕이란 무엇인지 다시금 생각해 볼 기회를 가져 보면 좋겠다. 개인적으로 오늘의 이 시대를 살펴본다면 도를 추구하는 이는 많지만, 덕을 이루려는 자는 많지 않은 세상인 것 같다. 세상이 바르게 서기 위해서는 도덕적인 사람이 많아야 바람직한 사회가 될 것이고, 이러한 사회를 만들었을 때 비로소 질서가 있는 바람직한 관계가 맺어지는 조화로운 사회가 만들어질 것이다. 도덕을 권리와 의무에 빗대어 말한다면 도는 권리에 가깝다고 말할 수 있다. 왜냐하면 권리란 자기가 주장하는 것이기 때문인데, 도 역시 자기 스스로 찾아야 하는 것이기에 유사하게 표현할 수 있다. 그러면 덕은 관계의 의미이다. 따라서 자신의 권리를 행사하기 전에 자신의 의무를 다하여 권리 행사에 이상이 없도록 만드는 것, 그것이 덕이 아닐까? 그러므로 도덕과 권리 그리고 의무의 관계에서 도덕으로 나타나는 것을 살펴보면 권리를 주장하기 전에 관계를 잘 맺기 위해 100% 의무 이행이 전제되는 자신의 합리적인 모든 주장을 펼수 있는 상태를 도덕이라 할 수 있을 것 같다.

50.
세상에서 가장 무서운 질병이란?

세상에서 가장 무서운 질병이란? 그것은 **'돈독'**이다. 돈독이 오른 이는 부모·자식도 못 알아본다. 돈독이 오른 이는 자신의 종교로 장사를 하는 장사꾼이 되어 버린다. 돈독이 오른 이는 국민을 팔아 자신의 이익을 챙기는 데 혈안이 된다. 돈독이 오른 이는 서민의 건강을 팔아 이익을 챙기는 데 혈안이 된다. 돈독이 오른 이는 돈을 위해 어떠한 일도 할 태세를 보이곤 한다. 그러므로 돈독이 오르면 돈 이외에 모든 것이 자신만의 이익인 돈을 만들기 위해서 추구하는 모든 수단과 방법으로 대처가 된다. 이때의 수단과 방법은 상대가 어떻게 되든 나만 괜찮으면 된다는 사고가 머릿속 생각을 지배하고 있게 된다. 이러한 사고는 도덕과 윤리나 법보다 돈이면 모든 것이 해결 가능하다고 생각하고 있기 때문이다. 돈으로 해결될 수 있다는 믿음은 도덕과 윤리 그리고 법을 무서워하지 않게 된다. 만일 무서워했다면 돈독이라는 병에 걸리지 않았을 것이다.

돈독에 걸리면 나타나는 대표적인 현상은 사람이 뻔뻔해지며, 그 뻔뻔함을 당연하다 여긴다. 그런데 이런 자는 다른 사람이 어리석어 못하는 것을 자신이 행하고 있기에 자신이 똑똑하고 영리하다고 생각하는 것 같다. 돈독에 걸리면 대신에 잃어야 하는 것도 있다. 진정한 자신이 본래 지닌 양심의 모습을 회피해야 한다. 그러므로 이러한 양심의 회피 현상은 맑은 영혼을 지키지 못하게 되어 자신의 본래 인상이 점차 사악하게 변하게 된다. 사람이 아닌, 짐승이나 악마가 되는 과정일 것이다. 이러한 사악함은 자신의 본질과 종교의 근원의 겉만 돌며, 사악함의 사면

(赦免)만을 찾아 헤매게 된다. 즉, 이러한 사악한 자는 공동체 사회에서 철저한 양두구육의 삶을 살아가게 되는 것이다. 지금의 사회 현실은 뻔뻔한 양두구육의 인간이 너무 많아지고 있다. 이는 사람이 아닌 사람의 탈을 쓴 동물과 짐승들이 많다는 것이다. 이들은 스스로가 외모만 사람이지 사람이기를 포기한 자들이다. 진정 돈독에 걸린 환자들은 이 병을 주변에 전파하는 속도도 빠르다. 이들이 이러한 질병을 극복하기 위해서는 스스로 자각해야 한다. 왜냐하면 스스로 깨닫지 않는 한 법으로 깨닫게 해 줘야 하는데, 지독한 돈독에 걸린 자들은 법 또한 돈으로 살 수 있다고 생각하기 때문에 자각이 아니면 죽어야 끝나는 몹쓸 병인 것이다. 이런 질병에 걸린 사람들의 마지막 처방은 **끝내 자손을 멸하는 것**이 벌이 되어 그의 자손에게 내려온다. 돈독은 사회의 법으로 고쳐지지 않기에 마침내 하늘이 경고로 최후에는 자손을 멸하는 것이다. 이러한 자손을 멸하여 대를 끊는 것은 진리와 선과 정의가 살아 있음을 보이는 것이다. 당장은 진리와 선함과 정의가 쓸모없어 보이지만, 긴 시간 속에서 늘 진리와 선함과 정의는 승리했었고, 승리하고 있다. 지금까지 많은 사람이 진리를 논하고 선함과 정의를 찾는 것은 기나긴 역사 속에서 이들이 반드시 이겨 왔기 때문이다. 돈독으로 인해 자신의 본래 성정을 죽이고 사악함이 일어났을 때 그에 대한 개인적인 처벌도 반드시 있게 되지만, 아울러 **자기 자손을 죽이는 일이자 대가 끊어지는 무서운 일**임을 알아야 한다.

51.
진정한 보통 사람이 되고 싶다면

사람은 **기본을 지켜야 한다**는 말이 있다. 기본을 지키며 사는 사람이 **보통 사람**이다. 그러면 기본을 지키지 못하는 사람은 사람이 아닌가? 당연히 사람이 아니다. 그들은 인면수심(人面獸心)으로 표현되는, 사람의 탈을 쓴 다른 것들이다. 다른 것에는 동물, 야차, 마구, 짐승, 악마, 괴물 등으로 부를 수 있는 것이다. 기본을 지키지 못하는 이들은 사람으로서 '사람**답게**'라는 사람의 구실을 하지 못하는 것이기에 사람이 되려고 노력해야 한다. 이러한 과정을 순자는 교육이라 하였고, 교육으로 교화하고 교정한다고 하였으며, 맹자는 본성을 지킨다고 하였으며, 도가에서는 수도한다고 하였다. 그리고 불교에서는 자신의 거울을 밝혀 준다고 하였다.

누군가 자신이 부족함을 알고 교육받으며 기본을 지키려 하는 자는 사람은 아니지만, 사람을 찾아가는 자신의 본래 모습을 보인다면 사람답다고 표현할 수 있다. 그렇다면 기본이 무엇인가? **기본**은 **자기의 본래 모습**으로 내적으로는 선을 바탕으로 하고, 외적으로는 의를 행하는 **정도를 걷는 사람**의 모습이 기본이 되는 것이다. 그러므로 기본은 개인에게 본래대로 주어진 완성된 모습이지 그 외는 아무것도 아니다. 개인이 완성된 사람은 '사람**답게**'를 이루어 '사람**답다**'라는 것이다. '사람답다'를 이룬 이러한 사람은 공동체의 일원으로서 사람과 사람의 바람직한 관계를 설정하여 살아갈 줄 아는 **인간**으로 한 발 더 나아가야 한다. 다시 말하면, 인간은 **사람들끼리의 관계 짓는 것**을 말하는 것이므로 기본을 지

인간과 짐승

키며, 타인과의 관계를 바람직하게 맺으며 조화로운 삶을 살아갈 줄 아는 사람이 인간이 되는 것이다. 이는 사람과 인간의 의미가 다름을 보여주는 것이다.

그런데 우리는 사람도 되지 못하면서 인간이 되기를 바라는 부족한 이들이 인간을 바라보며 하는 말이 그를 성인(聖人)이라고 부르고 있다. 우리가 부족한 것을 채워서 사람으로서 기본을 하는 이들에 대해 기본을 하는 사람이라 하며, 사람답게 사는 '사람답다'를 이룬 것이기에 **도(道)가 이뤄진 사람**이라 말하고, 이러한 이들이 **바람직한 관계를 맺게 되면** 그들을 **인간**이라 하여 **덕(德)을 이룬 자**인데, 이들을 **성인**(聖人)이라 하여 **도덕적인 사람**이라 부르는 것이다.

모름지기 사람으로 사람답게 살기 위해서는 선을 끌어안고 의를 익숙하게 행하는 자이며, 또한 타인과의 관계를 바람직하게 맺으며 살아가는 인간이 되어야 진정한 기본을 행하는 이가 되는 것이다. 진정으로 기본을 행하여서 자기의 본래 모습으로 살아가려는 사람을 보통 사람이라 말할 수 있다. 이러한 **보통 사람**은 **도덕적인 사람**이며, 도덕적인 사람은 **성인**(聖人)이 되는 것이다. 따라서 성인(聖人)이란 도덕적인 사람이자 보통 사람이라고 말할 수 있다.

52.
빈 곳을 채워 보세요

자신의 빈 곳을 꽉 채워 보자. 빈 곳이 없을 때 천지가 꽉 차게 되어 천지와 소통하게 된다. 천지와 소통되는 때란 천지 간에 있는 나의 빈 곳이 없게 꽉 차서 틈이 없게 되니 더 이상 생각(틈)이 발생하지 않고 꽉 차서 멈춰 그치는 곳을 말한다. 나를 더 이상 채울 수 없는 순간으로 멈춰진 그때 아마 생각이 그치는 **일지(一止)의 순간**을 경험해 보자. 그 순간이 자신을 바로 보는 **바름(正)**의 때가 될 수 있지 않을까? 자신을 바로 보는 순간 천지인이 틈이 없으니 천지인 합일이 이루어지는 때가 아닐까? 천지인이 하나 되는 곳 이름하여 소통되는 길이 열리는 곳이다. 석가모니의 천상천하 유아독존(天上天下 唯我獨尊)의 상태를 말하는 것이 아닌가? **천지인이 소통되는 곳**에서 모든 종교(불교, 유교, 도교, 기독교, 천주교, 유대교, 이슬람교… 등)가 **같은 곳**의 진리의 만남이 있지 않을까? **같은 곳**의 소통과 만남에서의 중요한 것은 자신을 바로 보는 것이다. 이때 천지인 합일이 이뤄지는 상태에서 진리에 대한 깨달음의 체득처를 알게 되는 것이 아닐까? 이때를 안다는 것은 경천애인이 이루어지게 하는 시점으로 천인합일과 지인의 조화가 이루어지게 되는 천지인이 합일을 말하게 되는 것이다. 천지인 합일이 이루어진 그때, 천(天)과 인(人)의 관계는 인내천(人乃天)으로 표현할 수 있는 것이다. 인내천 사상의 확산 그것이 애인(愛人)을 실천하는 홍익인간의 출발점이라 할 수 있다. 이것은 한 사람이 상구보리하고 하화중생을 이룩해 나가는 것과 같은 것이다. 우리는 깨닫는 법으로 방하착으로 '내려놓으라!'라는 것, 이것이 비우는 것 아닌가? 깨닫는 방법 중에 비우는 것도 한 방법이지만 역설적으로 꽉 채우는 것 그 역시 한 방법이 아닐까? 채운다는 것은, 무엇을 채우는 것일까? 아마도 바름(正)의 때이니 행실이 의로움에 가득 차거나 무형계인 천(天)과 소통하는 내적 선함이 자신의 안과 밖으로 가득 채우는 것을 뜻하는 것이 아닐까? 그러나 모든 종교가 추구하는 세상의 결론은 천지인 합일을 이룬 사람은 경천을 하는 인내천 사상과 이를 세상에 애인(愛人)을 실현한 세상으로 홍익인간의 세계를 구현하여 지상 낙원의 공동체인 대동사회, 용화세계, 천국, 소국과민을 이룩하려는 것을 목적으로 하는 것은 같을 것이다.

53.
공정이란 무엇인가?

———————

공정이란? '어떤 사안을 평가하고 판단함에 있어서 어느 한쪽으로 치우치지 않고 모든 경우를 같은 비율로 다루는 것이다.'라고 표현하고 있다. 이는 모든 이들에게 같은 잣대로 적용되는 것이라 할 수 있다. 이러한 공정은 모두에게 똑같은 적용을 하는 것이라 **천지 공정**이라 할 수 있다. 천지 공정이란, 모든 사람에게 똑같이 적용되는 공정함이기에 **차별이 없는 적용**을 말하는 것이다. 그러나 사회 속에서 만들어진 틀인 제도 속에서의 공정은 모두에게 적용되는 천지 공정이 아닌, 천지 공정의 한 부분인 **사회공정**이라 할 수 있다. 살아가면서 공정의 의미를 사회공정이 아닌 천지 공정을 논하는 것은 일부 제도의 규정을 모든 이에게 적용하려는 잘못된 태도이다. 로마에서는 로마법을 따르라 하는 말은 보편적인 천지 공정이 아닌 사회공정의 의미를 말하는 것이다. 로마법을 한국의 국내법으로 잘됨과 잘못됨을 따진다면 이미 판단의 기준처가 잘못 선택된 것이다. 이는 각기 다른 사회공정의 틀에 넣어서 각자 자기 기준으로 측정하려는 것과 같은 것이다. 이러한 선택은 객관성을 결여시킨 주관적 판단으로 보는 것이다. 이는 마치 사회공정을 천지 공정의 형식을 빌어 각자의 사회공정으로 비틀어 놓은 것이라 할 수 있다. 전체는 일부를 포함하지만, 일부가 전체를 포함하지 않는 현상은 천지 공정과 사회공정의 관점으로 살필 수 있는 관계이다. 그러므로 천지 공정의 틀에 맞춰서 사회공정을 판단하면 이미 판단의 기준점이 잘못된 것이다. 이러한 실제적인 사례는 우리 사회에서 몇 년 전, 한 학생의 이야기를 예로 들 수 있다. 이명박 시대에 만들어진 입시 제도의 틀에서 사회 공정에 맞는 일을 진행시켰다. 이 제도는 모든 이들에게 적용이 될 수 없으니, 특권이라 말하는 것은 제도가 잘못된 정책을 만들어 시행한 것을 비판해야 했다. 그러나 당시 적용되는 제도를 자신의 능력에 따라 찾아서 한 것이 잘못됐다고 하면 이는 당시 제도를 활용한 모든 이들이 잘못된 방식이니, 이러한 제도의 틀에서 제도를 활용한 이들을 찾아내어 처벌하자는 것이 된다. 이때의 처벌 근거는 제도로서의 사회공정이 아닌 모든 이들에게 적용될 수 있는 보편적인 천지 공정이 되는 것이다. 그러므로 모든 이들에게 적용될 수 없는 특혜 혹은 방법인 사회공정의 룰을 천지 공정의 가치로 보면 모든 수험생에게 천지 공정의 가치로 적용되어야 공정하기 때문에 그 학생 혼자에게 지적할 수 있는 것이 없게 된다.

우리는 공정을 논할 때 천지 공정인지 사회공정인지를 잘 판단하여 잘못된 사회 제도를 고쳐서 천지 공정과 사회공정이 일치된 사회로 만들어 가는 것이, 우리가 공정의 개념을 올바르게 사용하는 것이 된다. 또한 공정함을 유지하려면 천지 공정과 사회공정의 가치가 일치되도록 할 때, 공정을 지향하는 올바른 태도이자 올바른 제도 개혁이라 할 수 있다. 아무리 사회의 제도로 만든 것이라 하여도 동등한 입장에서 처리될 수 없다면 그것은 특혜를 위해 만든 법이기에 일부 특정한 이들을 위한 사회공정의 제도가 되는 것이다. 이러한 사회공정의 제도를 만든 이들은 아마도 자신들의 기득권 이익을 가져가기 위해 만든 법이 아닐까 생각된다. 그렇다면 이 제도를 만들 당시 이미 일부에만 이익이 되는 제도라 할 수 있기에 잘못된 것이다. 문제가 될 당시, 있는 자들을 위한 제도라고 비판하면서 제도 개혁이 이뤄질 듯이 했는데, 아직 제도가 개선되지 않은 것 같다. 제도 개선은 반드시 이뤄져야 하고, 공정함이란 천지 공정과 사회공정이 있음을 잊으면 안 된다. 공정함이 공정의 가치를 지닐 수 있도록 하기 위해서는 천지 공정과 사회공정이 일치되는 가치를 지닐 수 있을 때만이 진정한 공정함의 의미를 지닐 수 있게 될 것이다.

54.
미래를 선도할 한국의 정신문화?

첫 번째는 단군 시대의 경천애인과 홍익인간이고, 이를 바탕으로 한 인내천 사상이다. 두 번째는 권리와 의무를 주장하는 시대에 예의 회복으로 인한 도덕과 윤리를 따르게 해야 한다. 예의 대표적인 것이 오륜과 충효사상이다. 이들에서 살펴볼 이야기는 우선적으로 효 사상과 홍익인간 정신이다.

효란? '자식이 살아서는 부모를 잘 섬기는 일(어버이를 잘 섬기는 일)이자 자식이 부모가 돌아가시면 제사를 지내는 것'이다.

홍익인간이란? '널리 인간세계를 이롭게 한다'는 뜻으로, ≪삼국유사(三國遺事)≫ 〈기이편(紀異篇)〉의 단군 신화로 표현된 곳에서 나오는 말이다. 그러나 고조선의 단군(제사장) 왕검(정치 지도자)은 제정일치 시대의 실제 고조선의 시조 군왕이었다. 단군 시대가 신화가 된 것은 일제 시대 때 조선의 역사를 왜곡하기 위해 **이병도** 박사를 중심으로 조작하였다 한다. 이에 대하여 **최태영** 박사의 설득으로 이병도 박사와 함께 단군조선을 인정하는 『한국 상고사 입문』을 펴냈다. 또한 이병도 박사가 1986년 10월 9일 자 조선일보에 국조 단군은 실존하였다고 고백하였다. 그는 '단군은 신화 아닌 우리 국조(역대왕조)의 단군 제사가 일제 시대 때 끊겼다'라는 제목으로 단군조선 실재의 가능성을 주장하였다.

이러한 **효**와 **홍익인간**은 고조선 이후 정치·경제·사회·문화의 최고 이념으로, 윤리 의식과 사상적 전통의 바탕을 이루고 있다. 현재는 실생활에서 많이 쇠퇴하고 있는, 아쉬움이 큰 실제적인 생활 개념이다. 오늘날의 대한민국에서 이 두 사상을, 실생활 속에서 뿌리 깊게 되어 민족의 삶의 자랑스러운 가치이자 미래의 세계를 선도할 사상으로 후손이 만들어 가야 할 것이다. **효**와 **홍익인간**은 넓은 범주로 말하면 **예(禮)**이다. 왜냐하면 예(禮)가 참된 이치(眞理)를 따르는 도덕이자 윤리의 개념이 되기 때문이다. 예(禮)의 구체적인 실천은 오륜(五倫)[16]이 된다. 이에 대한 세계 석학들이 말하는 대한민국의 중심 사상과 민족의 미래에 대해서 살펴보자.

① **아놀드 토인비:** 『역사의 연구』의 저자로, '역사는 도전과 응전의 역사이다.'라는 글을 남겼다. 11대 국회의원인 임덕규 씨가 1973년 영국을 방문했을 때, 토인비에게 한국의 **효** 사상과 **경로사상** 그리고 **가족제도**를 설명했다. 당시 86세인 토인비는 한국의 효 사상을 듣고 눈물을 흘리며 '효 사상', 즉 '효 문화는 인류에게 꼭 필요한 것이라 하며 한국뿐만 아니라 서양에도 전파해 달라' 말하며 '부모는 자식을 잊을 수 없는데 자식은 부모를 잊을 수 있는 것 같다.'라고 말했다 한다.

유교 문화의 근본인 '효 사상'은 유교 문화가 전래된 이후 조선에서 '모든 행동의 근본'으로 자리를 잡았던 사회 문화가 유교 사상을 발전시켜 오면서 퇴계, 율곡, 다산 등을 거치면서 조선이 유교의 본고장이 되었다. 이러한 효를 토대로 사회를 질서 있고 조화로운 사회로 만들어 왔다. 고조선의 건국 이념인 **경천애인(敬天愛人)**과 **홍익인간(弘益人間)**의 정신으로 **재세이화**(在世理化: 국가를 이치대로 다스리

---

16) 父子有親(부자유친): 부모와 자식 사이에는 친함이 있어야 한다..
    君臣有義(군신유의): 임금과 신하 사이에는 의로움이 있어야 한다.
    夫婦有別(부부유별): 부부 사이에는 구별(분별)이 있어야 한다.
    長幼有序(장유유서): 어른과 아이 사이에는 차례와 질서가 있어야 한다.
    朋友有信(붕우유신): 벗 사이에는 믿음이 있어야 한다.

인간과 짐승

는 것) 사상이 바탕이 된 대한민국에 대해 1973년 1월 1일, 동아일보와 인터뷰에서 21세기에 세계가 하나 되어 돌아간다면 그 중심은 동북아시아가 되어야 하고, 그 핵심 사상은 홍익인간이 되어야 한다고 했다. 왜냐하면 '홍익인간 사상이 세상의 근간이 되면 이 세상에 일어나는 모든 위협과 국가 간의 다툼 등은 일어나지 않기 때문이다.'라고 말하였다. 이처럼 많은 세계적인 학자들은 **홍익인간**을 세계의 통치 기반으로 해야 한다고 말하고 있다.

② 대표적인 프랑스의 **자크 시라크**는 '다른 나라는 어려울 때 성인이 나오는데, 한국은 성인이 나라를 세웠다.'라고 말하였다.

③ 루마니아의 **게오르규**는 『25시』 저자인데, '새로운 문명이 시작될 때의 주역은 한국이 될 것이다.'라고 말하면서 **홍익인간**은 '지구상에서 가장 위대하고 완벽한 법률'이자 '세계가 잃어버린 영혼'이라고 하였다. 그는 1992년, 죽기 전에 한국인들에게 '당신들은 세계가 잃어버린 영혼을 가지고 있다. 왕자의 영혼을 지니고 사는 여러분, 당신들이 창조하는 것은 지상의 것을 극복하고 거기에 밝은 빛을 던지는 영원한 미소, 인류의 희망입니다.'라는 말을 남겼다.

④ 러시아의 사학자 **U.M 푸틴**은 '동북아 고대사에서 단군 고조선을 제외하면 아시아 역사는 이해할 수가 없다.'라고 말하면서 한국의 고대사를 중히 여겼다.

⑤ 독일의 세계적 철학자 **하이데거**는 1960년대에 프랑스를 방문한 서울대 박종홍 철학 교수를 자기 집으로 초대하여 융숭하게 접대한 후 다음과 같이 말했다. '내가 당신을 왜 초청했는지 아느냐? 바로

한국 사람이기 때문이다. 내가 유명해진 이유는 동양의 無사상 때문인데, 동양학을 공부하던 중 아시아의 문명발상지는 한국이라는 사실을 알게 되었다. 세계 역사상 가장 평화적 정치로 대륙을 2천 년이 넘는 장구한 세월 동안 통치해 온 **단군 시대**가 있었음을 알았다.' 그리고 '**세계 역사상 가장 완전무결하게 평화적인 정치**를 실천해 온 나라'라고 말했다 한다.

⑥ 역사 속에서 나타난 단군 시대의 모습을 알아보면 다음과 같다.

　1) 약 1900년 전 중국 후한 시대의 **허신**은 ≪설문해자≫에서 우리의 선조를 말하는 동이(東夷: 동쪽의 너그러운 사람들)족에 대해 말하길, '오직 동이족만이 위대함을 따르는 대인(大人)들이다. 동이의 풍속은 어질고(仁) 어질면 장수하므로 군자가 끊이지 않는 나라이다. 군자는 동이인(東夷人)들과 같은 사람들을 말하는 것이고, 동이인(東夷人)들과 같은 행동을 해야 복을 받는다.'라고 하였다.

　2) 약 1500년 전, 중국 송나라의 **범엽**의 저서인 ≪후한서≫에는 '동방을 이(夷: 너그러울 이)라 한다. 이(夷: 너그러운) 사람들의 어질고 생명을 살리기를 좋아하는 것이 마치 만물이 대지에서 태어나는 것과 같다. 그러한 까닭에 천성이 훌륭하여 도덕이 펼쳐지기 쉬워 급기야는 군자가 죽지 않은 나라가 생기게 되었다. 그래서 공자는 동이(東夷)에 가서 살고 싶어 했다.'라고 기록되어 있다.

　3) **공자**가 살았던 시대와 고조선의 시대가 일치하며, 고조선은 군자의 나라인 것이다.

이렇게 훌륭하고 좋은 **정신문화**를 세계의 통치 이념으로 만들 수 있도록 대한민국의 국민으로서 고조선시대 단군의 이념을 계승하여 세계 정신문화를 선도하여야 할 것이다.

　　　　　　　　　　　　　　　　　　　　　　　인간과 짐승

55.
꼰대란?

꼰대란? 사전적 의미로 세 가지 의미로 살펴볼 수 있다.

첫째, 학생들의 은어로, '선생(先生)'을 이르는 말.

둘째, 학생들의 은어로, '아버지'를 이르는 말.

셋째, 기본적 의미로 불리는 학생들의 은어로, '늙은이'를 이르는 말.

이들의 꼰대란 의미를 포괄적으로 살펴보면 고대 그리스의 소크라테스와 같은 사람을 일컫는 것이 아닐까? 오늘날 가르치는 사람이 사라져 가고 있는 것 같다. 왜냐하면 가르치는 사람으로 불렸던 어른, 교사, 교수, 목사, 신부, 스님 그리고 지식인 등이 사회에 소금의 역할을 하던 때가 있었으나, 지금은 그렇지 못하고 있기 때문이다. 그러다 보니 입으로는 공정과 정의를 말하면서 행동은 이를 따르지 못하는 언행이 불일치된 자들로 양두구육과 같은 장사를 하는 이들이 많은 세상이 되었다. 이러한 세상에서 이 시대의 진정한 꼰대가 어디에 있을까? 과거 역사 속에서 시대의 '선생'과 국민의 '아버지' 그리고 많은 지혜와 지식을 전달해 줄 '늙은이'가 있었다. 그러나 요즘은 이러한 사람들이 사라진 현재의 사회에서 진정한 꼰대란 '현실의 부당함을 지적하며 사회를 개혁할 줄 아는 사람, 즉 시대를 이끌어서 나가려는 지혜가 있는 사람'을 말하는 게 아닐까? 현 사회는 정의와 공정을 입으로만 주장하는 책임질 줄 모르는 이들이 득실거리는 사회가 아닐까? 이러한 시대에 '정의를, 공정을 지적할 줄 아는 자'가 진정한 꼰대일 것이다. 꼰대가 사라진 세상은 불공정과 불의에 침묵하는 사회가 되어 가는 것이다. 이러한 사회는 정신이 죽어 가는 현실 사회가 되어 가는 것이며, 미래를 지향하지 못하는, 썩어 가는 고인 물 사회인 것이다. 2024년을 향해 가는 대한민국에서 미래를 이끌 소크라테스와 같은 이들로서, 의(義)를 가르치는 안중근과 신채호 같은 공익의 이(利)를 키울 수 있는 꼰대가 필요한 시국이다. 사회는 꼰대가 많을수록 바르게 정화가 될 것이고, 기준이 명확한 정의와 공정이 횡행하는 사회가 될 것이며, 이때의 사회는 정의와 공정이란 자리이타의 정신이자 나와 상대가 함께 이로움에 기대게 되는 질서 있고 조화로운 세상인 대동사회가 될 수 있을 것이다.

인간과 짐승

56.
선과 악 그리고 정의

이 세 단어를 한마디로 정리할 수 있는 단어는 '공익(公益)'이다. 다수의 이익이 아닌 공익에 부합하게 되면 선이자 정의이며, 공익에 부합하지 않으면 선이 아니며 정의가 아니라는 것이다. 그렇다면 공익은 무엇일까? 나와 상대가 서로 불편하지 않은 상태가 전제된 이익이 누구에게 적용되어도 변화가 없을 때 그것을 공익이라 말할 수 있다. 이것을 우리는 '자리이타(自利利他)'로 표현할 수 있다.

악(惡)은 무엇일까? 악은 선을 해하거나 공익에 위해를 가하는 것들이 악이 된다고 할 수 있다. 악은 죄를 짓는 이들의 포괄적인 언어이자, 선과 대비되는 불선(不善)의 의미를 지닌 단어라 할 수 있다. '정의롭다'를 앞세운 것은 정도(正道)이다. 그러나 상황에 가장 적합한, 가장 바람직한 판단을 하는 것으로 드러나는 것은 '중용(中庸)' 또는 '권도(權道)'라 하며, 정의의 토대에서 기본이 되는 것이 정도이다. 정도라는 이 기본을 바탕으로 정의는 만들어지는 것이며, 정의의 내면은 선이고, 외면은 행위로서 드러나는 의의 개념이며, 이것이 세상에 드러날 때 공익차원으로 나타나게 될 것이다. 따라서 정의는 선과 의를 아우르는 표현이며, 정의롭지 못하다는 것은 선과 의를 드러내지 못하는 것이며, 비겁하다는 것은 정의를 회피하는 것을 말한다. 정의는 가장 바람직한 판단을 전제하는 것이라 했는데, 이 판단은 '바른(正)'이란 단어로 대체될 수 있다. 바른 것은 제대로 된 곳의 위에 있다는 것이고, 이는 전일함(一)이 머무는(止) 것으로, 그 경계를 벗어나지 않는 곳에서 조화를 이루는 기본이 된다. 모두가 제대로 된 곳에 있다는 것은 자연스럽고 조화롭다는 것이며, 이것은 조화를 완성한 것이라 볼 수 있다. 이러한 사회를 조화로운 사회, 사랑이 넘치는 사회, 존중과 배려가 함께 하는 사회, 자비가 충만한 사회이자 대동사회. 불국정토인 용화세계, 천국, '소국과민'으로 부를 수 있다.

인간과 짐승

57.
'꼴값한다'와 '기본이 안 됐네'가
무슨 말일까?

살다 보면 이런 일, 저런 일 등의 다양한 일을 겪기도 하지만, 그러는 가운데 자신이 듣든가, 남이 듣든가, 아니면 내가 하든가, 남이 하는 말로서 '꼴값을 해요.', '기본이 안 됐네요.'란 문장을 사용하거나 들을 때가 있거나 있을 것이다.

왜 이런 말을 할까? 우선 꼴값이란, 꼴이 한자로서 形(형상 또는 꼴)을 뜻하는 것으로, 꼴값의 원뜻은 '자기의 본모습'을 그대로 보인다는 것이다. 그렇지만 가끔 '꼴값을 해요.'란 문장은 자신이 하지 않아도 될 것도 지나치게 나서서 하는 것이라는 의미가 아닐까? 이것은 도가 지나치는 것을 말하는 것이다. 그러나 필자는 아마 '자기의 본모습' 그대로를 지키는 것 그것이 "꼴값이 되는 것이다."라고 생각한다. 왜냐하면 이때 꼴의 의미는 "形而上과 形而下"의 형(形)이 되는 것이기 때문이다. 이러한 형(形)은 '天地人의 人'을 뜻하는 것이 될 것이다. 그러면 "기본이 안 됐네."란 문장은 무엇일까? 기본은 자신이 할 바를 하는 것을 잘하지 못하는 이로, 도가 지나치는 것이 아니라 모자란 것을 뜻하는 것이 아닐까? 기본이 안 된 것, 이것은 자신의 본래 모습을 포기한 이가 자주 듣게 되는 말이 아닐까? 살아가면서 지나치거나 모자람이 없는 것을 '中道'라 한다. 중도를 지키며 살아간다면 이웃 간에, 아니, 친구지간에 큰 문제들이 없지 않을까? 그러므로 꼴값이란 중도를 지키는 삶이라 할 수 있다.

요즘 간혹 이런 생각이 든다. 자신이 해야 할 바를 잘 챙겨서 하고 있는가? 혹여 남의 일에 관여하지 않는가? 혹여 나의 할 바를 남에게 미루지 않는가를 돌아보게 되는 하루이다. 필자 역시 오늘도 노력해 본다. 나의 꼴값을 하기 위해 중도를 걷는 하루가 되기를.

58.
한민족의 영혼(Soul)은 무엇인가?

영혼(Soul)이란 영어 단어는 혼의 의미이다. 이러한 혼의 의미는 고대 그리스어인 헬라어로는 **'프쉬케(ψυχή)'**란 단어로, 히브리어로는 **'네페쉬 (נֶפֶשׁ)'**란 단어로 표현하고 있다. 이 단어에 대해 독일 하이델베르크대학교 구약학 교수인 한스 발터 볼프(Hans Walter Wolff)의 네페쉬의 해석을 살펴보면, 그는 "네페쉬가 의미하는 것은 '영혼'이 아니다. **네페쉬는 인간 모습 전체와 특히 인간의 호흡을 총망라해서 이해**되어야 한다."라고 했다.

이 문장의 의미는 한 인간의 모습과 그들의 삶에 대한 가치를 혼합해 그들의 모든 것을 드러내는 것이라 할 수 있다. 그렇다면 한민족은 이런 의미에서 '네페쉬'를 어떻게 표현할 수 있을까? **한민족**에 대한 정의를 살펴보면, **알타이-퉁구스계**가 기원이 되고, **여진인 만주족과 유전적으로 가장 비슷**하다고 한다. 이러한 유전적 특징을 지닌 한민족은 한민족의 최초 국가인 고조선인 단군 시대 이후 현재까지 한반도에서 남한과 북한으로 한민족 두 국가체제를 유지하면서 살고 있다.

이는 한민족이라는 용어는 남한과 북한의 주민을 말하는 것이 되지만, 과거의 흔적을 살피면 모두가 단군의 자손이라는 것이다. 그렇다면 단군의 자손으로서 단군의 '네페쉬'를 지녀야 한민족의 혼을 간직하고 있다고 주장할 수 있는 것이다. 그렇다면 단군의 '네페쉬'는 무엇인가? 단군 시대에 불리는 단어는 **동이(東夷)족**이라 하였다. 여기서 이(夷)란 단어의 모양과 의미를 살펴본다면, 첫째, 단어의 모양은 이(夷)란 문자를 파자하면 '큰 대(大)+활 궁(弓)'으로 나타나게 된다. 이 파자의 의미는 **덩치가 크고 활을 잘 다루는 민족**이라는 것으로 알 수 있다.

둘째, 단어의 숨은 뜻으로는 '①오랑캐, ②크다, 평평하다, ③온화하다, ④마음이 편안하다'로 표현되고 있음을 알 수 있다. 동이(東夷)에 대한 숨은 뜻으로, **동쪽 오랑캐**라는 표현은 한민족을 폄하하기 위해 **중국 한나라 때부터 오랑캐**로 부른 것 같다. 왜냐하면 한나라 동서남북 주변 모두를 오랑캐로 불렀기 때문이다. 그러나 조선에서는 '북방 이민족'을 뜻하는 것으로, 조선시대 때 한글이 사용되면서 북방인을 북방 오랑캐라고 불렀다고 한다. 그러다 보니 동이족이란 단어도 한민족을 대표하는 단어가 되어 동쪽 오랑캐로 부르게 된 것으로 생각된다. 이(夷)에 대한 파자의 의미를 보면 '활을 잘 쏘는 사람'의 이미지가 되고, 이러한 이미지가 현재 대한민국의 남녀 양궁 선수들의 실력이 선조들의 능력을 본받은 것이 아닌가 생각된다. 또한 단어의 의미로 살펴보면 **'동쪽에 살고 있는 온화한 사람'** 혹은 **'동쪽에 살고 있는 마음 편안한 사람'**이란 의미로 해석되어야 한다. 이는 동이족인 단군이 자신들의 지니는 가치를 살펴보면 알 수 있다. 단군은 **재세이화**(在世理化)라 하여 세상에 존재할 때 반드시 이치의 변화에 따라야 한다는 순리적 삶을 추구할 것이고, 이러한 삶이 **홍익인간**(弘益人間)으로 널리 인간을 이롭게 해야 한다는 당위적인 삶을 지닌 자들이었기 때문이다.

단군 시대의 삶은 **경천애인**(敬天愛人)을 바탕으로 **천지인**(天地人) **합일의 조화를 이루는 재세이화**(在世理化)**의 세상을** 만들어 **홍익인간**(弘益人間)**의 삶을 구현**하고자 했던 시절이다. 이 시절 단군은 공동체를 통제하기 위해서 각각의 인간이 자율적으로 이치에 순응하길 바랐으나 이치적 삶을 살지 않는 자에겐 **'팔조법금'**의 죄목에 따라 벌을 주었던 시기였다. 단군 시대의 규칙이 8조항밖에 없었다는 것은 고조선 사회가 이치에 따른 삶인 도덕과 윤리가 널리 퍼져있던 시절로 보아야 할 것이다. 따라서 한민족의 네페쉬(혼)은 **경천애인과 재세이화 그리고 홍익인간을 바탕으로 인내천 사상이 만연된 사회**였을 것이다. 그러기에 이치에 어긋나는 자인 비윤리적이자 비도덕인 사람이 적어서 단지 '팔조법금'으로 사회 안전을 유지하였던 시대였다. 이 시대는 도덕적 자율성이 높은 사회였을 것이다. 단군 시대는 그 시대의 지구상에서 생존하는 모든 인간 중에 가장 문화가 발전된 곳이었을 것이다. 그러므로 단군 시대가 지닌 정신문화의 발전은 공동체 사회에 조화를 이루어 질서 있고 평화로운 살기 좋았던 곳이 아니었나 생각해 본다.

59.
도를 알고
도덕이 운행되는 세상이란

도를 안다는 것, 그것은 무엇일까? 그것은 깨닫는 것이다. 깨닫는 것은 이치를 알게 됐다는 것이다. 이치를 알게 되었다면 진리와 소통된 것이다. 그러므로 도를 아는 것은 진리를 아는 것이다. 도를 아는 자는 도, 즉 진리와 소통을 한 것이다. 도와 소통한 자를 도인이라 하며, 도인으로 타자와의 관계를 바람직하게 만들어 가는 사람을 '덕을 쌓는 자'라 하고, 우리는 그를 덕인(德人)이라 부른다. 이렇듯이 도와 소통한 자가 더불어 덕을 쌓는 자로 이어지면 그를 도덕적인 사람이라 한다.

우리에게 도란 무엇인가? 도란 참된 이치이니 참된 이치를 아는 것을 깨달았다고 하는 것이다. 깨달은 사람을 도인 혹은 진인이라 한다. 도인과 진인은 동양사상의 천인합일을 이룬 자의 의미가 된다. 이때, 천인합일이 된 상태의 인간에 대해 인내천(人乃天)이라 말할 수 있다. 사람이 곧 하늘이라는 인내천(人乃天)은 인간이 하늘의 이치를 유형계인 지상에 적용한 것을 말한다. **하늘의 이치**가 지상에서 적용되는 것을 **실천한다**는 것인데, 이때의 실천을 **도리(道理), 조리(條理), 사리(事理)**라 하고, 이 세 가지 이치가 지상에 적용되었을 때 **순리(順理)**라 하고 그 세상은 혼란스러움이 없는 조화가 이룩된 질서 있는 세계가 만들어진다. 이러한 세계의 실제적인 상태는 인간이 하늘의 이치를 현실에서 실현된 상태인데, 이러한 상태를 이름하여 **천지인(天地人)의 합일**이라 한다. 천지인이란 것은 천지인 셋이 모두가 참된 이치에 따라 유기적 관계로 연결되고 소통되는 것이다. 이러한 이치적 소통이 자신의 자리에 맞는 정위(定位)에 따른 움직임이라 할 수 있다. 이러한 움직임을 '이치에 따른다' 하고, 그것을 **도리(道理), 조리(條理), 사리(事理)**라 명명하게 되는 것이다. 따라서 모든 사람이 각자의 도리에 맞는 역할이 수행하게 될 때 세상은 **질서에 맞는 조화로운 운행**이 진행된다. 그러므로 천지인 모두가 질서에 맞는 이치에 따르는 **도리(道理), 조리(條理), 사리(事理)**적 운행하게 되었을 때 천지인을 담은 세상은 완전한 조화로움을 이룩하게 되는 것이다. 우리는 이러한 세상을 이미 경험했을 것이다. 그 시대는 다름 아닌 **단군 시대인 고조선의 사회상**이었을 것이다.

6부

나의 이야기

60.
누군가를 사랑하십니까?

누군가를 사랑한다면 **원점**에서 벗어나지 마세요. 누구를 이해한다고 하면 원점에서 벗어나지 마세요. 누구를 믿고 신뢰한다고 하면 원점에서 벗어나지 마세요. 원점을 벗어난 순간 같은 방향과 같은 길을 걷지 않게 됩니다. 왜냐하면 다른 방향과 다른 길을 걷게 되면, 둘 사이의 미세한 작은 각도의 차이라 하더라도 점차 큰 간격을 만들어 가게 됩니다. 원점을 지나려면 반드시 'y=ax'이어야 하지요. 만일 'y=ax+b'라 하여 식이 비슷하지 않느냐 주장한다면 모양이 비슷하여 'y=ax'와 모양이 유사할 뿐이지 원점을 지나지 않고 y축으로 b만큼 옮겨진 모습이 됩니다. 이는 단지 원점을 통과하는 그래프와 모양만 같아질 뿐, 두 그래프는 다른 끝을 향해서 가게 됩니다.

우리가 인간관계에서 원점에서 벗어나지 않기 위해선 함께 정보를 공유하고, 함께 대화를 나누고, 함께 행동하는 것을 보여 줘야 합니다. 이미 사람 관계에서 정보의 단절과 대화의 단절과 행동, 아니, 만남이 단절되었다면 본인이나 상대가 이미 원점에서 벗어나지 않았다고 주장하여도 이 주장의 끝은 이미 원점을 벗어나서 서로 다른 끝을 향해 가고 있음을 알아야 합니다.

이미 믿지 못하니 정보와 대화와 만남을 요구하는 듯합니까? 아닙니다. 사랑하는 것, 믿는 것, 신뢰하는 것, 이것은 지속적인 **삼위일체(정보, 대화, 만남)**를 요구하는 것입니다. 사람은 무생물과 같은 광물이나 바위가 아닙니다. 이미 생각하는 존재이기에 이미 분위기와 느낌을 감지하기

인간과 짐승

에 정보와 대화 그리고 만남의 관계가 소홀하기 시작한 순간, 이미 원점에서 벗어나려는 보이지 않는 마음의 작용이 작동하고 있는 것입니다. 이 보이지 않는 마음의 작동은 저변에 분명 사랑과 믿음과 신뢰가 있지만, 또 다른 감정인 섭섭함이 스며들고 있음을 아셔야 합니다. 이 섭섭함이 자주 드러나면 작은 망상이 일어나고, 이 작은 망상이 결국 불신으로 인해 원점에서 벗어난 서로의 다른 길을 가는 각도의 차이를 점차 크게 만들어 가게 되는 것입니다.

누군가를 사랑하십니까? 누구에게 사랑을 받고 싶으십니까? 사랑을 하는 순간, 아니, 사랑을 받는 순간, 원점에서 벗어나지 않도록 하세요. 누군가에서 믿음을 받고 싶으십니까? 누군가에게 믿음을 주고 싶으십니까? 믿는 순간, 믿음을 받는 순간, 원점에서 벗어나지 않도록 하세요. 누군가에게 신뢰받고 싶으십니까? 누군가에게 신뢰를 주고 싶으십니까? 신뢰하는 순간, 신뢰받는 순간, 원점에서 벗어나지 않도록 하세요.

사랑과 믿음과 신뢰, 이것은 원점에서 벗어나지 않으려는 서로의 노력이 있지 않고 선 지탱하기가 어렵습니다. 이들이 원점에서 이탈하려는 조짐에는 늘 섭섭함이란 것이 늘 기회를 엿보며 이탈을 노리고 있다는 것을 아셔야 합니다. 누구라도 섭섭함을 작은 것이라 생각하지 마세요. 만약 섭섭함이 일회적이라면 모르겠지만, 간헐적인 발생이라면 원점을 훼손시킬 수 있습니다.

누군가를 사랑하십니까? 누군가를 믿으십니까? 누군가를 신뢰하십니까? 그렇다면 그에게 섭섭함이 발생하지 않도록 자신의 정보와 그와의 대화와 그와의 행동을 신뢰가 가게끔 가능한 일치하도록 해 보세요. 필자가 아는 사랑, 믿음, 신뢰란? 무조건적인 것이 아니라 그와 함께한 정보 공유, 그와 함께한 대화, 그와의 신뢰 등으로 일치되어 가는 것을 알게 될 때 이루어진다는 것을 알게 될 것입니다.

누군가를 사랑하십니까? 누군가를 믿으십니까? 누군가를 신뢰하십니까? 그렇다면 원점에서 벗어나지 않도록 하길 바랍니다.

61.
사는 것과 사는 척

─────────

사는 것들이 무엇이든, 그들은 태어남이란 것을 겪게 된다. 태어난 이후 발육을 통한 지속적인 성장을 하게 된다. 성장의 과정에서 교육과 경험을 통해 배우게 되고, 배움과 경험으로 자신을 가꾸면서 각자의 모습을 만들어 가게 된다. 누구에게나 태어나서 성장하는 과정도 하나의 삶이지만, 삶 속에서 이뤄지는 참다운 나의 모습은 자신에 대한 흔들림 없는 태도를 지니게 하는 소명 의식과 같은 굳건한 믿음을 소유하는 것이라 본다. 이러한 믿음을 소유하기 위해 사람에 대한 믿음이 불확실하니 나뿐만 아니라 많은 사람이 자신을 배신하지 않는 종교적인 신앙으로 찾아가는 것 같다.

이 의미는 우리에게 의지가 강한 자, 이것이 중요한 것이 아니라 믿음이 강한 자, 이것이 중요한 것이고, 믿음이 없는 자는 신뢰를 놓치게 되고, 신뢰를 놓치니 의심이 일어나게 되고, 의심이 일어나니 불신이 생기며, 불신이 생기니 갈등과 불화가 발생 되는 것이다. 이처럼 믿음이 없는 삶, 믿음이 없는 공동체는 결국 불신으로 인해 갈등과 불화를 일으켜 다툼과 전쟁이 발생하게 된다.

사는 것이 무엇인가? 돈 많은 것이 중요한 것이 아니고 권력과 힘이 중요한 것이 아니며 남을 이길 줄 아는 것, 그것이 중요한 것이 아니다.

사는 것이 무엇인가? 단 한 사람에게서라도 **믿음을 얻을 수 있는 것**, 아니, **믿음을 함께할 수 있다면 이것이 사는 것**이 아닌가? **믿음이 없는 삶**, 그것은 사는 것 아니라 **사는 척하는 것** 아닌가?

믿음이란 의지처이다. 의지처란 내가 쓰러지지 않고 살고자 하는 이 땅에서 땅을 밟고 있는 두 발과 같은 것이다. 두 발의 주인공이 누구인가? 주인공을 알아 가는 것, 그것이 내 삶의 시작이자 믿음의 시작이다. 이 세상에 지금의 모습으로 한번 태어났다면 그 한 번의 삶, 사는 척을 하지 말고 사는 것을 실천해야 하지 않을까?

오늘도 사는 척을 위해 돈과 권력과 무력과 남을 이기려 한다면 각자의 생을 마치려 할 때, 과연 내가 누구인지, 내가 어떻게 산 것이지 돌아본다면, 그동안 미련 없이 잘살았다고 편안한 상태의 평정심을 유지할 수 있을까? 살아서의 평정심을 죽을 때까지 지켜 갈 수 있는 그것은 나 자신을 바로 본 그 상태를 지속할 때, 나의 온전한 그 모습이 나에게 믿음을 갖다주게 되는 것이다.

나의 온전한 그 모습, 그것은 절대자의 현현이며, 나에 대한 믿음이기에 이를 같이할 사람을 찾는 것은 각자에게 주어진 삶의 숙제이자 사는 것의 동기가 된다.

나의 믿음을 같이할 사람이 보일 때 이성의 짝도 보이는 것이지만, 종교도 바르게 볼 수 있게 되는 것이다. 믿음은 나로부터 확산이 되었을 때 상대도 제대로 보이고 종교도 제대로 보이는 것이다. 나로부터의 출발은 믿음이자 종교적 신앙이며, 참되게 사는 것이 된다. 나로부터의 믿음을 실천한다는 것은 선함과 의리의 정도를 실천하는 것이다. 이 믿음의 근원은 나를 바로 보았을 때 만나게 되는 그곳이 된다.

내가 겪는 이 하루를 사는 척이 아닌, **나를 알아 가서 믿음을 얻게 되는 삶**을 살게 될 때 **사는 것과 같은 삶**을 살아가게 되는 것이라 할 수 있다.

62.
마음을 다잡는 법

어려서부터 내용도 모르는 독서 신문과 어려운 철학과 『사상계』란 책을 가까이하였다. 그러나 어느 날, 문득 혼자가 되었음을 느낀 때가 있었는데, 8살 때이던가? 이층 툇마루에서 문득 하늘을 보니 하늘에 흐르는 흰 조각구름에 어린 내가 한없이 눈물을 쏟았던 적이 있었다. 그런 내가 옳고 그름을 따지었고, 불의엔 더욱더 따지고 들었던 청소년 시기를 지냈던 내가 알게 모르게 내면의 마음을 살펴 오곤 했었다. 이러한 마음 살피는 것이 성장과 더불어 점차 익숙하게 되었던 것 같다. 마음을 살피는 것이 익숙하게 되면서 청년기에 이르러 자신도 모르게 마음공부로 일과가 이뤄지게 되었고, 마음공부를 토대로 무언가의 궁금증으로 인해 철학과 종교를 탐구와 순방을 하면서 얻은 결론은 내게 종교는 불교가 맞는 것 같고, 철학은 노장이 맞는 것 같다고 생각하게 됐다. 이들 공부를 하면서 궁금한 것이 있어 사찰 순례를 하면서 의문점을 찾아 캐묻기도 하고, 큰스님과 법담을 나누기도 하면서 내 지적 성장을 일구어 왔었다. 이젠 살아온 세월이 50이라는 세월을 넘기는데도 아직도 내 마음자리가 흔들리고 있음은 무엇 때문일까?

다른 사람보다 분석적이고, 다른 사람보다 차분하며 냉정하고, 다른 사람보다 실수가 적은 사람이라 했는데, 아직도 흔들리는 마음은 무엇 때문일까? 사람들과의 관계 속에서 나 자신이 중심을 다잡지 못해서인가. 아마도 내 마음자리의 흔들림은 아직도 자신을 확신하지 못하여, 나에 대한 믿음이 부족해서 그런 것일까? 흔들리지 않는 마음, 견고한 마음, 변함없는 마음을 지키는 것이 남보다 자신 있다고 생각했는데, 왜 마음이 흔들릴까? 왜 아직도 마음의 중심을 다잡지 못하는 걸까? 산에 들어가 홀로 공부하는 것은 누구나 할 수 있다고 생각했었다. 그래서 세속에서 사람들과 어울리며 공부하는 것이 세속에 도움이 된다고 생각하고 지금껏 살아왔건만, 분명 자신의 믿음에 불안함이 있음은 남의 탓이 아니라 내 탓이라고 생각해 왔었다. '불안함을 내 탓으로 생각했다.'는 것에 '내 탓'이라 함은 나에게 무언가 걸림이 있기에 흔들림이 있는 것이니 걸리는 것을 놓아 버린다면 마음이 다잡아질까? 이는 분명 불교에서 말하는 "내려놓아라."라는 조주선사의 '방하착(放下着)'을 잊은 결과가 아닐까? 오늘은 내려놓는 공부를 좀 해 봐야겠다.

　내게 마음을 다잡는 법은 조주선사의 '방하착'인 '가진 것을 내려놓는 것'이 맞는 것 같다. 내려놓는 것, 그것이 텅 빈 마음의 상태를 말하는 것이라면, 텅 비었다는 것은 어떤 것일까? 아마 마음에 티끌이라도 쌓이면 안 되는 그런 상태를 말하는 것이라면, 티끌 없는 마음의 상태란? 공(空)이 아닌가? 마음을 다잡는 것이란 결국 티끌 없는 마음의 상태인 공(空)한 것을 찾으라는 것이다. 공(空)이란 텅 빈 것으로 표현하는 것보다, 맑고 깨끗한 상태를 유지했을 때 나타나는 것 아닐까? 그렇다면 마음이 맑고 깨끗한 상태란 선함이 드러날 수 있는 상태를 말하는 것이니 선함의 근원을 찾아보면 될 것 같다. 선함이 무엇인지 아는가? 오늘의 선한 행위, 그것이 의(義)이다. 의를 태동하고 선함이 드러나게 하는 그곳이 바로 정(正)이 드러나는 길이다. 이 정(正)의 본체에 머무는 곳을 아는 자가 마음을 다잡는 것을 알게 될 것이다. 이런 의미에서 공(空)이란 머물 줄 아니 그칠 줄 아는 자만이 찾아갈 수 있는 곳이 아닐까? 생각해 본 하루다.

인간과 짐승

63.
오해 없는 삶

내 중심이 아닌 타인의 관점을 고려해 보며 자기를 움직인다는 것, 아마 오해 때문에 그럴 것이다. 오해, 이해되지 않는 것이 아니라 이해의 폭이 작아 생각이 다른 길로 접어든 것이 아닐까? 나는 살면서 오해하며 살지 않으려 노력해 보지만, 사람이라, 아니, 감정이 있는지라 오해를 불식한다는 것이 그리 쉽지 않아 보인다. 그래서 역지사지가 쉬운 것이 아닌 것 같다.

오늘도 나를 바라보지만, 아니, 제 심연을 엿보아 보지만 아직 나에게 자유로운 나를 만드는 것이 그리 쉽지 않다. 아마 죽을 때까지 나를 바로 보는 공부를 해야 하지 않을까? 그래야 기준이 명확해져서 타인에 대한 오해도 적어지지 않을까 생각해 본다. 오해 없는 삶이란 역지사지의 입장으로 살펴보는 것이자 나 자신을 바로 보는 것이 매우 중요한 것으로 생각할 수 있는 것이다.

64.
늘 한결같아야지

늘 한결같은 마음으로 살고 싶다. 오늘도 어제와 다른 날이지만, 나는 똑같은 나이길 바란다. 염화미소, 모두가 연꽃 한 송이다. 오늘도 웃음을 잃지 않는 날이 되 길. 왜냐하면 모두가 연꽃 한 송이이기 때문이다.

말해야 할 때 말하고, 말해서는 안 될 때 말하지 않겠다.

입 아!

말해야 할 때 침묵해도 안 되고, 말해서는 안 될 때 말해서도 안 된다.

입 아!

살아가면서 반드시 지키도록 노력해 보자. 오늘도 남산의 햇살은 따뜻하다.

인간과 짐승

65.
힘든 만큼 나는 발전됩니다

오늘도 아침부터 식구를 깨우고 산에 오른다. 오늘의 남산길은 계단으로 오르기로 했다. 쉬지 않고 오르는 길. 전망대에서 숨 한번 멈추고, 큰 심호흡을 한 후, 주변의 전경을 살피고 정상을 향해 오르고 또 오른다. 오늘도 힘들게 오르는 만큼 내게 주어진 것은 건강이란 것이 주어질 것이다.

세상은 힘든 만큼 자신을 성장시키며 발전을 가져오는 것 같다. 몸이 힘든 만큼 몸에 대한 건강을 생각하고, 마음이 아픈 만큼 마음의 성숙을 가져온다. 오늘도 내게 처한 현실, 나를 발전시키며 성숙시켜 가는 자양분이 될 것이다. 힘든 것은 나를 위한 재도전의 길임을 잊지 말고 늘 마음의 여유와 웃음을 짓는 하루로 만들어 가 보자.

모두 알지 않는가.

나는 나다. 나 이외에 누구도 나의 주인이 될 수 없다는 것을. 주인공으로서 오늘도 행복을 일구는 행복한 농군이 되어 보도록 하자.

66.
자연, 있는 그대로가 신뢰이지요

오늘도 오른 남산은 하루의 시작이 내게 알려 주는 나와의 약속이다. 어제와 다르게 오늘은 계단 쪽 방향으로 오른다. 오르는 도중, 남자 연예인을 보았다. 아마 점박이 연예인인데, 봉사 활동을 많이 하시는 분으로 알고 있다. 그러나 이름은 모른다.

남산을 오르며 어제 친구와 쪽지를 한 생각이 난다. 사람은 자연의 한 부분이면서 자연을 통제하려고 한다. 자연을 통제하는 힘, 인간이 통제하는 것을 옳게 발휘되는 것은 인간이 자연에 대한 신뢰가 바탕이 되었을 때, 인간과 자연은 조화롭게 살 수 있을 것이다.

이 조화로움이 인간이 자연을 통제하는 궁극적인 힘이 아닐까? 자연에 대한 인간의 신뢰가 사라진다면 인간은 자연을 정복한다는 이기심과 욕심으로 인해 자연과 부조화를 이루는 삶을 살아가게 될 것이다.

인간이 자연에 대한 신뢰가 사라질 때, 인간의 욕심이 드러날 때, 인간은 자연으로부터 무시당하지 않을까? 자연과 인간에서 신뢰가 중요하듯이 인간관계에서도 신뢰가 중요한 것이다.

서로가 신뢰를 상실한다면 이미 신의가 없는 인간관계라, 얼굴은 웃으면서 속으론 비웃는 자세가 나오지 않을까? 오늘의 현실에는 무척 빠른 변화가 일어나고 있지만, 그 속에서 변하지 않는 것은 인간이 신뢰를 얻으면 함께할 수 있는 것이고, 인간이 신뢰를 얻지 못하면 불신으로 인해 함께할 수 없다는 것이다.

오늘 남산을 오르며 생각해 본다. 과연 나는 나와 관계된 사람들에게

인간과 짐승

신의, 즉, 신뢰를 줄 수 있었던 사람인가를. 모두가 신뢰할 수 있는, 믿을 수 있는 인간관계를 맺어 보는 것이 어떨지, 오늘도 나에 대한 신뢰를 확보하기 위해 내 주인공과 함께하는 하루로 만들어 가 보자. 오늘도 새로운 하루다. 어제와 또 다른 행복한 하루를 만들어 가 보자.

67.
남산은 그대로인데
사람이 변하네

오늘도 이른 아침, 남산 숲길을 향해 홀로 걸어간다. 고요한 숲속 길을 걷다 보니 지난주에 한 번 마주친 외국인이 인사를 한다. 서툰 한국말로 "안녕하세요."를 건네길래 나는 서툰 영어로 "하~이."를 던졌다. 자신의 언어가 아닌 다른 사람의 언어로 서로가 대화가 이뤄지니 슬쩍 미소가 나온다. 세상은 상대적이라 하던가. 오늘도 남산은 계절의 변화만 있는데, 매일 오르는 사람들이 보이거나 안 보이거나 하고, 남산을 오르고 내리는 중 만나는 사람들이 다양해지고 있다. 외적인 변화는 눈으로 알 수 있지만, 내적인 변화는 마음의 방향을 쫓아야 한다. 오늘도 겉모양은 달라도 나는 나일 따름이다. 그러기에 내가 진정 나일 때, 그때 나는 자연과 하나가 되는 것이다. 오늘도 산을 오르며 생각해 본다. 나란 주인공을 놓치지 않는 오늘의 삶을 살아가야지. 이렇게 했을 때 비로소 나는 자연과 하나 되는 천인합일의 자연인이라 할 수 있을 것이다.

토요일에 아이들과 함께한 한강 변 불꽃축제, 일요일에 친구들과 함께한 청계산 산행. 모두 즐거움과 의미가 있는 하루였다. 오늘도 자연인으로서 나를 지켜 나가는 의미가 있는 하루로 만들어 가야겠다.

인간과 짐승

68.
남산은 젖어 있네요

아침부터 소슬하니 내리는 빗방울이 천지를 적시는 것은, 세상의 우울함을 대변함인가? 오늘도 젖은 천지를 느끼며 남산 정상을 향해 발걸음을 옮긴다. 오랜만에 순환 버스가 다니는 순환길로 걸어간다. 오랜만에 가는 길이라 낯설어 보인다. 정상에서 마주치는 얼굴들인데, 올라가는 길이 생소해 보이니 마주치는 구면인 얼굴들이 짐짓 낯설고 생소해 보이는 듯하다. 거참, 인간의 마음이란 참 요지경인 것 같다.

자주 가는 길이 아니라 생소한 곳에서 익숙한 얼굴을 만나면, 그 사람이 이 사람인가 하며 인사하기를 주춤거리게 된다. 그래서 만나면 누구든 무조건 인사하는 것이 좋은가 보다.

오늘도 오른 남산길 비가 내려 축축하니 남산타워가 안개에 감췄다 나타났다 한다. 자연의 홀연한 모습일까? 이러한 날씨와 상관없이 남산체육회에 나오는 분들은 꾸준히 나온다. 나를 가꾸고 건강을 지키는 것, 나와의 전쟁이지 다른 어떤 것이 개입되지 못함을 남산체육회 개근하시는 분들을 통해 배워 간다.

오늘도 자신의 부정적인 것과의 싸움을 통해 긍정적인 변화를 가져보도록 하자. 자신에게 기쁨과 희망과 미래에 대한 비전이 있지 않을까?

인간은 환경의 지배를 받지만 이를 극복하는 것은 자신 의지력과 긍정적인 마음가짐이 아닐까? 오늘도 부정적인 나를 이기며 긍정적인 나로 살아가고자 작은 것에서부터 변화를 가져가야겠다. 모두 오늘 하루 즐거움과 행복이 가득한 날 되길.

69.
오늘도 남산은
바람으로 이야기하네요

오늘은 남산을 오르며 하늘을 보니 조각구름이 떠 있다. 오르는 길목에서 바라보니 붉은 햇살과 함께하는 구름과 남산타워가 멋들어진다. 오늘은 바람이 무척 강하게 분다. 태풍이 다시 온다고 하여 부는 바람들이 태풍의 영향 탓이 아닌가. 시원해서 좋긴 한데, 태풍 탓일까? 향후가 걱정된다. 남산을 오르며 찍은 사진들이 참 멋스럽다. 남산을 매일 오르며 자연의 변화를 바라보는 것이 흥미롭기도 하지만, 변화가 되어 가면서도 남산이 미동도 하지 않는 느낌을 받는 것은 왜일까? 자연이 무심해서 그럴까? 자연이 자신의 이야기를 오늘은 바람으로 한다. 휘이~익, 휘이~익, 바람 소리를 내며 내게 시원한 속내를 보여 주는 것은 또 무슨 이야기일까? 내겐 오늘 오후의 일상 이야기가 기다려진다.

팔각정에 올라 맨손 체조를 한 후 남산체육회의 헬스장으로 향하는 길목에 불어 주는 바람이 오늘따라 무척 기분이 좋다. 다른 날보다 운동을 더 많이 하였으나 운동량이 많아지더라도 그리 힘들어지지 않았다. 참! 반복으로 한다는 것. 반복하는 만큼 쉬워지는 것 같다. 얼마 남지 않은 남산 몸짱의 길을 가면서 오늘도 홀로 엷은 미소로 웃어 본다.

오늘도 즐거움과 행복이 가득한 날 되길.

70.
오늘도 태양이
제 역할 하기 힘들겠네요

———

오늘도 오른 남산은 뿌옇고 바람이 한 점 없다. 남산에 올라와 시원한 바람을 느껴 볼까 했더니, 오늘도 아니다. 다만 해가 세상을 힘들게 비치는 것 같다. 남산에 올라 보니, 오늘은 매일 만나는 분들이 적었다. 모두 어디 갔을까? 내가 좀 늦어서 만나지 못했을 수도 있는 것 같다. 세상사 돌아가는 이야기가 저 멀리 라디오에서 들리는데, 마치 다른 나라의 언어 같다. 그만큼 뉴스에 무뎌졌나. 세상사 이야기를 멀리서 찾지 말고 우리 주위에서 찾아가는 것이 제일 좋은 것 같다. 나의 세상사의 출발은 그런 의미에서 남산이다.

세상의 흐릿함 속에 멀리 보기보다 앞에 있는 것과 주변에 있는 것을 또렷이 보는 것이 제일 좋은 것 같다. 오늘은 나의 하루 일과를 재미나고 행복이 가득하도록 한 발, 한 발, 한 마음, 한 마음 채워 볼까 한다. 오늘도 짜증 나는 얼굴보다 웃는 얼굴로, 신경질 나는 목소리보다 경쾌하고 애교스러운 목소리로, 남을 이간질하기보다는 다 함께하는 화합의 장을 만들어 간다면 오늘도 반드시 모두가 행복한 날이 만들어질 것이다.

71.
가고 오는 구름 같은 인생 속에
주인공을 놓치지 마세요

오늘은 새벽에 일어나 반신욕을 한 후, 잠시 조간신문을 읽고 남산을 오르기 시작했다. 남산을 오르는 길. 쉬지 않고 정상까지 단숨에 올라갔다. 숨이 턱에 찬다. 팔각정 주변을 네 바퀴를 돌았다. 평상시보다 한 바퀴를 더 도니 가쁜 숨이 많이 안정되었다. 오늘도 매일의 일과를 하듯 스트레칭을 하였다. 오늘따라 눈에 들어오는 것은, 저 하늘의 구름이다. 가을이 무언중으로 느끼는 것이 아닐까? 구름의 변화무쌍함과 해와 어우러지는 멋들어진 전경들은 간혹 탄성을 자아내게 한다. 오늘은 조용한 산 정상의 모습과 약간의 차분한 분위기의 주변의 운치와 떠 있는 구름의 유유함이 주변의 환경과 딱 어우러진다. 인생도 이럴 때는 거침이 없을 것이다. 아마 승승장구라 할까? 인생은 구름과 같은 것. 정처 없이 왔다가 정처 없이 가는 것, 누구 노래 가사 같다. 왔다 가는 인생, 왔다 가는 그 속에서 '나'란 주인공을 놓치지 않고 항시 주시하는 것을 잊지 말아라. 그래야 뜬구름 같은 신세가 되지 않는 주도적인 삶의 주인이 되지 않을까? 해서 오늘도 몇 자 적어 본다. 오늘은 너무 일찍 일어나 잠이 부족한 날이 될 것 같다. 오늘도 모두 행운이 가득한 날이 되길.

인간과 짐승

72.
인생의 과정은 비 온 뒤의
흙탕물이 아닌가?

오늘의 남산은 평온하면서 역동적이다. 남산을 오르는 사람들은 하루의 시작을 밝게 열어 가려는 의지의 표현이고, 내려가는 사람들은 하루의 시작을 뿌듯함으로 열어 가고 있는 여유를 보인다. 오늘은 계단 쪽으로 오른다. 천천히 서두르지 않고 쉬지 않으며 정상에 다다르니, 숨이 턱에 찬다. 정상에 도착해 팔각정을 네 바퀴 도니 호흡에 여유가 생긴다. 잠시 팔다리 스트레칭과 목 운동 그리고 등배 운동을 하며 전신을 풀어준다. 어제도, 그제도, 오늘도 남산이지만, 오늘 또 오른 남산은 또 다른 느낌이다. 이런 느낌이라 쉬지 않고 매일 올라오시는 분들이 있는 것이 아닌가 생각된다. 오늘은 저 멀리 올림픽대교 쪽을 보았다. 날씨는 흐릿하지만 멀리 보이는 강물은 비로 인하여 흙탕물이다. 물이 한바탕 흙탕으로 뒤덮인 뒤 깨끗한 물로 다시 뒤덮듯이 우리네 인생도 변화무쌍한 것이, 마치 비 온 날의 한강을 뒤덮는 흙탕물과 같은 과정을 거치는 것이 아닐까? 내게 다가오는 현실을 거부하는 몸짓보다 수긍하며 시간 속에서 문제 해결을 하려는 자세가 더욱이 필요한 지혜가 아닌가? 하며 불현듯 고개를 든다. 오늘도 현실의 변화를 난도질하질 말고 현실을 어찌 요리해 갈까 하는 멋진 요리사가 돼 봄이 어떨지. 오늘은 9월 4일. 행복이 만땅인 하루를 엮어 가자.

73.
남산에서 꽃뱀을 보셨나요

남산에서 예쁘고 작은 꽃뱀을 보신 적이 있나요. 길이는 30~40센티미터 정도이고, 굵기는 새끼손가락 정도이며, 몸의 색깔은 가을의 화려함이 있는 듯한 외형이 아름다운 꽃뱀을 보신 적이 있나요. 꽃뱀이 상체를 세운 채 바라보는 맑은 눈을 보신 적이 있나요. 아마도 자연 속의 어떤 욕심이 없는 자연스러운 눈빛이기에 맑고 밝게 보이는 것이 아닐까요? 저는 이런 꽃뱀을 만났답니다. 꽃뱀이 이렇게 작고 앙증맞은 아름다움이 있다는 것을 느낀 하루입니다. 오늘은 꽃뱀의 아름다움에 내심 찬탄을 한 날입니다.

그러나 꽃뱀이란 단어를 세속에서 이런 아름다움이 깃든 것으로 사용하지 않고 있지요. 세속의 꽃뱀이란 아름다움을 훔쳐서 다른 이들의 것을 훔치는 자들로 표현되고 있습니다. 아마 자연의 꽃뱀은 자연스러움 속에서 자연 그 자체이기에 자연스러움이 간직한 아름다움이 있지만, 세속의 꽃뱀은 인위적인 사심과 속임과 비난 등으로 무장이 되어 있는 채, 자연스러움을 가장한 상대를 비난하고 속이면서 등을 쳐서 목적을 취하며 살아가기 때문이 아닐까요? 세속의 인간들이여, 꽃뱀의 원래 모습을 돌려주세요. 꽃뱀은 아름답습니다. 겉과 속이 다르질 않아요. 진정 자연을 위한 꽃뱀을 세속에서 찾아보신다면, 찾기 전에 내가 먼저 자연스러움을 몸에 배게 한다면, 진정한 꽃뱀의 의미를 나에게서부터 찾아지겠지요. 꽃뱀은 있는 그대로의 자연입니다. 꽃뱀은 자신에 관심이 있을 뿐 다른 것에 관심이 없답니다. 이러한 꽃뱀은 스스로가 자연과 하나가 되

인간과 짐승

어 무위자연의 상태로 존재하게 되는 것입니다. 오늘 하루 자연 속의 무위(無爲)의 꽃뱀이 되고 싶습니다. 저는 가식이 넘치는 유위로 가득 찬 세속의 꽃뱀은 싫습니다. 노자와 장자가 유위를 배척하고 무위사상을 주장한 이유가 바로 이런 것 때문이 아닌가 생각해 본 하루입니다. 오늘도 무위 같은 유위가 가득한 행복한 날을 만들어 가시길 바랍니다.

74.
오늘은 나와 한 몸이 된 우산

오늘도 오른 남산길은 아침부터 빗방울이 내립니다. 오르는 초입에서 비가 내리더니 안 내릴 듯하다가 다시 내리곤 하는 비의 모습이 마치 변덕스러운 마음 같습니다. 아마 이런 비를 '게릴라성 비'라 부르지 않나요. 변덕스러운 비를 맞으며 숲속 길을 따라 천천히 심호흡하며 걸어서 정상을 향해 올랐습니다. 숲속 길에서 빠져나오자, 다시 빗줄기가 거세집니다. 오르는 사람은 비옷만 걸친 분, 우산을 든 분, 우산을 쓴 분, 비를 맞으며 달리는 분 등의 다양한 분들이 지나가네요. 제가 보기엔 역시 비를 맞으며 뛰는 분이 제일 맘에 듭니다. 그것은 모든 것이 건강해 보이기 때문일까요? 아니면 비 맞은 자태로 인해서일까요? 제 눈엔 비를 맞으며 뛰는 분이 제일 보기가 좋았습니다. 기후의 변화 속에 살아가는 우리들의 삶 인생의 굴곡 같아 보입니다. 정상에 오르니 팔각정 안에서 비를 피하며 운동하는 이들이 북적입니다. 오늘도 팔각정에서 간단한 목 운동과 전신 스트레칭을 한 후, 기구 운동 쪽으로 향합니다. 다른 때와 달리 기구 운동 하는 곳에 아무도 없네요. 저 혼자 상체와 하체 운동을 하니 역시 어제보다는 오늘이 운동하기가 쉽군요. 몸짱이 가깝다는 것일까요. 운동을 마치며 내려오는 길 빗줄기가 좀 거세지는가 싶더니 집 근처에 이르니 폭우와 천둥으로 변하네요. 날씨도 어수선하니 세월이 하수상한 것을 아는 걸까요? 날씨마저 사는 데 도움이 안 된다면 2007년 3/4분기도 걱정이 되는 세월의 흐름이 될 것 같네요. 계절과 관계없이 늘 마음속에 따뜻한 태양과 웃음을 잃지 않는 미소와 친구 하

인간과 짐승

는 것이 어떨까요? 오늘도 해가 떴습니다. 우리의 희망도 떴을 것입니다. 오늘도 행복한 하루 만들어 가시길 바랍니다.

75.
나 그네 길

인생은 태어나서 죽기까지의 여정을 말하는 것이겠지요. 태어나서 얻는 것이 '나'라는 존재이며, 나의 존재인 내가 살아가는 과정은 마치 그네를 올라타서 자신의 의지와 상관없이 그네를 굴려야 하는 것과 같습니다. 그네에 올랐다는 것은 나란 존재의 표현이고, 그네를 흔드는 발 굴림 과정은 인생을 살아가는 여정이 됩니다. 여정이 멈추는 순간은 그네가 멈춘 순간으로, 이 세상에서 우리의 그네 놀이도 끝나는 것 같습니다. 저에겐 인생이 마치 '그네를 구르는 과정이 태어나서 죽는다.'는 결과가 이끌어지기까지의 과정으로 생각됩니다. 처음엔 그네를 쳐다보고 부모님 손에 의지해 타는 것은 보호받는 과정이 아닐까요. 혼자서 그네를 타서 구르는 순간부터는 자신의 의지로 살아가야 하는 연습이겠지요. 아마 이것이 청소년기라 할 수 있을 것입니다. 홀로서기를 이루는 과정, 그것은 아마 그네를 이용해 자유자재로, 자신의 흐름대로 타려는 것이 아닐까요. 이젠 스스로 독립을 하여 사회의 독립적인 구성원으로서 나가는 것이겠지요. 사회란 나를 세속의 바다의 풍파 속으로 빠지는 것 아니겠습니까? 풍파가 있는 세속의 바다를 헤엄치다 보면 자신의 현 모습을 마주칠 수 있을 것입니다.

나의 모습은, 내가 꾸려 가는 인생의 목표는 어떤 것일까요? 그것은 내가 살아가면서 죽을 때의 미래 모습을 생각하며 생을 마감으로 흘러가는 죽음의 공부를 하는 것이 아닌가요? 이러한 죽음의 공부는 참다운 행복한 공부가 되지 않을까요? 인간에게 있어서 산다는 것은, '내가 어떻

356   인간과 짐승

게 죽을 것인가'를 준비하는 과정이 되는 것입니다. 행복이란? 죽음에 이르렀을 때 확인할 수 있는 목표가 되는 것이랍니다. 그러므로 행복을 향해 달려가는 것은 아름다운 죽음에 대한 도전이며, 삶의 근본 취지가 되는 것이라고 생각을 해 본 하루입니다.